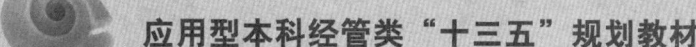
应用型本科经管类"十三五"规划教材

统计学

TONGJIXUE

主　编　方国松　何海燕
副主编　金丽丽　赵　明

·广州·

图书在版编目（CIP）数据

统计学/方国松，何海燕主编. —广州：华南理工大学出版社，2017.7
应用型本科经管类"十三五"规划教材
ISBN 978-7-5623-5296-9

Ⅰ.①统… Ⅱ.①方… ②何… Ⅲ.①统计学-高等学校-教材 Ⅳ.①C8

中国版本图书馆 CIP 数据核字（2017）第 151472 号

统计学

方国松　何海燕　主编

出 版 人：卢家明
出版发行：华南理工大学出版社
　　　　　（广州五山华南理工大学17号楼，邮编510640）
　　　　　http://www.scutpress.com.cn　E-mail：scutc13@scut.edu.cn
　　　　　营销部电话：020-87113487　87111048（传真）
总 策 划：毛润政
责任编辑：王　倩　毛润政
印 刷 者：广州市穗彩印务有限公司
开　　本：787mm×960mm　1/16　印张：18　字数：413 千
版　　次：2017 年 7 月第 1 版　2017 年 7 月第 1 次印刷
印　　数：1～2 000 册
定　　价：40.00元

版权所有　盗版必究　　印装差错　负责调换

目　　录

第一章　导论 ·· 1
　第一节　统计学及其产生与发展 ··· 1
　　一、什么是统计学 ·· 1
　　二、统计学的产生与发展 ·· 2
　第二节　统计学的研究对象和性质 ·· 4
　　一、统计学的研究对象 ·· 4
　　二、统计学的性质 ·· 5
　第三节　统计学的基本概念 ··· 6
　　一、统计总体、总体单位与样本 ·· 6
　　二、标志、变量和统计指标 ··· 7
　本章小结 ·· 10
　思考练习 ·· 11

第二章　统计调查 ··· 13
　第一节　统计调查的基本问题 ·· 13
　　一、统计调查的意义及要求 ·· 13
　　二、统计调查的种类和具体方式 ·· 14
　第二节　统计调查方案与问卷设计 ·· 15
　　一、统计调查方案的设计 ··· 15
　　二、问卷调查与问卷的设计 ·· 18
　第三节　统计调查的组织形式 ·· 20
　　一、普查 ·· 20
　　二、统计报表 ·· 21
　　三、抽样调查 ·· 22
　　四、重点调查 ·· 24
　　五、典型调查 ·· 25
　本章小结 ·· 25
　思考练习 ·· 26

第三章　统计整理 ··· 29
　第一节　统计数据的整理 ·· 29

— 1 —

一、统计数据整理的定义和步骤 ·· 29
　　二、统计分组 ··· 30
　　三、变量数列 ··· 33
　第二节　统计数据的显示 ·· 34
　　一、统计表 ·· 34
　　二、统计图 ·· 35
　本章小结 ··· 39
　思考练习 ··· 40

第四章　统计数据的描述 ·· 43
　第一节　总量指标和相对指标 ··· 43
　　一、总量指标（绝对数） ··· 43
　　二、相对指标（相对数） ··· 46
　第二节　集中趋势指标 ·· 54
　　一、算术平均数 ··· 54
　　二、调和平均数 ··· 57
　　三、几何平均数 ··· 60
　　四、算术平均数、调和平均数、几何平均数的比较 ······················ 61
　　五、众数 ·· 62
　　六、中位数 ··· 63
　　七、四分位数 ·· 65
　　八、平均指标的比较 ··· 68
　第三节　离散程度指标 ·· 69
　　一、极差 ·· 69
　　二、四分位差 ·· 70
　　三、平均差 ··· 70
　　四、方差与标准差 ·· 71
　　五、变异系数 ·· 73
　第四节　分布形态的描述指标 ··· 74
　　一、矩的概念 ·· 74
　　二、分布的偏态 ··· 75
　　三、分布的峰度 ··· 75
　本章小结 ··· 76
　思考练习 ··· 78

第五章 概率基础和抽样分布 … 83
第一节 随机变量的概率分布 … 83
一、离散型随机变量的概率分布 … 83
二、连续型随机变量的概率分布 … 85
三、随机变量的数值特征 … 86
第二节 抽样分布 … 88
一、抽样以及抽样分布的含义 … 88
二、重置抽样下的抽样分布 … 89
三、不重置抽样下的抽样分布 … 92
第三节 正态分布 … 93
一、正态分布在统计学中的地位 … 93
二、正态分布的密度函数及其数学性质 … 94
三、正态分布函数及其标准化 … 95
四、关于抽样分布的定理 … 97
五、几个与抽样有关的概率分布 … 99
本章小结 … 102
思考练习 … 103

第六章 抽样推断 … 105
第一节 抽样推断概述 … 105
一、抽样推断的概念及特点 … 105
二、总体参数和样本统计量 … 106
三、抽样推断的基本条件 … 107
四、抽样推断的误差 … 108
第二节 总体参数估计 … 110
一、总体参数估计概述 … 110
二、点估计 … 110
三、区间估计 … 112
四、样本容量的确定 … 116
第三节 假设检验 … 117
一、假设检验的概念及基本原理 … 117
二、假设检验中的基本问题 … 119
三、总体平均数的检验 … 121
四、总体成数的检验 … 123
五、P 值检验 … 124

本章小结 ………………………………………………………………………… 125
思考练习 ………………………………………………………………………… 125

第七章 相关与回归分析 ………………………………………………………… 131

第一节 相关与回归分析的基本概念 ……………………………………… 131
一、变量之间的关系 ……………………………………………………… 131
二、相关关系的分类 ……………………………………………………… 132
三、相关分析的主要内容 ………………………………………………… 133
四、回归与回归分析 ……………………………………………………… 134
五、相关分析与回归分析的关系 ………………………………………… 135

第二节 简单线性相关分析 ………………………………………………… 136
一、相关系数的计算 ……………………………………………………… 137
二、相关系数的取值范围及判别标准 …………………………………… 137
三、相关系数的检验 ……………………………………………………… 139

第三节 一元线性回归分析 ………………………………………………… 140
一、一元线性回归模型的建立 …………………………………………… 140
二、一元线性回归模型的参数估计 ……………………………………… 141
三、一元线性回归的统计检验 …………………………………………… 143
四、利用一元线性回归模型进行预测 …………………………………… 147

第四节 多元线性回归分析 ………………………………………………… 148
一、多元线性回归模型及参数估计 ……………………………………… 148
二、多元线性回归模型的检验 …………………………………………… 152
三、利用多元线性回归模型进行预测 …………………………………… 156

第五节 非线性回归分析 …………………………………………………… 157
本章小结 ………………………………………………………………………… 160
思考练习 ………………………………………………………………………… 161

第八章 统计指数 ………………………………………………………………… 165

第一节 统计指数的概念与分类 …………………………………………… 165
一、统计指数的概念 ……………………………………………………… 165
二、统计指数的分类 ……………………………………………………… 166
三、总指数编制的两个基本方式 ………………………………………… 168

第二节 综合指数 …………………………………………………………… 169
一、综合指数的概念及编制原理 ………………………………………… 169
二、拉氏指数 ……………………………………………………………… 170
三、帕氏指数 ……………………………………………………………… 171

四、综合指数的其他形式 …………………………………………… 172
　第三节　平均指数 …………………………………………………………… 174
　　一、平均指数的概念及编制原理 ……………………………………… 174
　　二、算术平均指数 ……………………………………………………… 174
　　三、调和平均指数 ……………………………………………………… 176
　第四节　指数体系与因素分析 ……………………………………………… 178
　　一、指数体系的概念及其作用 ………………………………………… 178
　　二、指数因素分析方法 ………………………………………………… 179
　　三、总量指标的因素分析 ……………………………………………… 179
　　四、平均指标的因素分析 ……………………………………………… 184
　第五节　其他常用指数 ……………………………………………………… 188
　　一、工业生产指数 ……………………………………………………… 188
　　二、产品成本指数 ……………………………………………………… 189
　　三、农副产品收购价格指数 …………………………………………… 190
　　四、股票价格指数 ……………………………………………………… 190
　　五、居民消费价格指数 ………………………………………………… 193
　本章小结 ……………………………………………………………………… 194
　思考练习 ……………………………………………………………………… 195

第九章　时间数列分析 ……………………………………………………… 201
　第一节　时间数列概述 ……………………………………………………… 201
　　一、时间数列的概念和作用 …………………………………………… 201
　　二、时间数列的种类 …………………………………………………… 202
　　三、时间数列的编制原则 ……………………………………………… 204
　第二节　时间数列的水平指标 ……………………………………………… 205
　　一、发展水平 …………………………………………………………… 205
　　二、平均发展水平 ……………………………………………………… 206
　第三节　时间数列的速度指标 ……………………………………………… 212
　　一、增长量和平均增长量 ……………………………………………… 212
　　二、发展速度与增长速度 ……………………………………………… 215
　　三、平均发展速度和平均增长速度 …………………………………… 218
　　四、应用平均速度指标时需要注意的问题 …………………………… 220
　第四节　时间数列的构成因素分析 ………………………………………… 220
　　一、时间数列的构成因素和分析模型 ………………………………… 220
　　二、长期趋势的测定 …………………………………………………… 221

三、季节变动及其测定 ··· 226
　　四、循环变动的测定 ··· 228
　本章小结 ··· 232
　思考练习 ··· 233

第十章　统计实验 ·· 237
　实验一　建立 SPSS 数据文件 ··· 237
　实验二　品质型数据的图表描述 ··· 242
　实验三　数值型数据的图表描述 ··· 246
　实验四　描述性统计量的计算 ··· 251
　实验五　相关分析 ··· 254
　实验六　相关分析与回归分析 ··· 259

附录 ·· 266
　附表 1　标准正态分布表 ··· 266
　附表 2　t 分布临界值表 ··· 269
　附表 3　χ^2 分布临界值表 ··· 271
　附表 4　F 分布临界值表（$\alpha=0.05$） ··· 273
　附表 5　F 分布临界值表（$\alpha=0.01$） ··· 275
　附表 6　累积法平均增长速度表（局部） ··· 277

第一章 导 论

【学习目标】
(1) 理解统计学的定义和性质；
(2) 了解统计学的研究对象和性质；
(3) 掌握统计学的基本概念及其类型。

第一节 统计学及其产生与发展

每个人都离不开统计，了解一些统计学知识对每个人都是必要的。比如，外出旅游时，你需要关心这段时间内的详细天气预报；投资股票时，你需要了解股票市场价格的信息，了解某只特定股票的有关财务信息；观看足球比赛时，除了关心进球的多少外，你还要知道各支球队的技术统计；等等。要正确阅读并理解统计数据，就需要具备一些统计学知识。

一、什么是统计学

在你的工作或管理中，总会面对各种各样的数据。你需要分析这些数据，从中得出某些结论以帮助你做出决策。统计就是用来处理数据的，统计学是一门关于数据的学科。统计学提供的是一套有关数据搜集、数据处理、数据分析的方法。概括地讲，统计学（statistics）是搜集、处理、分析、解释数据并从数据中得出结论的科学。统计分析数据所用的方法大体上可分为描述统计（descriptive statistics）和推断统计（inferential statistics）两大类。

描述统计是研究数据搜集、处理和描述的统计学方法。其内容包括如何取得研究所需要的数据，如何用图表形式对数据进行处理和展示，如何通过对数据进行综合、概括与分析，得出所关心的数据的特征。

推断统计则是研究如何利用样本数据来推断总体特征的统计学方法，内容包括参数估计和假设检验两大类。参数估计是利用样本信息推断所关心的总体特征，假设检验则是利用样本信息判断对总体的某个假设是否成立。比如，从一批灯泡中随机抽取少数几个灯泡作为样本，测出它们的使用寿命，然后根据样本灯泡的平均使用寿命估计这批灯泡的平均使用寿命，或者是检验这批灯泡的使用寿命是否就是某个假定值，这就是推断统计要解决的问题。

二、统计学的产生与发展

统计学的产生与统计实践活动是密不可分的,统计作为一种社会实践活动,已有四五千年的历史。早在原始社会,人们按部落居住在一起打猎、捕鱼,为便于分配食物就要算算有多少人、多少食物;在我国,夏禹时代就有了人口数据的记载;为了赋税、徭役和兵役的需要,历代都有田亩和户口的记录。而统计学的理论和方法,是在长期统计实践活动的基础上发展起来的,距今已有三百多年的历史。从统计学的发展过程来看,可以大致分为三个阶段。

(一)古典统计学时期

17 世纪中叶至 18 世纪中叶是古典统计学时期。在这一时期,统计学理论初步形成了一定的学术派别,主要有国势学派和政治算术学派。

1. 国势学派

国势学派产生于 17 世纪的德国。由于该学派主要以文字记述国家的显著事项,故又称记述学派。其主要代表人物是海尔曼·康令(Hermann Conring,1606—1681)和阿亨华尔(Gottfried Achenwall,1719—1772)。康令于 1660 年把国势学从法学、史学和地理学等学科中独立出来,在大学中讲授"实际政治家所必需的知识"。阿亨华尔在哥廷根大学开设"国家学"课程,其主要著作是《近代欧洲各国国势学纲要》,书中讲述"一国或多数国家的显著事项",主要用对比分析的方法研究了国家组织、领土、人口、资源财富和国情国力,比较了各国实力的强弱,为德国的君主政体服务。因在外文中"国势"与"统计"词义相通,后来正式命名为"统计学"。国势学派只是对国情的记述,偏重事物性质的解释,未能进一步揭示社会经济现象的规律,也不研究事物的计量分析方法,不注重数量对比和数量计算,只是用比较级和最高级的词汇对事物的状态进行描述。所以,人们也把它叫做记述学派(旧学派或德国学派),并认为国势学派有统计学之名,而无统计学之实。

2. 政治算术学派

政治算术学派产生于 19 世纪中叶的英国,创始人威廉·配第(William Petty,1623—1687),代表作是他于 1676 年完成的《政治算术》一书,这是经济学和统计学史上的重要著作。这里的"政治"是指政治经济学,"算术"是指统计方法。在这部书中,他利用实际资料,运用数字、重量和尺度等定量分析工具对英国、法国和荷兰三国的国情国力,做了系统的数量对比分析,其所采用的方法是前所未有的,为统计学的形成和发展奠定了方法论基础。因此马克思说:"威廉·配第——政治经济学之父,在某种程度上也是统计学的创始人。"政治算术学派的另一个代表人物是约翰·格朗特(1620—1674)。他以 1604 年伦敦教会每周一次发表的《死亡公报》为研究资料,在 1662 年发表了《关于死亡公报的自然和政治观察》的论著。书中通过大量观察发现了人口各年龄组的死亡率、性别比例等重要的数量规律,并对人口总数进行了较为科学的估计;并且第一次编制了"生命表",对死亡率与人口寿命进行了分析,从而引起了普遍的关注。因此,他被认为是人口统计学的创始人。

（二）近代统计学时期

18世纪末至19世纪末是近代统计学时期。在这时期，各种学派的学术观点已经形成，并且分成了两个主要学派，即数理统计学派和社会统计学派。

1. 数理统计学派

在18世纪，由于概率理论日益成熟，为统计学的发展奠定了基础。19世纪中叶，把概率论引进统计学而形成数理学派。其奠基人是比利时的阿道夫·凯特勒（Lambert Adolphe Jacques Quetelet，1796—1874），在其《社会物理学》中将古典概率论引入统计学，使统计学进入一个新的发展阶段，认为概率论是适用于政治及道德科学中以观察与计数为基础的方法。他以此方法对自然现象和社会现象的规律性进行观察，并认为要促进科学的发展，就必须更多地应用数学。总之，他把概率论引入统计学，为数理统计学的形成与发展奠定了基础。

2. 社会统计学派

社会统计学派产生于19世纪后半叶，创始人是德国经济学家、统计学家克尼斯（K. G. AKn-ies，1821—1898），主要代表人物有厄恩斯特·恩格尔（Christian Lonrenz Ernst Engel）、乔治·逢·梅尔（Georg von Mayr，1841—1925）等人。他们融合了国势学派与政治算术学派的观点，沿着凯特勒的"基本统计理论"向前发展，但在学科性质上认为统计学是一门社会科学，是研究社会现象变动原因和规律性的实质性科学，以此同数理统计学派通用方法相对立。社会统计学派在研究对象上认为统计学是研究总体而不是个别现象，而且认为由于社会现象的复杂性和整体性，必须对总体进行大量观察和分析，研究其内在联系，才能揭示现象的内在规律。这是社会统计学派的"实质性科学"的显著特点。

（三）现代统计学时期

20世纪至今为现代统计学时期，这一时期的主要特征是描述统计学已转向推断统计学。1907年，英国人戈塞特（1876—1937）提出了小样本t统计量理论，丰富了抽样分布理论，为统计推断奠定了基础。英国人R. AFisher（1890—1962）提出了极大似然估计的概念，迅速成为估计参数的重要方法。他还提出样本相关系数的分布、实验设计和方差分析等方法。英国科学家弗朗西斯·高尔顿（Francis Galton）提出了相关与回归思想，并给出计算相关系数的明确公式。K. 皮尔逊发展了拟合优度检验，还给出了卡方统计量及其极限分布。波兰学者奈曼（J. Neyman，1894—1981）创立了区间估计理论，并和E. 皮尔逊发展了假设理论。美国学者瓦尔德提出了决策理论和序贯抽样方法。美国化学家威尔科克松（Frank Wilcoxon）发展了一系列非参数统计方法，开辟了统计学的新领域。由马哈拉诺比斯领导下的印度统计研究所和20世纪30年代后期奈曼发表的两篇论文，使得抽象的数学理论在20世纪30年代得到了迅速发展。

经过以上三个阶段，随着统计学理论知识的发展与健全，统计学的应用领域进一步扩大，并出现了许多新型的交叉学科，比如将统计学应用到法律、文学等学科。同时，伴随着计算机和互联网技术的普及和飞速发展，统计工作已经现代化，即采用以电子计算机和互联网为核心的现代信息技术，对大量的统计信息进行搜集、加工、传输、计算和出版，提高信息处理的全面性和时效性。电子计算机具有运算速度快、存储容量大、逻辑功能强、自动化程度高、保存信息时间长等特点，而互联网技术可使信息高速传递、共享。在统计工作中，只有广泛地运用电子计算机和基于互联网的现代信息传输技术，才能完成各项复杂的信息搜集、储存和计算任务，才能大大缩短信息传递的周期。统计工作中运用计算机技术和互联网的目的，不仅仅是为了简单地替代统计人员的手工劳动，更主要的是通过电子计算机系统准确、及时地整理大量详细的基础数据，在这一基础上进行各种复杂的分类、分组，并运用统计学方法，去完成人们手工计算难以做到的大量数据的搜集、整理以及统计分析和统计预测工作。电子计算机和互联网技术的应用，统计自动化系统的建立，能极大地提高统计工作的水平和质量，更加有效地发挥统计工作在我国经济建设中的作用。

第二节 统计学的研究对象和性质

一、统计学的研究对象

空间是三维的，时空是四维的，人们所面临的客观事物更是多维的，统计学正是要从复杂多变的客观事物中，挖掘出其蕴涵的客观规律，为人们的各种行为活动提供有力的决策依据，避免行为活动的盲目性。由于客观事物往往可以用其数量来表现，因此，要找出客观事物的内在规律，首先得认识客观事物，那么我们就必须通过试验或调查来搜集有关数据，并且加以整理、归纳和分析，以便对客观事物规律性的数量表现作出合理的描述。

由此可见，统计学的研究对象是客观事物的数量特征和数量关系，也可以说统计学研究的对象是客观事物，是数量方面。统计学也就是关于数据搜集、整理、归纳、分析的方法论科学，其目的是探索数据内在的数量规律性。

统计学的研究对象具有以下特点：

（一）数量性

客观现象有着质和量两个方面的表现，根据质和量的辩证统一研究现象的数量特征，从数量上认识现象的性质和规律性，这是统计学研究的基本特点。统计学运用科学方法搜集、整理、分析反映现象特征的数据，并通过统计指标反映现象的规模、水平、比例、速度及其变动规律。认识现象的数量表现，是深入研究现象质的表现的前提和基础。现象的数量方面包括数量多少、数量关系、质和量互变的数量界限等。数量关系指各种平衡关系、比例关系和依存关系，例如总供给与总需求的平衡关系、各产业间的比例关系、消费与收入之间的依存关系等。在研究现象的数量方面时，必须紧密联系现象的具体内容和质的特征，这是统计学与数学的一个重要区别。例如，一个国家的人口数量、结构和分布；国民经济的规模、发展速度；人们的生活水平等，都是反映基本国情和基本国力的基本指标，通过这样的一系列指标才能对整个国家有一个客观的认识。由此可见，数量性是统计学研究对象的特点之一。如对于定性方式表述的客观现象，则应该将其转换为数量形式，例如为了反映某产品的质量情况，用合格与不合格来表示，这时可分别记合格与不合格为1与0，等等。

（二）大量性

大量性也称总体性，统计学研究的总体是由大量同类事物构成的总体现象的数量特征。个别和单个事物的数量表现是可以直接获取的，一般不需运用统计研究方法。例如，要了解某名工人的工作情况，查一查生产记录就可以了；如果要了解全体工人产量的分布、差异和一般水平等，就要用统计方法来进行计算和分析。统计对总体现象的数量特征进行研究时，是通过对组成总体的个别事物量的认识来实现的。例如，在人口普查中我们通过对每一户家庭的人口状况进行调查，根据所取得的资料，编制人口总数、人口结构（性别、年龄、民族、职业等结构）、人口分布、人口出生率、人口死亡率等指标来反映一个国家或一个地区的人口总体状况。个别事物有很大的偶然性，大量事物具有共性，统计学正是从大量的客观事物中找出其共性，即规律性。从对个体数量特征的观测入手，运用科学的统计方法获得反映总体一般特征的综合数量，这是统计学的又一基本特征。

（三）变异性

变异性是指组成研究对象的各个单位在特征表现上存在差异，并且这些差异不能按已知条件事先推断。例如要研究某地区大学生的消费行为，每个学生的家庭收入有差异，学生的消费偏好有差异，消费品的市场价格也不稳定。这就需要研究大学生的平均消费、家庭平均收入、消费偏好和消费品的市场价格等因素，如果每个大学生都不存在这些差异，我们只要调查一个学生的相关消费行为，整个地区的大学生消费行为也就知道了，这也就不需要做统计了。正因为研究对象的各单位存在差异性，统计方法才有了用武之地。

二、统计学的性质

统计学是一门认识方法论科学，具体说它是研究如何搜集数据、整理数据并分析数据，以便从中作出正确推断的认识方法论科学。

统计学之所以具有这样的性质，首先，统计学是为了揭示客观事物的规律性；其次，为了达到这个目的，需要各种统计方法，来认识事物的本质。因此，统计学是认识客观事物方法论的科学。

统计学和数学都是研究数量关系的科学，它们之间既有联系又有区别。数学以抽象的概念和方法研究各种数量关系和空间形式，而统计学则是对客观现象在质和量的相互联系中研究其数量方面，揭示其数量变动的规律性，这是它们之间的本质区别。另一方面，数学又为统计学提供了大量的计算分析方法，尤其是数理统计，不仅用于研究社会经济现象，也可用于研究自然技术现象。工业产品、农副产品的抽样调查，生产过程的检验和控制等，就是数理统计方法在社会经济领域中的应用。

统计学在研究客观现象的数量特征和数量关系时，必然要以相关的科学的基本理论和基本知识为指导，如经济学、社会学、物理学、生物学、心理学等。而且，统计学的基本理论在各个领域中的应用形成了各种专门统计学，如经济统计学、人口统计学、科技统计学、金融统计学、经营统计学、心理统计学等。统计学与相关学科的结合同时也促进了统计理论和方法的发展。

第三节 统计学的基本概念

一、统计总体、总体单位与样本

（一）统计总体与总体单位

统计总体是根据一定目的确定所要研究对象的全体，是由客观存在的、具有某种共同性质的许多个别单位构成的整体，简称总体。总体单位，简称单位，是组成总体的各个个体。我们可以把总体看成是集合，而单位则可以看成是集合中的元素。

例如，研究某厂生产的一批日光灯的寿命，则该厂生产的这批日光灯组成总体，而这批产品中的每一支日光灯就是一个单位。研究某企业职工的年龄结构，则该企业所有职工组成总体，而该企业的每一名职工就是一个单位。

统计总体具有三个特性，即同质性、大量性和变异性。同质性是指一个总体的所有单位至少在某一点上具有相同的性质，否则，就不能被纳入到这个总体中。换言之，总体是由具有某一共同性质的基本单位所组成的。大量性是指总体的形成要有一个相对规模的量，应由许多个别单位组成，少数单位或个别事物不能称为总体。变异性是指构成总体的单位在同质性之外的其他方面要有差异，这些差异是统计研究的基础，如果组成总体的总体单位没有差异的话，就没有必要进行统计分析了。可见，同质性是构成总体的基础，另外，每个个体还具有一定的差异性，是统计存在的前提。

统计总体可分为有限总体和无限总体。有限总体是由有限个单位构成的总体，换句话说，总体的范围能够明确确定。例如，要了解某大学学生的学习情况，则该大学全部学生所构成的总体就是有限总体。无限总体是由无限个单位组成的总体，比如，要检验某咖啡厂的咖啡装袋重量是否正常，倘若该厂可以无限生产下去，则该厂生产的咖啡可视为无限总体。又如，海里的鱼、天上的星星都可视为无限总体。区分无限总体和有限总体的意义在于对不同的总体应分别采用不同的调查研究方式。对于有限总体既可以采用全面调查方式，也可以采用非全面调查方式；对于无限总体则只能采用抽样调查方式。

总体与单位是两个不同层次的概念，它们之间的关系具有相对性。随着研究目的的不同，总体和单位的关系可以发生变化。例如，要研究某高校各专业的办学情况，该高校的所有专业构成总体，而该校开办的每一个专业就是一个单位。如果要研究某地区高等学校的办学情况，该地区所有高等学校构成总体，而该地区的每一所高校就是一个单位。

（二）样本

统计研究的目的是要确定总体的数量特征，但是当总体的单位数量很多甚至无限时，不可能也没必要对每个总体单位的数量特征逐一加以观察。这时，就要借助样本来研究总体了。所谓样本，就是从总体中抽取的部分单位组成的集合。对于无限总体，我们不可能对每一单位进行观察，即使是有限总体，由于其大量性的特点，要对所有单位进行观察要花费大量的人力、物力、财力和时间，也是十分不经济的。因此，一般情况下，都是通过样本来推断总体的特征。

既然抽样的目的是推断总体的特征，因而从总体中抽取样本时必须遵循随机原则，这样才能保证样本的代表性。例如，我们研究某厂生产的日光灯的寿命，随机抽取 100 支日光灯进行检验，则这 100 支日光灯就是一个样本。总体是统计研究的对象，样本作为总体的代表，也是统计研究的对象，因此，样本也符合总体的概念。为了加以区别，通常将所要研究的事物全体构成的总体称为全及总体，而将样本单位组成的总体称为抽样总体。

抽取样本时要注意以下问题：

（1）从一个总体中可以抽取许多个不同的样本。根据研究目的确定的统计总体是唯一的，而样本却是随机的，从一个总体中抽取不同样本的数目的多少与样本单位数和抽样方式有关。例如，某校有 $N = 10\,000$ 名学生，从该校学生中抽取 $n = 100$ 名构成样本，按重置抽样方式其可能的样本数目为：$N^n = (10\,000)^{100} = 10^{400}$，按不重置抽样时的情形请读者推算。由此可见，从一个总体中抽取容量不同的样本方式是非常多的，甚至让我们很难想象。

（2）样本的代表性。既然样本是总体的代表，带有总体的信息，能够用来推断总体，抽样的目的是用样本的数量特征去推断总体的数量特征，因此，就要求样本的指标与总体的指标的误差要小，即抽样误差小。抽样误差越小，样本的代表性就越强。样本代表性的高低与样本单位数、抽样方式和抽样的组织形式有关。提高样本的代表性，降低抽样误差，是抽取样本时要高度关注的问题。

（3）样本的客观性。在抽取样本时，要遵循随机原则，排除主观因素的影响，保持取样的客观性，从而提高样本的代表性。

二、标志、变量和统计指标

（一）标志

标志是总体各单位所具有的属性或特征，也就是说标志是反映总体各单位属性和特征的名称。总体各单位在某一标志下的具体表现称为标志表现。例如，研究某校学生的性别结构，学生就是总体单位，"性别"就是一个标志。性别在该校学生中具体表现为男生和女生，因此性别的标志表现为"男性"和"女性"。如果研究学生的年龄结构，则"年龄"是一个标志，年龄的标志表现就是每名学生的具体年龄。

由于客观事物往往具有多个方面的特征，因此总体单位就会具有多个标志。例如，企业的每个职工都具有性别、民族、工种、文化程度、年龄、工龄、工资等属性和特征，则"性别""民族""工种""文化程度""年龄""工龄""工资额"等就是职工的标志。

标志可以进行如下分类：

1. 品质标志与数量标志

标志按能否用数字来表示，可分为品质（或属性）标志与数量标志。品质标志描述总体单位属性方面的特征，一般用文字或语言表述。如职工的"性别""民族""工种""文化程度"都是品质标志。数量标志描述总体单位的数量特征，可以用数字表示。如职工的"年龄""工龄""工资额"就是数量标志。数量标志的表现又称为标志值。例如，某职工的年龄35岁、工龄10年、月工资2 500元，这里的35，10，2 500就是数量标志"年龄""工龄""月工资额"的一个具体表现，也即标志值。

2. 可变标志与不变标志

标志按其变异的情况，即在每个单位上的表现是否完全相同，可分为可变标志与不变标志。可变标志是指总体各单位之间具有不完全相同的标志表现，如某企业的职工，在年龄、工资额上往往都不完全相同，存在着差异，则"年龄"和"工资额"就是可变标志。相反，不变标志就是总体中所有单位的标志表现完全相同。例如，在教师总体中，"职业"这一标志就是不变标志，因为其具体表现都是"教师"。

统计总体中各单位至少具有一个不变标志，不变标志反映了总体的同质性，它是构成总体的基础；同时，总体中各单位至少具有一个可变标志，可变标志反映了总体的变异性，它是统计研究的前提和起点。总体单位是标志的载体，统计研究往往是从登记总体各单位的标志表现开始的，然后通过统计整理和分析，进而归纳出总体的数量特征。

（二）变量

对于可变的数量标志统计上通常称为变量。例如，某企业职工的"年龄""工龄""工资额"等。变量一般用符号 x、y 等表示。可变的数量标志的表现，也就是变量的取值，通常称为标志值。

（三）统计指标

统计指标，简称指标，它是反映统计总体数量特征的概念和数值。如：在宏观经济方面有国内生产总值、社会商品零售总额、进出口贸易总额、能源消耗降低率、人均国内生产总值、就业率、居民人均可支配收入等；在企业管理方面有总产量、总成本、总利润、销售总额、销售量、销售价格、资金利润率、产品合格率等，这些都是统计指标。以上所说的指标多用于统计理论研究或统计设计，它只规定了统计指标的概念和范畴。在统计工作中使用的指标是指反映总体数量特征的概念和具体的数值。一个完整的指标往往包括五个要件：时间限制、空间范围、指标名称、具体数值和计量单位。例如：2014年我国国内生产总值636 463亿元，全社会固定资产投资502 005亿元，就业人数77 253万人，这就是三个统计指标。

2014 年	我国	国内生产总值	636 463	亿元
时间限制	空间范围	指标名称	具体数值	计量单位

1. 统计指标的特性

（1）数量性。统计指标反映现象总体数量特征，必须用数值体现。

（2）综合性。统计指标是大量同质总体单位的数量综合的结果，是所有单位标志表现差异的综合。

（3）具体性。统计指标是现象总体在一定时间、地点、条件下的数量特征的具体表现，是客观事实的真实反映，而不是抽象的概念和数字。

2. 统计指标的分类

（1）数量指标和质量指标——按指标所反映现象的内容不同而分类。

数量指标是说明现象规模大小、数量多少的统计指标，能够反映事物的广度。数量指标一般随总体范围的大小而增减。如某地区财政收入总额、进出口总额、人口总数、土地面积、工业企业总数、国有企业职工工资总额等。数量指标也称为总量指标。如果数量指标反映的是总体各单位某标志值的总和，则称之为标志总量；如果数量指标反映的是总体单位数的总和，则称之为单位总量。例如，将某个企业看成一个总体，则该企业职工总数 5 000 人就是单位总量，该企业的月工资总额 100 万元人民币就是标志总量。总量指标的表现形式是绝对数。

质量指标是反映总体各种比例关系和一般水平的统计指标，它反映了研究事物的深度，具有抽象性特点。质量指标通常是两个有联系的统计指标对比的结果，如人口密度、人口出生率、职工月平均工资、劳动生产率、设备利用率等。质量指标可以分为相对指标和平均指标两种。相对指标反映现象的各种比例关系和对比关系，而平均指标则反映总体或现象的一般水平。由于质量指标能够说明现象的本质和内在的联系，评价事物的好坏优劣，故质量指标在统计分析和研究中被广泛应用。质量指标的表现形式是相对数和平均数。

数量指标反映现象的规模，质量指标说明现象质的特征，把两者结合起来，从广度和深度两方面认识客观现象才能得到较为全面正确的结论。

（2）描述指标、评价指标和预警指标——按指标的用途不同而分类。

描述指标是用于反映社会经济现象的现状、运动过程和结果的统计指标。例如，土地面积、劳动力数量、投资总额、科技人员总数等指标反映社会经济基本条件；国内生产总值、国民可支配收入、财政收入与支出额、进出口额等指标反映社会经济活动的过程和结果；固定资产、折旧额、流动资金、利润总额、商品库存额、工资总额等指标反映企业生产经营过程和结果；居民平均生活费收入与支出、各类学校在校生人数、文化体育娱乐设施数量等指标反映社会物质文化生活状态。

评价指标是比较、评估、考核社会经济活动用以检查其工作质量、工作水平、经济效益等情况的统计指标。例如，企业生产经营评价指标包括劳动生产率、增加值率、资金利润率、生产设备利用率、流动资金周转速度、单位产品成本等；国民经济评价指标包括 GDP 增长率、物价指数、人均资源占有量等。

预警指标是监控宏观经济运行状况，预报国民经济可能出现的状态或即将发生事件的统计指标。通常利用敏感性和关键性指标建立监测指标体系，如 GDP 增长率、失业率、就业率、物价总指数、汇率、利率等。

（四）标志与指标的关系

标志和指标既有区别又有联系。

它们的主要区别是：①说明的对象不同。标志说明的对象是总体单位，而指标说明的对象是统计总体。②说明的内容不同。品质标志说明总体单位的属性特征，数量标志说明总体单位的数量特征，而指标只是说明总体的数量特征。③表现形式不同。品质标志用文字表示，数量标志用数值表示，而指标只能用数值表示。

它们的主要联系是：①总量指标的数值是由总体单位标志表现或标志值汇总而来。例如，按"性别"将某企业职工人数经过汇总可以得到该企业"男职工人数""女职工人数"和"职工总数"——单位总量；按"工资"将全体职工的工资额汇总就可得到该企业的"工资总额"——标志总量。②随着研究目的的不同，当统计总体转化为总体单位时，与之相应的统计指标就转化为数量标志，反之亦然。例如，某企业 2007 年销售额 100 万元，将该企业看做总体，它是统计指标；将该企业所属的行业或地区看成总体，它就是标志和标志值了。

（五）指标体系

单一指标只能反映总体某一方面的数量特征，不能反映现象的全貌。鉴于客观现象是错综复杂的，我们可以将反映总体各方面的指标结合起来，这样才能够比较全面地反映总体多方面的数量特征。

统计指标体系是指由一系列相互联系的统计指标所组成的整体。例如要反映某企业的生产经营状况，需要构建职工人数、人均工资、劳动生产率、原材料消耗量、固定资产投资额、财务成本等指标，这些指标就组成了一个指标体系。

随着人们对客观现象认识的不断深化，统计指标体系也在不断地完善，这样就更加有利于我们全面地认识客观现象。

本章小结

（1）正确理解统计学研究的对象，熟悉统计学的基本概念，为系统学习奠定坚实基础。

（2）统计学是关于数据搜集、整理、归纳和分析的认识方法论，是揭示客观现象数量规律性的科学。

（3）统计学研究的对象是客观事物的数量特征和数量关系——总体的数量方面，它具有数量性、总体性和变异性的特点。

（4）按统计学的定义和性质可将统计过程分为：统计设计→统计调查→统计整理→统计分析四个阶段。我们要从现象质和量的辩证统一中研究其数量方面；统计的研究方法有：大量观察法、统计分组法、综合指标法、时间数列分析法、相关和回归分析法、指数分析法、抽样推断法等。其中大量观察法、统计分组法、综合指标法和抽样推断法是最基本和最重要的方法，这些方法将在后续课程中讲到。

（5）统计学的基本概念是学习统计学的基础和起点，必须深刻理解。

①总体，就是我们研究的对象，统计学就是研究总体的数量方面。构成总体的每个事物称为总体单位，它可以是人、物、事件等。根据研究的对象不同，总体可以分为全及总体和抽样总体；根据总体单位数的特点，总体可分为有限总体和无限总体。

②标志，所有单位都具有的属性和特征的名称。标志的具体表现形式称为标志表现。总体各单位在标志表现上的差异就是变异。标志可分为品质标志和数量标志，不变标志和可变标志。数量标志的表现称为标志值。可变的数量标志称为变量，其标志值称为变量值。

③指标是反映总体数量特征的概念和数值，可分为数量指标和质量指标。质量指标包括相对指标和平均指标。

思考练习

一、名词解释

统计学　统计总体　总体单位　样本　标志　变量　统计指标

二、思考题

（1）什么是统计学？统计分析数据的方法有哪些？
（2）什么是统计总体和总体单位？它们的关系如何？
（3）什么是统计指标？指标可以划分为哪些类型？

三、填空题

（1）统计学的研究对象是客观事物的（　　）和（　　）。
（2）标志是反映总体单位的（　　）和（　　）的名称。
（3）变量按其数值是否连续有（　　）变量和（　　）变量。
（4）可变标志在总体各单位的具体表现上的差异称为（　　）。
（5）教师的任课科目、职称属于（　　）标志；学生的身高、体重属于（　　）标志。
（6）指标是反映总体数量特征的（　　）和（　　）。
（7）指标按性质不同可分为（　　）指标和（　　）指标。
（8）研究某班学生的学习情况，则总体是该班的（　　）学生，该班每一个学生是一个（　　）。

四、单项选择题

(1) 变量是指可变的（　　）。
　　A. 品质标志　　B. 数量标志　　C. 数量指标　　D. 质量指标

(2) 已知某商品的单价为30元/件，这里的"商品价格"是（　　）。
　　A. 品质标志　　B. 数量标志　　C. 指标　　D. 变量

(3) 统计学是一门（　　）科学。
　　A. 自然　　B. 新兴　　C. 方法论　　D. 实质性

(4) 统计学按其两大构成方法，可分为（　　）统计和（　　）统计。
　　A. 理论　　B. 运用　　C. 描述　　D. 推断

(5) 要研究某地区工业企业职工情况，该市职工的（　　）是统计指标。
　　A. 工资额　　B. 文化程度　　C. 平均工资　　D. 工龄

五、多项选择题

(1) 下列指标中，属于质量指标的是（　　）。
　　A. 职工人数　　B. 平均工资　　C. 产值利润率　　D. 总产值
　　E. 劳动生产率　　F. 新产品数　　G. 高级职称人数　　H. 考试及格率

(2) 下列指标中，属于数量指标的是（　　）。
　　A. 全国人口数　　B. 产品总成本
　　C. 计划完成百分数　　D. 某市工业企业数

(3) 下列属于离散型变量的是（　　）。
　　A. 粮食产量　　B. 人口数　　C. 商品销售额　　D. 商品库存量

(4) 下列属于品质标志的是（　　）。
　　A. 设备台数　　B. 企业规模　　C. 所有制形式　　D. 文化程度

(5) 下列属于品质标志表现的是（　　）。
　　A. 性别　　B. 男性　　C. 高中文化程度　　D. 年龄

第二章 统计调查

【学习目标】
1. 理解统计调查的概念及统计调查的分类；
2. 掌握调查方案设计的内容和步骤，了解统计调查表的形式；
3. 掌握统计报表和普查的特点和区别；
4. 掌握抽样调查的特点、方式及应用；了解重点调查和典型调查的区别。

第一节 统计调查的基本问题

随着人类社会的快速发展，我们已经进入了信息时代，尤其是近两年人们热议的"大数据时代"的到来，我们将面对更加海量的数据信息。人们必须采取科学的统计方法，从瞬息万变的世界中，及时提取有用的数据信息，及时通过大数据的分析，获取市场的第一手资料，以确保自己的资源能够得到合理的配置，进而争取利益最大化。在这些社会经济活动中，科学的统计调查分析，是必不可少的有效手段。

一、统计调查的意义及要求

（一）统计调查的含义

（1）统计调查的定义。所谓统计调查是指人们按照统计任务的要求，有目的、有意识、有组织地运用各种科学方法，客观实际搜集各项原始资料的过程。

从性质上来看，统计调查是社会经济调查的组成部分；从阶段性上来看，统计调查是统计工作的第一个阶段，是决定整个统计工作质量的基本环节。统计调查是统计资料整理和统计分析的基础，它在整个统计研究中占有十分重要的地位。

统计调查和其他的调查，如社会调查、新闻调查有着本质的区别，统计调查的成果形式必须是用数据说话，以及用相关的图表形式说明问题。

（2）统计调查的资料类型。统计调查所涉及的资料有两种：一种是直接向调查对象搜集未加工整理的、反映调查对象个体的、尚待汇总整理、需要由个体过渡到总体的统计资料，称为原始资料，又称为初级资料；另一种是已经加工、整理过的次级资料，也称为第二手资料。统计调查一般指的是对原始资料的搜集，并将其进行加工整理汇总，使其成为从个体特征过渡到总体特征的资料，但有时也包括对次级资料的搜集。

例如，每天翻开报纸或者打开电脑连接互联网，就可以看到各种各样的数据，譬如统计局公布的 CPI 以及 PPI 等经济数据、海关进出口数据、银行提供的外汇牌价

等,这些都是间接得到的,属于二手资料搜集;而某一企业进行市场调查,获得其产品目前在市场中的竞争状况的资料则属于第一手资料的搜集。本章重点介绍第一手资料的搜集,也称狭义的统计调查。

(二)统计调查的原则

为确保统计工作的顺利完成,在进行统计调查时,必须坚持实事求是的原则,深入实际,全面了解情况,以取得准确、及时、完整的统计调查资料。具体要求如下几点:

(1)准确性。搜集的资料要符合客观实际情况、准确可靠。统计是实践的反映,是决策的依据,统计资料必须真实地反映客观实际。统计资料不实、信息不准,必然会导致决策的失误,失去统计咨询、统计监督的作用。

(2)及时性。是指在规定的时间内尽快提供资料,包括使统计资料及时满足领导需要和及时完成各项调查资料的上报任务,不能"雨后送伞"。

(3)完整性和全面性。即在规定时间内对调查资料毫无遗漏地搜集起来。调查单位不重复、不遗漏,所列调查项目的资料搜集齐全。

(4)经济性。以尽量少的投入获得所要求的统计资料,也就是说统计调查要讲究经济效益。

二、统计调查的种类和具体方式

(一)统计调查的种类

统计调查种类很多,归类如下:

(1)统计报表和专门调查——按搜集的组织形式不同而分类。

统计报表是按一定的表式和要求,自上而下统一布置,自下而上地逐级提供统计资料的一种统计形式。

专门调查是为了研究某些专门问题或为某一目的而对某些商业数据专门组织的调查。如普查重点调查、抽样调查和典型调查等。

(2)全面调查和非全面调查——按数据搜集对象包括的范围不同而分类。

全面调查是对构成对象的所有单位无一遗漏地进行调查。如全国人口普查、工业普查、第三产业普查、全国污染源普查等。非全面调查只是对调查对象中一部分单位进行的调查,其目的是通过对部分单位的调查,来了解一定领域范围的全面情况。抽样调查、典型调查及重点调查都属于非全面调查。

(3)连续性调查和非连续性调查——按数据搜集登记的时间是否连续而分类。

连续性调查是一种随着时间的推移,对调查对象的有关数据和情况连续不断地进行搜集和登记的统计调查方式。此类调查对象的数量特征一般随时间的变动而连续不断地发生着变化,即时期现象;不连续性调查又称一次性调查,是指间隔一段时间才进行一次的调查登记,其对象往往是时点现象。

(二)统计调查的具体方式

统计调查资料的具体方式,可分为报告法、直接调查法、询问法、自填法、通信

法等方法。

（1）报告法，由被调查单位定期或不定期向有关单位报送调查统计资料。

（2）直接调查法，由调查人员到现场对被调查对象进行实地调查。

（3）询问法，由调查人员对被调查对象进行采访、询问或通过调查会、座谈会的方式口问手写，取得调查资料。

（4）自填法，由调查人员事先设计好调查问卷或调查表，交给被调查对象填写，从而取得调查资料。

（5）通信法，是通过邮寄的方式，将事先设计的调查问卷或调查表交给被调查对象填写并寄送回来，从而取得调查资料。

第二节　统计调查方案与问卷设计

统计数据的搜集具有高度的科学性和广泛的群众性，是一项复杂而又细致的工作。为了使统计数据的搜集达到准确、及时、全面、科学和系统的要求，在进行统计数据的搜集之前，必须制订一个周密的统计数据调查方案。所谓统计数据调查方案，就是根据统计数据搜集的目的和要求设计的使统计数据搜集赖以进行的规范性文件。

统计调查方案是统计调查前所制订的实施计划，是调查工作有计划、有组织、有系统进行的保证。而在统计调查方案中，核心部分是设计出一份高质量的统计调查问卷。下面就这两个方面做一个详细的介绍。

一、统计调查方案的设计

（一）确定调查的目的

（1）确定统计调查的目的，即确定一项调查研究需要解决的具体问题，是统计调查所要反映或者解释的某一特定的社会现象或者社会问题。例如：中考奥数是否应该加分，高就业率是否伴随着低生产率，打击毒品交易是否能降低毒品犯罪率，中国的人口老龄化进程加速会带来哪些相关问题，同时会伴随哪些商机等。

明确了调查目的和要解决的问题，才可以确定相应的调查对象、调查内容和调查方法。这样就不会遗漏一些必要的数据和搜集一些不必要的资料，从而提高工作效率，减少重复劳动，保证统计工作的顺利进行。

（2）确定统计调查目的要求。统计调查目的要清晰明了，语言简洁直接，不能和调查背景混为一谈，模糊了调查要解决的主要问题，否则会给后续工作带来很大麻烦。统计调查目的决定了统计调查对象、调查内容和调查方法。

（3）应用案例。我国《全国污染源普查条例》第二条非常简练地说明了这次普查的目的："污染源普查的任务是掌握各类污染源的数量、行业和地区分布情况，了解主要污染物的产生、排放和处理情况，建立健全重点污染源档案、污染源信息数据库和环境统计平台，为制定经济社会发展和环境保护政策、规划提供依据。"

（二）确定调查的必要性与可行性

统计调查的必要性是指一项调查是否能够解决目前迫切需要解决的理论问题或实际问题。例如，城乡收入差距问题、住房改革问题、高校学生分配与就业问题、某公司的产品是否畅销等。其次，为使调查方案能够实现，减少方案的盲目性，还要确定调查是否具有可行性，这包括两部分：首先，课题是否具备了科学条件；其次，调查是否已经具备了物质上的保障，能否切实可行，经费、人力、物力是否配套等。统计调查方案中有时也省略必要性和可行性的阐述。

（三）明确调查对象与调查单位

（1）确定调查对象。所谓调查对象，是指需要调查的现象总体，即所要调查的单位的全体。调查对象能够划分调查的总体界限，明确调查对象的目的，可避免由于总体界限不清而导致登记时的错误。

（2）确定调查单位。确定调查单位可以让我们明确从哪里取得调查项目的情况和资料，也就是说，调查单位就是具有所要调查的那些项目的单位，是调查项目的承担者。例如，如果是全面了解工业企业情况的工业普查，那么，由所有从事工业生产活动的单位所组成的"全部工业企业"就是调查对象，其中的每一个工业企业就是一个调查单位。如果是抽样调查，就是按抽样原则抽取构成样本的各个单位；重点调查是按照划定重点单位的标准所确定的那些重点单位。

（3）填报单位。填报单位或称报告单位与调查单位是有区别的。所谓填报单位是指负责报告调查内容和具体项目的单位。调查单位与填报单位有时一致，有时不一致。如上例，在普查中每个工业企业既是调查单位也是填报单位。而在进行工业企业职工情况调查时，调查单位是每个职工，填报单位则通常是职工所在的工业企业。

（4）应用案例。例如全国农业普查的对象是全国范围内（不含港、澳、台）各种类型的农业生产经营单位、农村住户、乡镇企业、行政村和乡镇。再如，对某校全体大学生法律素养进行调查，调查对象是该校全体大学生，调查单位是"法律素养"的承载者——该校的每一位学生；如果进行大学就业率调查，具体某一所大学既是调查单位也是填报单位；对大学生身体状况进行调查，报告单位是大学，而调查单位是每一位大学生。

（四）确定调查时间与调查期限

调查时间包括以下两种类型：

（1）资料所属的时间。资料所属的时间是调查项目所反映的时间，指调查时数据资料所属的时间范围。如果所要调查的是时期现象，就要明确规定资料所反映的调查对象是从何时起到何时止的；如果所要调查的是时点现象，就要明确规定统一的标准调查时点。

（2）调查期限。调查期限是指调查工作进行的时间，即指从调查工作开始到结束的时间，一般是指进行调查登记工作的时间。在某些专项调查中，它包括从调查方案设计到提交调查报告的整个工作时间。为了提高统计资料的时效性，在可能的情况下，调查期限尽可能缩短。规定调查期限的目的是使调查工作能及时开展、按时完成。

(五) 确定调查项目和调查表

1. 调查项目

调查项目是调查中所要登记的调查单位的标志，即调查的具体内容。在确定调查项目时，除要考虑调查目的和调查对象的特点外，还要注意以下几个问题：

(1) 确定的调查项目应当既是调查任务所需，又是能够取得答案的项目。凡是调查目的需要又可以取得的调查项目要充分满足，否则不应列入。遵循必要性和可能性的原则。

(2) 项目的表达必须明确，要使答案具有确定的表示形式，如数字式、是否式或文字式等。否则，会使被调查者产生不同理解而做出模糊的答案，造成汇总时的困难和误差。

(3) 确定调查项目应尽可能做到项目之间相互关联，使取得的资料有相互对照的作用，以便了解现象发生变化的原因、条件和后果，便于检查答案的准确性和逻辑性。

(4) 调查项目的涵义要明确、肯定，必要时可附以调查项目解释。很多大型调查都附有"指标解释"的内容。

2. 调查表

为了使调查的资料具有条理性和系统性，以利于在统计整理时资料汇总，通常将调查项目科学地分类、排列并以表格的形式来表现，称为调查表，可分为单一表与一览表两种。

(1) 单一表。所谓单一表是指供调查单位单独登记的表格，其中往往调查项目较多，调查内容较为详细，有多少个调查单位就要填制多少份单一表式的表格。单一表的优点是可以反映更多的调查内容，较为全面详尽地了解调查单位的情况。例如："资产负债表""利润表"等全面反映了企业的资金运动；"职工履历表"全面反映了职工的历史情况，还有"普查登记表"等，目前普遍采用的统计调查问卷，也属于单一表的范畴。

(2) 一览表。一览表是指将若干个调查单位都登记在一张表中的表格。一览表的优点是调查项目少、调查内容的填写较为简单，便于汇总。例如："职工花名册""成绩汇总表"等。

(六) 确定调查方法

统计调查方法是指搜集资料的具体方法。常见的调查方法有访问法调查与自填问卷调查两大类。访问法调查是由访问员对被调查者进行询问并记录答案，可分为当面访问与电话访问等；自填问卷是指向被调查者邮寄或发送问卷，由其认真填写后回收，可分为个别发送、邮寄填答、网络填答等。

(七) 统计调查方案实施的其他相关事项

(1) 对调查人员的要求。专业的统计调查对工作条件和人员专业素养要求较高，为使统计调查顺利、高效地完成，就需要组织和培训相关调查人员，提高其调查能力，减少调查环节中人为因素导致的调查误差与偏差。

(2) 其他相关事项。比如资金如何落实，实施步骤，是否需要利用电视、网络媒体进行宣传等。

二、问卷调查与问卷的设计

(一) 问卷调查

问卷调查是目前调查行业中所采用的最广泛的调查方式。它是由调查机构根据调查目的设计各类调查问卷，然后采取抽样的方式（随机抽样或整群抽样）确定调查样本，通过调查员对样本的访问，完成事先设计的调查项目，最后，通过统计分析得出调查结果的一种方式。由于问卷调查严格遵循概率与统计原理，因而，调查方式具有较强的科学依据，同时也便于操作，获得的数字资料相对准确可靠，便于数据分析研究，进而得出有数据依据的科学结论，因此被广泛使用。问卷调查的质量如何，一方面取决于样本选择的科学性、调查员素质的高低、统计手段是否恰当等因素，另一方面就是要设计出一个高水平的调查问卷。而问卷设计好坏是做好问卷调查的前提性条件。

(二) 问卷设计

问卷即前面提到的单一调查表，它是用书面形式了解被调查对象的反应和态度或状况，并以此获得统计资料和信息的载体。问卷设计则是依据统计调查的目的，列出调查项目所需要了解的内容，并以一定的书面格式，将其有序地排列起来，形成统计调查表的活动过程。

1. 调查问卷的结构

(1) 醒目的标题。一个好的、醒目的标题能让被调查者很快了解调查的目的。

(2) 前言（即说明语）。首先是问候语，例如："您好，谢谢您参加我们的调查！本次调查只需要占用您两分钟的时间。对于您能在百忙之中填写此问卷再次表示感谢！"接着是向被调查对象简要说明调查的目的和对问题回答的要求等内容，以此引起被调查者的兴趣，同时消除他们在回答问题时可能产生的顾虑，并请求当事人予以协助。另外，如果是留滞调查，即不是马上收回，还应注明收回问卷的时间。

(3) 正文部分。这部分是整个问卷的主体部分。其中主要包括：被调查者信息、调查项目、调查者信息三个部分。

第一，被调查者信息。被调查者信息主要是了解被调查者的相关资料，以便对被调查者进行分类。一般包括被调查者的姓名、性别、年龄、职业、受教育程度等。这些内容可以了解不同年龄阶段、不同性别、不同文化程度的个体对待被调查事物的态度差异，在调查分析时能提供重要的参考作用，甚至能针对不同群体写出多篇有针对性的调查报告。

第二，调查项目。调查项目是统计调查问卷的核心内容，是组织单位将所要调查了解的内容具体细化为一些问题和备选答案。调查项目形式上的要求有排版整齐、无错别字、无选项排序错误等。

第三，调查者信息。调查者信息是用来证明调查作业的执行、完成和调查人员的责任等情况，并便于日后进行复查和修正。一般包括：调查者姓名、电话、调查时间、地点、被调查者当时合作情况等。

（4）结束语。在调查问卷最后，简短地向被调查者强调本次调查活动的重要性以及再次表达谢意。如："为了保证调查结果的准确性，请您如实回答所有问题。您的回答对于我们得出正确的结论很重要，希望能得到您的配合和支持，谢谢！"

2. 设计问卷选项时应注意的几个问题

（1）问卷所有设问选项都必须紧扣主题，可有可无的问题尽量不要列入问卷当中。

（2）避免出现容易引起被调查者顾虑甚至反感的问题，这类问题一般较难获得答案。

（3）问卷使用的语言必须简明准确。有时为了照顾到被调查者的文化层次，在用词上还应该通俗易懂，避免使用生僻的字和词，否则会产生错误理解，降低数据的质量。

（4）问卷中的问题必须按照一定的顺序排列。一般是按照先易后难、先浅后深、先简后繁、由小到大的原则排列。

（5）问题中的备选答案之间必须遵循互斥、穷尽的原则，以避免数据汇总时出现重复或遗漏的错误。

3. 问卷设计应用案例

海滨休闲旅游市场项目开发调查问卷

亲爱的朋友，为了更好地向您提供海滨休闲旅游服务，请您如实回答所有问题，您的回答对于我们调整服务内容十分重要。谢谢您的合作和支持！

1. 您每年旅游的次数是？
   （1）1 次　　　　（2）2 次　　　　（3）3 次　　　　（4）3 次以上
2. 您每年旅游的时间是？
   （1）双休日　　　（2）春节　　　　（3）国庆长假　　（4）其他
3. 您过去一年有否参加旅游或悠闲度假？
   （1）有　　　　　（2）否
4. 每次旅游您愿意付出的总费用是多少？
   （1）500 元以下　　　　　　　　　（2）500～1 000 元
   （3）1 000～2 000 元　　　　　　　（4）2 000 元以上
5. 您最感兴趣的旅游项目类别是？（可多选）
   （1）休闲度假　　（2）节庆活动　　（3）农业观光　　（4）娱乐项目
   （5）会议会展　　（6）生态环境　　（7）探险拓展
6. 您最感兴趣的旅游活动是？（可多选）
   （1）沙滩排球　　（2）码头游艇　　（3）农家乐　　　（4）探险

(5) 海上公园　　　(6) 商用会议　　　(7) 沙滩烧烤　　　(8) 垂钓
(9) 文化古迹　　　(10) 登山

7. 您的家庭年收入是？
(1) 10 000 元以内　　　　　　　　(2) 10 000～20 000 元
(3) 200 00～30 000 元　　　　　　(4) 30 000 元以上

8. 您的性别是？
(1) 男　　　　　　　　　　　　　(2) 女

9. 您的文化程度是？
(1) 大学本科或以上　　(2) 大专　　　　(3) 中专及高中
(4) 初中　　　　　　　(5) 小学或以下

10. 您的职业是？
(1) 政府职员　　(2) 企事业职员　(3) 商务职员　(4) 军人
(5) 服务人员　　(6) 工人　　　　(7) 农民　　　(8) 教师
(9) 学生　　　　(10) 离退休人员　(11) 其他

11. 您的年龄是？
(1) 20 岁以下　　　　(2) 20～29 岁　　　(3) 30～39 岁
(4) 40～49 岁　　　　(5) 50～59 岁　　　(6) 60 岁或以上

再次感谢您的配合和支持！

第三节　统计调查的组织形式

比较常用的统计调查组织形式包括普查、统计报表、抽象调查、重点调查以及典型调查等。

一、普查

(一) 普查的含义

普查是专门组织的、一次性的全面调查。普查是一种古老的调查手段，最早用于人口统计。而当今的普查除保留了它最初的用途以外，还主要应用于搜集某一时点或一定时期内的重要国情国力与资源状况的全面资料，为政府制定宏观经济政策提供依据。

(二) 普查的特点

普查作为一次全面性调查，具有如下特征：
(1) 普查比任何其他调查方式、方法所取得的资料信息更加全面、更加系统。
(2) 普查通常定期举行，如 10 年一次人口普查、10 年一次农业普查。
(3) 普查主要调查在特定时点上的社会经济现象总体的数量，有时也可以是反映一定时期的现象。

(4) 普查是一项技术性很强的调查工作，涉及面广，任务重，对资料的准确性和时效性要求高，从准备方案、培训人员到落实阶段，都需要花费大量的时间，耗费大量的人力、物力和财力。

(5) 普查在登记、填表、计算和计算机录入过程中容易产生人为调查误差，因此往往需要与其他调查形式比如抽样调查结合进行。

我国国家级普查包括全国人口普查、全国农业普查、全国工业普查、全国第三产业普查以及全国基本单位普查等。普查的特点是，工作量巨大、时间性强，耗费大量的人力、物力和财力等，所以不适宜经常举行普查，根据不同的需要，一般每隔几年进行一次。

二、统计报表

（一）统计报表的含义

统计报表是按照国家有关规定，利用行政手段自上而下布置，统一规定、统一表式、统一指标内容以及统一报送时间，而后由报告单位以原始资料为基础，自下而上、逐级上报的统计调查形式。统计报表是我国高度计划经济的产物，其发展虽随着我国市场经济的建立以及发展而逐渐萎缩，但在一些政府机关以及国有企事业单位仍有广泛应用。

统计报表制度是我国统计调查方法体系中的一种重要的组织方式，具备统一性、时效性、全面性、可靠性等特点，可以满足各级管理层次的需要。

（二）统计报表的特点

1. 具有高度的强制性和统一性

(1) 统计报表的内容和报送的时间是由国家强制规定的，以确保调查数据的统一性。

(2) 统计报表的指标含义、计算方法、口径是全国统一的。

2. 其数据来源相对可靠

统计报表是根据国民经济和社会发展宏观管理的需要而周密设计的统计信息系统，从基层单位日常业务的原始记录和台账（即原始记录分门别类的系统积累和总结）到包含一系列登记项目和指标，都力求规范和完善，使调查资料具有可靠的基础，保证资料的统一性，便于在全国范围内综合和汇总。

3. 具有高度的回收率

统计报表是依靠行政手段执行的报表制度，要求严格按照规定的时间和程序上报，因此，具有100%的回收率。

4. 填报的项目和指标具有相对的稳定性

统计报表填报的项目和指标具有相对的稳定性，可以完整地积累形成时间序列资料，便于进行历史数据的对比分析，以及对社会经济发展变化规律进行系统性研究。

（三）统计报表的报送周期

按照统计报表的报送周期长短不同，可分为月报、季报、半年报和年报。周期较短的,要求资料上报迅速,填报的项目比较少;周期较长的,内容要求全面一些;年报具有年末总结的性质,反映当年中央政府的方针、政策和计划贯彻执行情况,因此内容要求更全面和详尽。

我国的统计报表制度包括国家统计报表制度、部门统计报表制度和地方统计报表制度。

三、抽样调查

(一) 抽样调查的含义

抽样调查属于非全面调查。抽样调查是按照一定的科学方法在调查对象中随机抽取一部分单位作为样本,并通过观察样本的结果来推断总体数量特征的一种调查方式。例如,从全部产品中,随机抽取部分产品对其进行质量检验,利用这一部分产品的检验结果,来推断全部产品的合格率。

抽样调查适用于以下几个场合:

(1) 不能或者不必进行全面调查的情况。总体从规模上可以分为有限总体与无限总体,当一个总体规模较大,甚至是无限总体时,就不便对其进行全面调查。例如对天体的研究、海洋微生物调查。另外对于一些破坏性实验也适合用抽样调查,如棉纱强度测试、火柴质量测试等。

(2) 对全面调查的资料进行验证与修正。全面调查是完整意义上的调查,但全面调查工作量大、任务繁重,难免会产生各种调查误差,因此全面调查之后往往需进行抽样调查,以便对全面调查的结果进行检验与修正。例如我国第三、第四次人口普查,普查工作过程中曾多次运用抽样调查手段对结果进行验证。

(3) 时效性要求较高的调查。对于要求资料时效性较高的事物,比如产品的检查验收、农作物收割前产量预计以及其他应急的社会问题,往往需要采用抽样调查。

(二) 抽样调查的分类

抽样调查可以分为概率抽样与不等概率抽样。概率抽样又称随机抽样,是以概率论为基础,按随机原则抽取样本的抽样方法。不等概率抽样是调查者根据自己的主观判断来抽取样本的方法。不等概率抽样不是本文重点,不予赘述。

(三) 常用的概率抽样方式

常用的概率抽样方式包括:简单随机抽样、等距随机抽样、类型随机抽样、整群抽样以及多阶段随机抽样等。

1. 简单随机抽样(纯随机抽样)

简单随机抽样又称为纯随机抽样,它是随机抽样中最简单、最基本的抽样方法,也是其他随机抽样方法的基础。简单随机抽样具有以下几个特点:

(1) 随机入样。

(2) 确定抽样框。随机抽样一般要事先确定调查对象的抽样框,然后在抽样框中依等概率的原则确定总体单位的入样概率。所谓抽样框,就是调查过程中所使用的所有调查单位的名单及信息。

(3) 以样本指标推断总体参数。统计理论可以证明,抽样调查中的样本指标与总体指标之间存在一定的联系,可以通过观察样本信息来推算、估计总体信息。抽样调查的目的就在于通过样本指标来推断总体指标。

(4) 随机抽样调查的误差可以事先计算并加以控制。实际上,任何调查都不可避免会产生误差。凡是人为因素产生的录入、登记等误差,称为登记性误差;违反随机性原则产生的误差称为偏差。这两种误差统称为调查误差。而随机调查的误差,除了调查误差以外,还会产生用样本推断总体所导致的误差,我们称之为抽样误差。这种误差是随机抽样所固有的误差,是一种方法性误差,是无法消除的,但却可以进行控制。由于随机误差工作量相对较小,因此调查误差通常不大,所产生的误差主要来源于抽样误差。

抽样误差是推断总体指标精确程度的一种度量值,是随机抽样所固有的误差。抽样误差越小,精度就越高;抽样误差越大,精度就越低。样本的统计量是随机变量,其分布具有一定的规律性,可以依据这种分布的规律来计算抽样误差的大小。

影响误差大小的因素主要有三个方面。一是总体内部的差异程度。在其他条件不变时,总体内部差异越大,抽样误差就越大;总体内部差异越小,抽样误差就越小。二是样本容量。在其他条件固定时,样本容量越大,抽样误差就越小;样本容量越小,抽样误差就越大。因此,为了提高抽样精度,经常的做法是提高样本容量,但抽样涉及人力、物力、经费等问题,提高了精度,就会产生更多的费用支出,因此需要综合权衡。三是抽样方法。不同的抽样方法,产生的抽样误差也有差异。

2. 等距随机抽样(机械抽样)

等距随机抽样也称系统抽样或机械抽样。它是首先将总体中各单位按照一定的顺序排列之后,根据样本容量的要求确定抽选单个样本的间隔,然后随机确定起点,每隔一定的间隔抽取一个单位的一种抽样方式。可以看做是纯随机抽样的演变形式。在系统抽样中,先将总体从 $1 \sim N$ 相继编号,并计算抽样距离 $K = n/N$。式中 N 为总体单位总数,n 为样本容量。然后在 $1 \sim K$ 中抽一随机数 k_1 作为样本的第一个单位,接着取 $k_1 + K, k_1 + 2K + \cdots + (k_n + nk)$,直至抽够 n 个单位,获取整个样本为止。

等距随机抽样的特点:一是简便易行,二是适用于样本在总体中分布比较均匀的条件下进行。

3. 类型随机抽样(分层抽样)

类型随机抽样,也叫分层抽样,它是将总体各单位按其属性特征或主要标志分成若干类型或若干层,然后在各个类型或层中,采用纯随机抽样或机械抽样方式,确定所要抽取的样本单位。一般在科学分组的基础上,类型的划分有清楚的划类界限,清楚各类中的数目和比例。分类的数目不宜太多,否则将失去类型的特征,不便于在每类中抽样。

类型随机抽样在各个类型中抽取单位的数目,有等比例分配抽样单位数和不等比例分配抽样单位数两种抽样形式。

(1) 等比例分配抽样单位数,就是按照各个类型中的单位数占总体单位总数的比例,等比例分配各个类型的抽样单位数。

(2) 不等比例分配抽样单位数,就是指分配到各类型的抽样单位数不按照各类型的单位数占总体单位总数的比例来分配,可以平均分配,也可以按照其他比例分配。

类型随机抽样方法适用于总体情况复杂、各单位之间差异较大、单位较多的情况。

4. 整群抽样(聚类抽样)

整群抽样又称聚类抽样,是将总体中各个单位归并成若干个互不交叉、互不重复的部分,也叫做群;然后以群为抽样单位抽取样本的一种抽样方式。应用整群抽样时,要求各群有较好的代表性。整群抽样时,群的划分可以按自然的或行政的区域划分,也可以是人为地组成群。

整群抽样的优点是实施简单易行,节省成本。整群抽样的缺点是由于不同群之间的差异较大,由此产生的抽样误差往往大于简单随机抽样。

5. 多阶段随机抽样

多阶段随机抽样是指将抽样过程分阶段进行,每个阶段使用的抽样方法往往不同,即将各种抽样方法结合使用。多阶段随机抽样方式在大型流行病学调查中比较常用。多阶段随机抽样的实施过程是,先从总体中抽取范围较大的单元,称为一级抽样单元,再从每个抽得的一级单元中抽取范围更小的二级单元,依此类推,最后抽取其中范围更小的单元作为样本。

在多阶段随机抽样过程中,各阶段可以采用不同的抽样方法,也可以采用同一种抽样方法,要视具体情况和要求而定。

6. 多阶段随机抽样与分层抽样和整群抽样的关系

(1) 分层抽样是对总体中的每个一级样本群体进行全面入样,再对所有的样本进行抽查;而两阶抽样则是把总体中所有的群体视为一阶单元,对这些一阶单元进行抽样,将抽出的样本再次进行抽样(两次都不是进行全面的调查),产生两级样本,最后综合估算出总的一级样本指标。

(2) 整群抽样是对总体中抽取的每个样本群体所包含的基本单元进行全面调查;而两阶抽样则把总体中所有的群体视为一阶单元,对每一个被抽中的一阶单元所包含的二级单元(即基本单位),不是进行全面的调查,而是再进行一次抽样调查(也称抽子样本),即两阶抽样,产生两级样本,最后综合估算出总的一级样本指标。至于在综合估算的方式方法上,两阶抽样与整群抽样也是极其相似的,只不过前者是就被抽一级单元的样本指标进行综合估算,后者是就被抽样群体单元的全体指标进行综合估算。

(3) 多阶段随机抽样实质上是分层抽样与整群抽样的有机结合。

四、重点调查

重点调查是专门组织的一种非全面调查,它是在总体中选择个别或者部分重点单位进行调查，以此来了解总体的基本情况。所谓重点单位，是指在总体中具有决定性作用的一个或若干个单位。一般这些单位的数量较少，但标志值在总体中所占比例较大。例如，要了解全国钢铁生产、销售等基本情况，只需要通过对几个重点钢铁生产企业如宝钢、鞍钢、攀钢等进行调查就可以了。要了解全国蔗糖生产，只需要调查广西、海南、云南等产糖主要省份的情况即可。重点调查具有很明显的优点，那就是只需要通过对少数几个单位的调查，就能对全局情况有一个大致了解，而正是因为这样的特点，使得在进行重点调查前，必须对所调查对象有一个初步了解，以确定重点单位。

当调查的目的只是为了了解某种社会经济现象的基本情况或主要情况，并不要求掌握全面资料，而部分单位又比较集中地反映所研究的项目和指标时，采用重点调查比较适宜。根据调查任务的不同，重点调查可以是一些基层单位，也可以是一些地区和部门。

重点调查由于重点单位比较集中，资料容易取得，因此比全面调查更节省人力、物力和时间，所以是一种很实用的统计调查方式。

五、典型调查

与重点调查类似，典型调查也是专门组织的一种非全面调查，它是从调查对象中选取的具有代表性的单位作为典型单位，通过对其调查来认识客观事物的一种调查方法。所谓典型单位，是指那些最能够体现客观事物某方面特征的单位。例如，某地区大部分中小学分布在山区，要对该地区中小学办学经费来源情况进行调查，就不能只调查那些经费来源充足的市内学校，因为它们不是典型单位。

典型调查的关键在于正确地选择典型。由于调查研究的目的和任务不同，典型的选择也不一样。典型调查一般有两种：其一是对个别典型单位进行"解剖麻雀"式的调查，这样可以将资料搜集与问题研究相结合，具有较大的灵活性和对一般问题的指导意义。其二是在总体差异较大而又要用典型调查资料推算总体总量指标时，一般采用划类选典的方法。即根据统计的目的和任务，选定分组标志，将总体划分为若干类型，然后再从各类中分别选择若干典型单位进行调查。

典型调查的特点在于：调查单位少，典型调查和全面统计结合，既可以掌握全面情况，又具有典型材料，为分析问题、解决问题提供了丰富生动的资料。与重点调查类似，典型调查也需要在经过全面分析的基础之上进行。

本章小结

（1）统计调查是统计活动的基础，是取得统计数据的直接来源。统计调查要满足"准确性、及时性、完整性、系统性"的要求。

（2）统计调查方案的设计是对统计调查工作的统筹规划，其基本内容有：明确调查目的、确定调查对象和调查单位、调查项目（设计调查表或问卷）、调查时间和调查期限、调查方式与方法，制定调查组织实施计划。要联系总体、单位、标志等概念来把握调查对象、调查单位、填报单位和调查项目等概念的含义。

（3）统计调查的组织形式有：统计报表、普查、抽样调查、重点调查和典型调查五种。要注重理解各种组织形式的特点和适用性，在实际工作中我们往往将它们结合起来加以应用，如普查和抽样调查的结合、抽样调查与重点调查的结合等（见图2-1）。

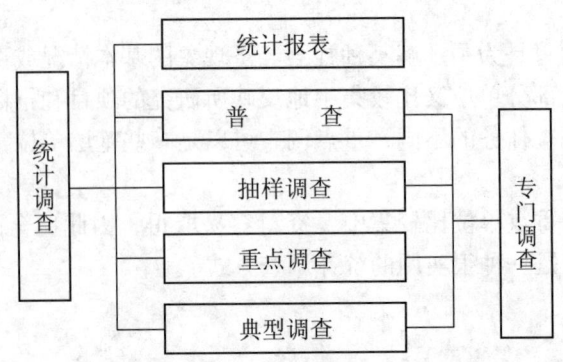

图2-1 统计调查的组织形式

（4）统计报表和普查都是全面调查，但统计报表是经常性的，普查是一次性的。

（5）常用的概率抽样方式包括：简单随机抽样、等距随机抽样、类型随机抽样、整群抽样以及多阶段随机抽样等。

（6）重点调查和典型调查都是非全面调查，但调查单位选择的标准不同。

思考练习

一、名词解释

统计调查　普查　重点调查　抽样调查　调查对象　调查单位　调查项目　调查时间　调查期限　调查表

二、思考题

（1）什么是统计调查？统计调查的原则（基本要求）是什么？
（2）统计调查方案应包括哪些主要内容？
（3）什么是普查？它和统计报表制度有何共同点和不同点？
（4）常用的概率抽样方式包括哪几种？
（5）简单随机抽样的特点是什么？

（6）什么是抽样误差？影响抽样误差大小的因素主要有哪些？

三、填空题

（1）统计调查的基本要求可以概括为（　　）性、（　　）性、（　　）性和（　　）性。

（2）统计调查按调查的范围可分为（　　）调查和（　　）调查；按调查的时间可分为（　　）调查和（　　）调查。

（3）普查是（　　）的（　　）全面调查。主要用于搜集重要的（　　）和（　　）的全面资料，为政府制定宏观经济政策提供依据。

（4）普查过程中容易产生人为的调查误差，因此，普查经常与（　　）调查结合进行。

（5）抽样调查用于不能或者不必进行（　　）调查的情况，它可对全面调查资料进行（　　）和（　　）。

（6）在统计调查体系中，必要的周期性（　　）是基础，经常性（　　）调查是主体。

四、单项选择题

（1）统计调查中，调查标志的承担者称为（　　）。
　　A. 调查对象　B. 调查单位　C. 报告单位　D. 调查项目

（2）统计调查方案设计的首要问题是明确（　　）。
　　A. 调查目的　B. 组织机构　C. 调查经费　D. 调查时间

（3）统计调查中，调查单位和报告单位的关系是（　　）一致的。
　　A. 完全　B. 完全不　C. 不完全　D. 无法确定

（4）为了解2011年11月1日0时人口情况，我国进行了第六次人口普查。某地要求在2011年11月20日前登记完毕，普查的标准时间是（　　）。
　　A. 2011年11月20日零点　C. 2011年11月1日零点
　　B. 2011年11月1日24点　D. 2011年11月20日24点

（5）为了解全国钢铁生产的基本情况，可对首钢、鞍钢、武钢、宝钢等几个钢铁联合企业进行调查，这种调查方式是（　　）调查。
　　A. 全面　B. 典型　C. 重点　D. 抽样

五、多项选择题

（1）专门调查包括（　　）。
　　A. 统计报表　B. 普查　C. 抽样调查　D. 重点调查
　　E. 典型调查

(2) 进行全国第三产业普查时,每一个第三产业企业是(　　　)。
　　 A. 调查对象　　B. 调查单位　　　C. 报告单位　　　D. 调查项目
(3) 对某地区IT产业进行一次重点调查,这种调查属于(　　　)调查。
　　 A. 非全面　　　B. 专门　　　　　C. 一次性　　　　D. 经常性
(4) 统计数据的直接来源渠道有(　　　)。
　　 A. 查阅资料　　B. 统计调查　　　C. 科学实验　　　D. 道听途说

第三章 统计整理

【学习目标】
(1) 掌握统计分组的概念、原则和种类——数量分组的各种类型；
(2) 理解组距、组数与组中值的计算——组中值的意义；
(3) 掌握变量数列的概念、变量数列的编制；
(4) 掌握统计直方图和折线图的绘制及含义；
(5) 熟悉常见的次数分布类型及其应用特点。

第一节 统计数据的整理

一、统计数据整理的定义和步骤

（一）统计数据整理的定义

统计调查搜集到的大量原始资料是分散的、无序的，让人眼花缭乱，而且还可能存在重复、遗漏及错误，必须按照科学的原则进行数据整理，使之系统化和条理化，使其规律性能够更加容易显现出来。

所谓数据整理是指对统计调查所搜集到的各种数据进行分组与汇总，又称汇总性整理，亦称为统计汇总。统计分组是统计整理的核心工作。统计整理是统计分析的前提，它在统计的整个工作过程中起着承前启后的作用。

（二）统计数据整理的步骤

统计数据的整理一般分为审核、分组、汇总和编统计表四个步骤。

(1) 审核。对搜集来的大量原始资料进行数字、内容、时间以及逻辑上的审核与订正。调查资料的审核主要包括资料的准确性、完整性和及时性的审核。

(2) 分组。即确定按什么标志分组，由于统计研究的目的不同，所选择的分组标志也不同。

(3) 汇总。在统计分组的基础上，对各项指标进行加总，即计算各组的单位数和标志值，进而计算总体单位总量和标志总量。汇总方法主要有手工汇总和计算机汇总两种。

(4) 编统计表。将汇总的结果用相应的统计表或统计图的形式，简单明了地表达出来。

二、统计分组

(一) 统计分组的概念

统计分组是指根据研究的目的和要求,按某个标志(或者若干个标志)将总体划分为若干个不同性质的组,使得组内的差异尽可能小,组间的差异尽可能大,从而使大量无序的、零乱的数据变成有序的、层次分明的数据的过程。

(二) 统计分组的原则

统计分组须遵循穷尽原则与互斥原则,既不重复,也不可遗漏。

(1) 穷尽原则。所谓穷尽原则,是指总体中的每个单位都有组与之对应,不存在任何一个单位无组可归,即满足"不漏"原则。例如,如果按班级来分组,校园里的学生总可以找到属于自己的班级,不可能出现某个学生不属于任何一个班级的情况。

(2) 互斥原则。所谓互斥原则,是指在某一个特定的分组标志下,总体的某一个单位在同一时间只能划归为某一组,不能出现一个单位同时归属于两组的情况,即满足"不重"的原则。例如,班级里的学生按照性别、籍贯来分组。

(三) 统计分组的种类

统计分组可以按照不同的标志进行分类,常见的统计分组有如下几类:

(1) 简单分组与复合分组——按分组标志的数量不同所进行的分类。

简单分组,就是对研究现象按一个标志进行分组。所谓复合分组,是先按第一个标志进行分组,在此基础上再按第二个标志进行层叠式的分组,依此类推。例如:按学习成绩对学生分组属于简单分组,在此基础上再按性别进行的层叠式分组就属于复合分组。又如,将某班学生分别按性别、成绩、政治面貌、身高等进行分组,可以得到多个分组结果,这些分组我们称为平行分组,不能看作是复合分组。表 3-1 是某企业职工按职工类别和性别两个标志进行的复合分组形式。

表 3-1 某企业职工按职工类别和性别分组表

职工类别	管理人员		技术人员		工 人	
性 别	男	女	男	女	男	女

(2) 品质分组与数量分组——按分组标志的性质不同所进行的分类。

品质分组就是按品质标志进行的分组,数量分组就是按数量标志进行的分组。例如,将某校学生按性别进行的分组属于品质分组,按身高进行的分组属于数量分组。

对于数量分组,又有如下分组:

①单项式分组与组距式分组——根据变量值的范围不同的分组。

单项式分组,是指一个变量值就为一组。例如:职工家庭类型按人口数来分组,可以分为 1 人、2 人、3 人、4 人、5 人、6 人等几组,其组数不会太多,而且每一种取值可以视为一种类型。单项式分组适用于离散型变量且变量变化范围不太大的

场合。

组距式分组，是指将一个区间内的所有变量值归为一组。例如：某工厂职工工资可分为1 000元以下，1 000～1 500元，1 500～2 000元，2 000元以上四组。组距式分组适用于连续型变量或者变化范围较大的离散型变量。

值得一提的是，连续型变量只能采取组距式分组，而离散型变量根据情况可以采用单项式分组或者组距式分组。

②间断组距式分组与连续组距式分组。

在组距式分组中，每一组包含多个变量值，最大值称为上限，最小值称为下限。相邻两组的界限称为组限。上限与下限之间的距离称为组距。

根据组限是否相连，可以分为间断组距式分组与连续组距式分组。凡是组限不相连的组距式分组就称为间断组距式分组。例如，某工厂按工人数对生产小组进行分组，可分为5～10人，11～16人，18～25人三组。凡是组限相连的组距式分组就称为连续组距式分组。例如，将学生期末成绩按分数进行分组，可分为60分以下，60～70分，70～80分，80～90分，90分以上五组。

对于连续组距式分组，相邻两组组限重合，即同一个变量值作为相邻两组的公共组限，这与统计分组的互斥性原则相矛盾，所以，在统计上规定了"上限不在组内"原则，即对于连续组距式分组，相邻两组重合的单位归入为下限值的那一组，每一组形成一个"左闭右开"的区间。例如对居民居住水平情况按人均居住面积分组分为：0～5平方米，5～6平方米，6～7平方米，7平方米以上，则可表示为：[0，5)、[5，6)、[6，7)…

③等距分组与异距分组。

按数量标志进行组距式分组，还可分为等距分组与异距分组。所谓等距分组，就是每一组组距均相等的分组，即标志值在各组保持相等的变化范围。所谓异距分组，就是对每一组进行不等距分组，每一组的组距不完全相等。

等距分组适用于标志值变动比较均匀的情况。例如，工人的年龄、工资的分组、零件误差等。而工作中异距分组也比较常见，主要应用于三个方面：

第一，标志值分布不均匀的场合。如收入，房价等。

第二，标志值相等的变化量具有不等的意义的场合。例如，生命里的每一年在不同的阶段的意义是不一样的。对新生儿来说，一年内变化很大，而对成年人来说，变化甚微。此时进行人口的年龄分组，应采用异距式分组。对于1岁以下按月分组，1～10岁按年分组，11～20岁按2年分组，21岁以上按5年进行分组。

第三，标志值按比例发展。例如，企业的发展规模是相差很大的，比如我国工业企业的销售额从几十万元到几十亿甚至上百亿元不等，如果按100万元为组距进行等距分组那将会分到上万组，分组过细，显然不能显示事物的规律性。因此，我国的工业企业规模按异距分组方式进行如下分组：30 000万元（包括30 000万元）以上为大型企业，3 000万元～30 000万元为中型企业，3 000万元以下为小型企业。

(四) 组距、组数与组中值的计算

如前所述，某一组的组距是该组上限与下限的距离。组距的计算有以下两种情况。

第一种情况，对于组内变量值连续的组距式分组，组距 = 上限 - 下限。例如，对身高进行分组：1.50～1.60米，1.60～1.70米，1.70～1.80米，其组距均为0.1米。

第二种情况，对于组内变量为离散型的组距式分组，组距 = 上限 - 下限 + 1，最为简捷的方法是计数组内有多少个变量值，那么这组的组距就是几。例如商店规模按职工人数分组，可分为：1～5人，6～9人，10～15人三组，这三组的组距分别为5人，4人，6人。

组数与组距关系密切。对于既定原始数据采用等距分组的情况下，组距大，组数就小，反之，组数就多。组距与组数有如下关系：

$$组数 = \frac{全距}{组距}$$

其中全距又称为极差（R），是原始数据中最大变量值与最小变量值之差，即 $R = x_{max} - x_{min}$。

分组并无规则可言，必须凭借经验和根据所研究问题的特性来做出判断。因此，面对不同的问题往往会采取不同的分组方式。有些资料数据众多，且基本呈单峰对称分布，可参考美国统计学家斯特杰斯提出的经验公式来计算组数与组距。其公式为：

$$组数 = 1 + \frac{\lg N}{\lg 2} = 1 + 3.322 \lg N \quad 组距 = \frac{R}{1 + 3.322 \lg N}$$

其中，N 为总体单位数，R 为极差。

分组太少，每一组单位过多，不能显示出分布规律；而分组太多，每一组单位数太少，同样无法找出变量分布规律。因此，分组不宜过多，也不宜过少，一般以5～10组为宜。

对于分组数据，通常需要计算组中值作为各组变量值的代表值，组中值的计算公式如下：

$$组中值 = \frac{上限 + 下限}{2}$$

某班成绩可分五组：60分以下，60～70分，70～80分，80～90分，90分以上。第一组和第五组只有一个组限（上限或者下限），这样的组称为开口组。开口组也是可以计算组中值的，统计上规定以相邻组作为开口组的组距，其组中值公式如下：

$$开口组组中值 = 上限 - \frac{组距}{2} \quad 或 \quad 组中值 = 下限 + \frac{组距}{2}$$

例如，"60分以下"（相邻组"60～70分"），这一组的组中值为 60 - 10/2 = 55（分），"90分以上"（相邻组"80～90分"），组中值为 90 + 10/2 = 95（分）。

三、变量数列

（一）变量数列的概念

在统计分组的基础上，将总体所有单位按某一标志进行归类排列，并计算各组的单位数，这样我们得到总体在各组的分布状态，称为频数分布，所形成的数列称为分布数列。按品质标志分组所形成的数列称为品质分布数列，简称品质数列；按数量标志分组形成的数列称为数量分布数列，亦称变量数列。

（二）变量数列的编制

变量数列可按以下步骤进行编制。

1. 排序

将调查得到的数据按照从小到大或者从大到小的顺序进行排列。

例如：某班 30 名学生统计学成绩原始数据如下（见表 3-2）。

表 3-2　某班 30 名学生统计学成绩原始数据

| 70 | 80 | 75 | 71 | 65 | 64 | 86 | 87 | 85 | 89 | 95 | 98 | 75 | 94 | 82 |
| 86 | 80 | 75 | 74 | 79 | 80 | 84 | 86 | 89 | 91 | 95 | 89 | 74 | 61 | 75 |

按从小到大排序为：

| 61 | 64 | 65 | 70 | 71 | 74 | 74 | 75 | 75 | 75 | 75 | 79 | 80 | 80 | 80 |
| 82 | 84 | 85 | 86 | 86 | 86 | 87 | 89 | 89 | 89 | 91 | 94 | 95 | 95 | 98 |

2. 分组

将上述排序后的数据进行分组，例如，分为 60～70 分，70～80 分，80～90 分，90～100 分四组，如表 3-3 所示。

表 3-3　30 位学生统计学考试成绩分布情况表

变量值	频数	频率（%）	累计频数		累计频率（%）	
x	f	$f/\sum f$	上限以下	下限以上	上限以下	下限以上
60～70	3	10.00	3	30	10.00	100.00
70～80	9	30.00	12	27	40.00	90.00
80～90	13	43.33	25	18	83.33	60.00
90～100	5	16.67	30	5	100.00	16.67
合　计	30	100.00	—	—	—	—

3. 计算频数和频率

（1）频数——f。

通过对原始数据进行排序、分组并统计各组的频数（次数）从而形成了变量数列。可见，构成变量数列需要两个要素，一个是总体按某标志所分的组，另一个是各组所出现的单位数，即频数，频数一般用f表示。

（2）频率——$f_i / \sum_{i=1}^{n} f_i$，简记为$\dfrac{f}{\sum f}$。

频率是变量数列中各组所出现的单位数，即频数占合计数的百分比，各组频数之和为100%。

4. 计算累计频数和累计频率

在研究变量数列时，除了知道各组的频数和频率之外，往往还要知道某个标志值以上或某个标志值以下的总体单位数或总体频率是多少。这就要计算累计频数和累计频率。其计算方法有两种："以下累计法"和"以上累计法"。

（1）以下累计法。"上限以下累计法"是从最小变量值的总体单位数或总体频率开始累计，累计到包含该变量值作为上限的一组为止，它表示该组上限以下的总体单位数的大小及该组上限以下的变量值在总体中所占的比重大小。

（2）以上累计法。"下限以上累计法"则是从最大变量值的总体单位数或频率开始累计，一直累计到包含该变量值作为下限的一组为止，它表示该组下限以上的总体单位数的多少以及下限以上的变量值在总体中所占比重的多少。

例如在表3-2中70~80分这一组，"上限以下累计频数"（上限80以下）就是所有低于上限80的单位数（频数）之和，即3+9=12；"下限以上累计频数"是指（下限80以上），为13+5=18。同理，在表3-2中同样以70~80分这一组为例，"上限以下累计频率"（即上限80以下占百分之几），等于10%+30%=40%，或用本组以下累计频数12除以30等于40%；在70~80分这一组中，"下限以上累计频率"（即下限80以上占百分之几），等于43.33%+16.67%等于60%，或用本组的"下限以上累计频率"18除以30等于60%。最后形成的变量数列如表3-3所示。

第二节 统计数据的显示

一般来说，统计调查得来的原始数据是杂乱无章的，经过统计整理，达到化繁为简的目的，使得规律性更加明显。经过整理后的统计数据用统计表或统计图展示出来，不仅可以节省大量文字，而且更加条理清晰、集中醒目。

一、统计表

（一）统计表的结构

统计表的结构，从形式上看，由总标题、横行标题、纵栏标题和指标数值等要素构成。总标题置于全表的正上方，起着简明扼要说明全表内容的作用；横行标题置于表的左端，是总体各组的名称，也称主词；纵栏标题是主词的指标名称，置于表的右上端；表中的数值称为指标数值。指标数值与纵栏标题统称为宾词。各部分结构如图3-1所示。

我国2009年1月国内生产总值

按三次产业分	GDP（亿元）	占比（％）
第一产业	4 700.0	7.15
第二产业	31 968.1	48.62
第三产业	29 077.0	44.23
合　计	65 745.1	100.00

（总标题、纵栏标题、横行标题、指标数值、主词栏、宾词栏标注说明）

图 3-1　统计表的结构

（资料来源：国家统计局网站 http：//219.235.129.54/cx/indicator/indicator_ sc3.jsp.）

（二）统计表的编制

编制统计表，应注意下列几项规则：

（1）标题简明扼要，以简练而准确文字来概括统计资料的内容、资料所属时间、空间等。

（2）统计表左右不封口，上下为粗线或者较深颜色的线条。

（3）指标数值一般要有计量单位，可在表右上端注明，如果计量单位不统一，可专设计量单位栏。

（4）指标数值应该填写整齐，对准位数。当数字太小可以忽略不计时，可写上"0"；当缺失某项资料时，用符号"…"表示；当不应有数字的时候，可用符号"—"表示。

（5）注释及来源。一般来说统计表下方应该注明资料来源，以便查考。

二、统计图

除了统计表以外，有时我们需要运用统计图来描述频数分布的特征。统计图的特点在于形象、鲜明、直观，表示现象相互之间的关系更加简便。常见的统计图有如下几种。

（一）直方图

所谓直方图，是指在平面坐标上以横轴标示各组组距，以纵轴标示各组频数的条形图，用以直观说明离散型变量数列的分布特征。例如，表3-4是某市50户居民消费支出资料：

表3-4 50户居民消费支出资料

序号	消费支出	序号	消费支出	序号	消费支出	序号	消费支出
1	950	14	1 370	27	1 230	40	1 420
2	880	15	1 200	28	1 260	41	1 080
3	1 230	16	1 430	29	1 380	42	1 010
4	1 100	17	1 250	30	1 510	43	1 050
5	980	18	1 360	31	1 010	44	1 250
6	1 580	19	1 270	32	960	45	1 160
7	1 210	20	1 320	33	810	46	1 320
8	1 460	21	1 180	34	1 200	47	1 210
9	1 170	22	1 030	35	1 140	48	1 310
10	1 080	23	870	36	1 190	49	1 270
11	1 050	24	1 150	37	1 260	50	1 250
12	960	25	1 410	38	1 350		
13	1 070	26	970	39	950		

根据原始资料做出频数分布表见表3-5,并据此编制直方图如图3-2所示。

表3-5 50户居民消费支出频数表

分 组	频 数 f	频 率(%) $f/\sum f$
800～900	3	12
900～1 000	6	6
1 000～1 100	8	16
1 100～1 200	7	14
1 200～1 300	13	26
1 300～1 400	7	14
1 400～1 500	4	4
1 500～1 600	2	8
合 计	50	100

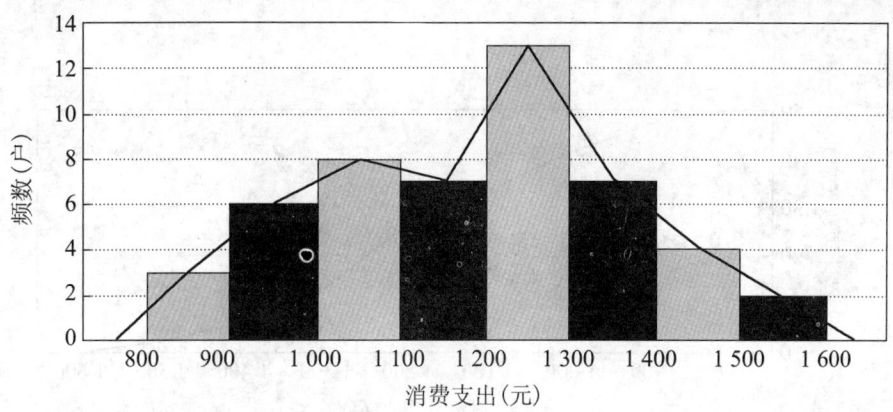

图3-2 50户居民消费支出直方图和折线图

（二）折线图

如图3-2所示，折线图可以在直方图的基础上，将每个长方形顶端中点用折线连接而成，或用组中值与频数求坐标点连接而成。累计频数分布也可以用图表来表示。对于这50户居民消费支出情况，可以做累计频数表（见表3-6）。

表3-6 50户居民消费支出累计频数表

下 限	频 数	上限以下累计频数	上 限	频 数	下限以上累计频数
800	3	50	900	3	3
900	6	47	1 000	6	9
1 000	8	41	1 100	8	17
1 100	7	33	1 200	7	24
1 200	13	26	1 300	13	37
1 300	7	13	1 400	7	44
1 400	4	6	1 500	4	48
1 500	2	2	1 600	2	50
合计	50	—	合计	50	—

各组上限与相应向上累计频数形成坐标点，将各坐标点相连，形成一条折线，称之为向上累计分布频数图。同理，可做出向下累计分布频数图，如图3-3所示。

当变量值无限增多时，变量数列的组数也无限增多，折线便会趋于一条平滑的曲线，这样我们可以得到曲线图。从理论上讲直方图、折线图和曲线图这三种图形与横轴所围的面积相等。

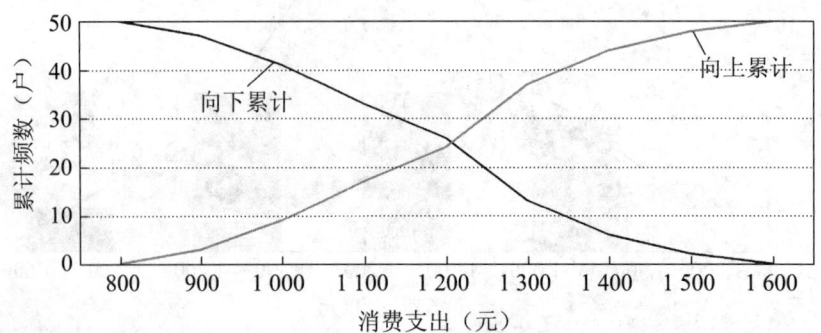

图3-3　50户居民消费支出累计分布频数图

根据累计频数分布数的原理，还可以编制洛伦兹曲线。洛伦兹曲线由美国统计学家洛伦兹博士（M. O. Lorenz）于1905年首次提出，用来描述收入分配的公平程度。如图3-4所示，该图横坐标表示累计人口比重，纵坐标表示累计收入。实际收入分配曲线离绝对平均线越远，代表收入越不公平。累托曲线也是根据累计频率的原理绘制的。如图3-5所示，该图横坐标表示产品或物质的品种数目，左边的纵轴表示占用资金，右边纵轴表示资金累计占用百分数。根据图中ABC所占用的资金及其比例可以区分出重点管理的对象，从而进行分类管理，提高效率。这就是ABC分类库存管理法，又称帕累托分析法，也称之为"80对20"规则。

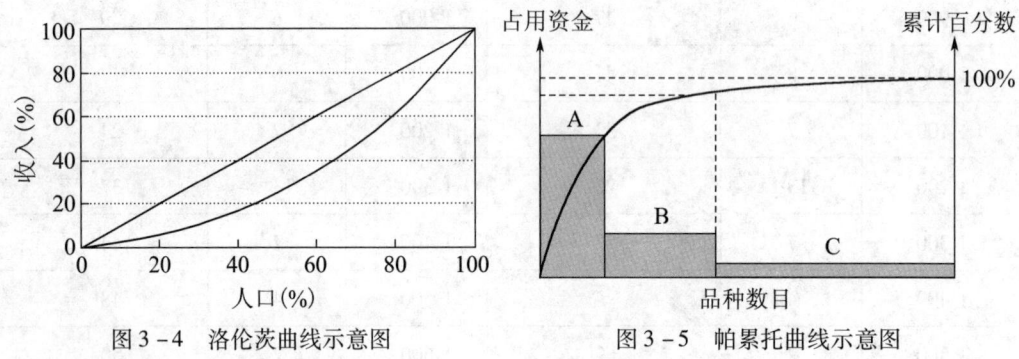

图3-4　洛伦兹曲线示意图　　　　图3-5　帕累托曲线示意图

（三）茎叶图

茎叶图是把每个数据分成茎与叶两部分，同茎的数排成一排，然后按茎与叶的大小成图。如果忽略茎叶图中的数字，将其旋转90度，则茎叶图就转换成了直方图。可以看出，茎叶图除了可以实现直方图的功能以外，还将每一个具体数据包含其中，以便备查。因此，茎叶图比较受到统计工作者的欢迎（见图3-6）。

频数	茎	叶									
3	8.	1	7	8							
6	9.	5	5	6	6	7	8				
8	10.	1	1	3	5	5	7	8	8		
7	11.	0	4	5	6	7	8	9			
13	12.	0	0	1	1	3	3	5	5	6	6	7	7
7	13.	1	2	2	5	6	7	8			
4	14.	1	2	3	6						
2	15.	1	8								

图 3-6 某市 50 户居民消费支出的茎叶图

（四）曲线图

当组距极小、组数足够多时，直方图上的折线图就趋于一平滑曲线，这样的理论曲线就是曲线图。典型的曲线图指的是频数或频率分布曲线图。

频数或频率分布曲线图是以变量值作为横坐标、频数或频率作为纵坐标形成的曲线图。依据其形状又可分为：

（1）丘形分布或钟形分布。其特征是"中间大，两头小"，即靠近中间变量值的次数或频率大，靠近两端的变量值分布的次数少。丘形分布的典型种类又有正态分布、左偏分布和右偏分布之分。

（2）U 形分布。与丘形分布相反，它的分布状态表现为"两头大、中间小"，如人口死亡率按年龄的分布。

（3）J 形分布与倒 J 形分布。

当次数随变量值的增大而增多时，其图形在平面直角坐标中就为 J 形分布。如表示产业市场集中程度或表示一个国家人口收入分配的洛伦茨曲线即是如此。反之，当次数随变量增大而减少时，其图形在坐标平面上就表现为倒（反）J 形分布。如经济学中常用的需求曲线，随着价格的增大，购买者便减少。

本章小结

（1）统计整理在统计工作过程起着承上启下的作用，它是统计调查的继续和深化，又是统计分析的基础和前提，其中心环节是对搜集的原始资料根据研究目的按一定的标志进行科学的分组和汇总，并用统计表和统计图将数据直观地显示出来，使数据资料条理化、系统化，为统计分析奠定基础。

（2）统计分组必须遵循穷尽性、互斥性原则，正确选择分组标志和分组界限是统计分组的关键。统计分组的作用主要有划分现象类型、反映事物的结构和揭示事物之间的依存关系。

（3）频数（次数）分布由两个要素构成：分组和频数（或频率）。分布数列是统计分组的结果，分为品质数列和变量数列。变量数列又可分为单项式变量数列和组距式变量数列。

（4）在组距式分组中，组中值是各组变量值的代表值：

$$组中值 = \frac{上限 + 下限}{2}$$

（5）对于连续分组，采用"上限不在组内"的原则处理重叠组限变量值的归属问题。数据中若存在个别极端值，可采用开口组，开口组的组距采用相邻组的组距。

（6）常见的分布类型有：钟形（正态和偏态）分布、U形分布和J形分布。

（7）统计表和统计图是显示统计数据的重要工具。统计表具有条理性和系统性的特点，统计图更具直观性。统计表从结构上看包括总标题、横行标题、纵栏标题、指标数值等；从内容上看分主词和宾词两部分。统计图最基本的是直方图、折线图和曲线图，根据现在通行的办公软件还可绘制各种平面的和立体的图形，如条形图、环形图、柱形图等。

思考练习

一、名称解释

统计整理　统计分组　分布数列　变量数列　组距式分组　统计表　统计图　频率

二、思考题

（1）统计资料整理包括哪几个步骤？什么是统计分组？统计分组的关键是什么？

（2）什么是分布数列？它具备哪两个要素？分布数列是怎样分类的？

（3）什么是统计表？简述统计表的结构和种类。

（4）现象的分布特征有哪几种形式？各有什么特点？

（5）怎样画统计直方图、折线图，其含义是什么。

三、填空题

（1）对职工分组，按学历程度分组属于（　　）分组，按生产率水平分组属于（　　）分组。

（2）对于离散型变量，如果变量值不多，可采用（　　）分组；如果变量值很多要采用（　　）分组；对于连续型变量只能采用（　　）分组。

（3）按分布数列的分组标志不同，分布数列分为（　　）数列和（　　）

数列。

（4）变量数列的构成要素：一是（　　　）用（　　　）表示；二是（　　　）用（　　　）表示。

（5）变量数列中各种标志值出现的次数称为（　　　），各组单位数占单位总量的比重称为（　　　）。

（6）某地区对物流公司按其利润总额进行分组，变量应是（　　　），频数应是（　　　）。

四、单项选择题

（1）为保证连续分组汇总归类时不发生混乱，通常规定各组含取（　　　）值的单位。

  A．上限 B．下限 C．上限和下限 D．两者均不包含

（2）按三个标志进行复合分组，它们分别有 2、3、2 种不同的标志表现，所分的全部组数为（　　　）。

  A．12 B．7 C．10 D．8

（3）开口组为"1 000 元以上"，相邻组的组中值为 900 元，开口组的组中值为（　　　）元。

  A．1 000 B．1 050 C．1 100 D．无法确定

（4）某厂职工最高工资为 5 500 元，最低工资为 2 500 元，按等距分 6 组，其组距为（　　　）元。

  A．500 B．600 C．650 D．700

（5）按年收入分组：10 万元以下、10 万～20 万元、20 万～30 万元、30 万元以上，下列说法正确的是：（　　　）万元应归入第（　　　）组。

  A．10，1 B．20，2 C．20，3 D．30，3

五、多项选择题

（1）正确分组应做到（　　　）。

  A．各组等距 B．组内同质 C．组间相异 D．组限不重叠

（2）对于离散型变量是采用单项式分组还是组距式分组，应考虑（　　　）。

  A．研究目的 B．变动幅度 C．变量值多少 D．现象属性

（3）统计分组的作用和意义在于（　　　）。

  A．划分现象类型   B．反映内部结构

  C．揭示依存关系   D．检验数据准确性

（4）不适宜编制组距式变量数列的现象是（　　　）。

  A．公司利润   B．职工技术级别

  C．家庭人口数   D．学校学生人数

六、判断题

(1) 某地区100家企业按产值分组的变量数列,其变量值是各组的企业数。
（　　）

(2) 只有闭口组才可确定组中值,开口组由于缺上限或下限,无法确定组中值。
（　　）

(3) 分布数列各组频率之和恒等于100%。（　　）

(4) 统计分组和汇总是统计整理的中心工作。（　　）

七、计算分析题

(1) 某地区30个企业的固定资产资料如下：（万元）

285	340	286	415	495	500	562	630	612	648
675	690	721	743	795	841	840	878	925	930
953	1 140	1 201	1 223	1 240	1 324	1 332	1 456	1 541	1 634

根据上表试编制等距数列并绘制直方图,说明其分布特征。

(2) 某银行网点连续40天客户人数如下表所示：（人）

410	250	290	470	380	340	300	380	430	400
460	360	450	370	370	360	450	440	350	420
350	290	460	340	300	370	440	260	380	440
420	360	370	440	420	360	370	370	490	390

根据上表进行适当分组,编制频数分布表并绘制直方图。

第四章　统计数据的描述

【学习目标】

（1）理解总量指标的分类及其含义；
（2）掌握五种相对指标的含义、算法和应用特点；
（3）熟练掌握算术平均数的计算方法；理解算术平均数的性质；
（4）了解几何平均数的适应性和计算；了解众数和中位数的含义、特点及计算方法；
（5）理解和掌握标准差的含义、作用和计算；
（6）掌握是非标志的平均数和标准差的计算。

第一节　总量指标和相对指标

在上一章中，将杂乱无章、毫无规律的数据，经过统计整理后，数量规律可以大致呈现出来。利用图表，对数据分布的形状以及特征进行展示，对其规律有一定的了解，但是还需要借助一些能够比较准确反映所观察数据数量特征的指标来进一步地说明其特征和规律。

统计分布的数量特征指标主要包括以下四个方面的内容：一是反映数量特征时使用的基本元素，即绝对数和相对数；二是反映数据集中趋势的数量特征指标；三是反映数据分布离散趋势的数量特征指标；四是与数据分布形状相关的数量特征指标。这几个数量特征值从不同的角度反映了数据的某一方面，它们相互补充，共同反映整个数据的全体，本章将从这四个方面进行讨论。

一、总量指标（绝对数）

（一）总量指标的含义

总量指标是指用来反映社会经济现象在一定条件下的总规模、总水平或工作总量的统计指标。总量指标通常用绝对数表示，也就是用一个绝对数来反映特定现象在一定时间、范围上的总量状况。它是一种最基本的统计指标，是进行更深一步统计分析的基础。例如根据国家统计公报资料显示，2014年末我国全国就业人员77 253万人，其中城镇就业人员39 310万人，全年城镇新增就业1 322万人；全国农民工总量为27 395万人，外出农民工16 821万人，本地农民工10 574万人。这些都是说明2014年全国人口就业方面的总规模或总水平的总量指标。由于总量指标的表现形式为绝对数，因此，总量指标又叫统计绝对数。

(二) 总量指标的作用

1. 总量指标是认识社会经济现象的基本要素

要想表述清楚一个国家或一个地区的经济和社会发展状况，了解一个公司、企业的基本情况，首先就要准确地使用客观现象在一定时间、地点条件下的发展规模或水平，然后才能做更深入的认识和研究。例如，反映一个国家基本状况的总量指标包括国土面积、人口和劳动资源、自然资源、GDP总量、工业总产值、农业总产值、国民收入额以及教育文化水平等；反映一个公司基本状况的总量指标包括一定时间内的员工人数、固定资产原值、营业收入、净利润等。

2. 总量指标是实行社会经济管理的重要依据之一

一个国家或地区为更有效地指导经济建设，保持国民经济协调发展，就必须了解和分析各部门之间的经济关系。它虽然可以用相对数、平均数来反映，但归根结底还是需要掌握各部门在各个不同时期的总量指标。例如2014年我国全年国内生产总值636 463亿元，比上年增长7.4%。其中，第一产业为58 332亿元，增长4.1%；第二产业为271 392亿元，增长7.3%；第三产业为306 739亿元，增长8.1%。第一产业增加值占国内生产总值的比重为9.2%，第二产业增加值比重为42.6%，第三产业增加值比重为48.2%。管理一个企业或公司也是如此。

3. 总量指标的准确度决定相对指标和平均指标的质量

总量指标是统计整理汇总后，首先获得的能说明具体社会经济总量的综合性数字，是最基本的统计指标。相对指标和平均指标一般都是由两个有联系的总量指标相对比而计算出来的，它们是总量指标的派生指标。总量指标计算是否科学、合理、准确，将会直接影响相对指标和平均指标的准确性。在上述例子中即"2014年我国全年国内生产总值"中的相对数计算，其准确度必然依赖总量指标，如果2014年我国全年国内生产总值计算错误，后面的增长率也一定是错误的。

(三) 总量指标的分类

1. 按总量指标所反映的内容不同，分为总体总量和标志总量。

(1) 总体总量就是总体中所有单位数之和，由每一个总体单位加总而得。

(2) 标志总量是指总体中各单位某一特征标志值的总和。例如：要研究某地区餐饮企业的发展现状，该地区所有餐饮企业总数就是总体总量，而餐饮企业的营业总收入、员工总数、利润总额等是标志总量。标志总量是由各个餐饮企业的数量标志加总得来的。

总体总量用总体单位数的多少说明总体规模的大小，标志总量则用总体单位数有一种特征的总数说明总体的规模或水平。

2. 按总量指标反映的数量特点和内容不同，分为数量指标和质量指标。

(1) 数量指标是说明总体外延规模的指标，一般用绝对数表示，反映事物的广度，如税收额、出口额、库存量、进口量等。总体总量和标志总量都是数量指标。

(2) 质量指标是说明总体内部或总体之间数量关系或总体单位一般水平的指标，一般用相对数或平均数表示，反映事物深一层次的关系与联系程度。如：每百户电脑

拥有量、某品牌产品市场占有率、商品流通费用率、增长率等。

3. 按总量指标计量时的单位不同，分为实物指标和价值指标。

（1）实物指标是指以实物单位计量的统计指标。它的优点是能反映事物的使用价值量，而使用价值的数量必须通过相应的计量单位表示。因此，计量单位的选择是否合理，对能否恰当体现物品用途具有直接影响。常见的实物计量单位主要有：自然单位、度量衡单位、双重单位、标准实物量单位等。

（2）价值指标是指以货币单位计算的统计指标。价值指标的优点是便于汇总计算，能够反映现象的综合总水平，如国民收入总值、出口商品总值、流通费用总额等。

4. 按指标反映的时间状态不同，可分为时期指标和时点指标。

（1）时期指标反映现象在一段时间内的总规模或总水平，其指标数值是可以累加的，指标数值的大小与时期长短有直接关系。如"年销售收入"是12个月销售收入的总和。

（2）时点指标反映现象在某一时刻上的总水平或总规模，不同时间上的指标数值相加无意义，因而指标数值的大小与时期长短无直接关系。如某年末库存量是指12月31日那一天的库存量，它不可能是12个月每个月库存量的总和。

（四）计算总量指标时应注意的几个问题

1. 要明确规定每项指标的具体含义和统计范围

正确计算总量指标的首要问题就是要明确规定每项总量指标的含义和范围。例如要计算国内生产总值、工业增加值等总量指标，首先要清楚这些指标的含义、性质，然后才能以此为根据确定统计范围、统计方法。要解决好这个问题，必须正确理解被研究现象的性质、含义，同时要熟悉相关的方针政策和统计制度的规定，才能统一计算口径，正确计算出它们的总量指标。

2. 要注意现象的同质性

在计算实物指标的总量时，只有同质现象才能计算或加总。同质性是由事物的性质或用途决定的。例如，我们可以把各种粮食如稻谷、小麦、玉米、大豆等看作一类粮食作物，来计算它们的总产量，但不能把煤炭、钢铁、手机混合起来计算总量。另外，有些数量指标虽然表面上单位相同，但由于性质不同，也是不能加总的，如粮食产量、棉花产量、茶叶产量等，都是以"万吨"为计量单位的，但是不能合计其总量。

3. 要正确确定每项指标的计量单位

具体核算总量指标时，究竟采用哪一种计量单位，要根据被研究现象的性质、特点以及统计研究的目的而定，同时要注意与国家统一规定的计量单位一致，以便于汇总并保证统计资料的准确性。参见表4-1国家统计局公报中的数据计量单位（节选）。

表4-1 2014年主要工业产品产量及其增长速度（节选）

产品名称	计量单位	产量	比上年增长（%）
纱	万吨	3 379.2	5.6
布	亿米	893.7	-0.4
成品糖	万吨	1 642.7	3.1
卷烟	亿支	26 098.5	1.9
彩色电视机	万台	14 128.9	10.9

二、相对指标（相对数）

（一）对比分析的概念与形式

从哲学角度出发，任何事物之间都是相互联系、相互依存和相互制约的，这些联系往往表现在不同时间、空间及事物内在与外在之间的关系上。但是要确切地表明这些联系在数量上的关系程度、联系方式，就必须使用对比分析法，即相对数分析法。相对数就是统计意义上的相对指标。

1. 相对数的概念

相对数是两个有联系的数据对比计算的比率。如某公司对外贸易的计划完成程度，某地区的产业构成、比例关系，以及出口总值的发展速度等，都是相对数对比分析。它们分别可以反映出外贸出口定额与实际出口之间、产业结构内部之间以及出口总值不同时期之间的数量比率和联系程度。总之，凡是两个相联系并能反映实际意义的数据相对比，都是相对数。

2. 相对数的表现形式

相对数计算的时候，一般没有计量单位，它是一种抽象化的无名数。恰恰是这种抽象，才能清晰地反映现象之间的对比关系。相对数的表现形式一般为百分数、千分数、系数、倍数和成数等。

个别相对数在计算时也是有计量单位的，主要是突出性质不同的数据之间的对比关系，因此，常使用双重单位。如平均每人分摊的国民收入用"元/人"表示、人口密度用"人/平方公里"表示等。

（二）相对数分析的作用和原则

1. 相对数分析的作用

（1）相对数分析可以反映数据内部的结构、比例，以及数据的发展速度、强度、差异程度等。

例如，某公司去年进出口总值为3 080万美元，其中进口为1 200万美元；今年进出口总值为3 600万美元，其中进口为1 350万美元，则进出口总值的动态对比相对数为116.9%，增长16.9%，其中进口总值增长125%，出口总值增长19.7%；出口占进出口总值的比重去年为61.0%，今年为62%；进出口比例去年为0.64∶1，今年为0.6∶1。以上数据不仅说明该公司的进出口总值在时间上的变动速度，也说明了

进出口两个部分之间的内在联系程度。

(2) 相对数分析还可以使不能直接对比的绝对数找到共同对比的基础。

两个绝对数据对比的结果，是把绝对数据的具体含义与单位抽象化了。因此，有些数据不便做直接比较时，可以通过相对数进行科学的对比与理解。如在分析企业的经济效益时，不能只用企业之间的出口额、利润额相比，必须联系成本等数据，用其成本利润率相对数进行比较，才能真正说明企业间经济效益的差别。

(3) 相对数分析从某种意义上讲有利于国家、企业的资料保密工作。

凡规定机密数字不能向外提供时，为了说明问题可以把绝对数变成相对数。如一个国家有它的政策性机密数据，一个企业也有些属于商业秘密一类的数据，对这部分数据，都可以加工成相对数对外公布。这不仅可以保守商业秘密，也可以满足社会对数据信息的需求。

2. 计算相对数要遵循的一些原则

(1) 可比性原则。

计算相对数是否有意义，是否能准确地说明问题，关键取决于两个数据是否有可比性。可比性原则主要包括：数据性质的同质性原则；数据之间有联系且有经济意义原则；计算范围的口径相一致原则；计算时间与方法相一致原则等。否则计算出来的相对数或用相对数对比时，就没有说服力，甚至是错误的。

(2) 结合性原则。

相对数的优点在于抽象掉了两个绝对数的具体差异，正因如此，在许多情况下，还需要使用绝对数弥补其不足，以便反映具体条件下的绝对差别。因此，相对数与绝对数结合起来使用，可以更全面、准确地反映事物的整体情况。如"每增长1%的绝对值"（在后面第九章时间数列中详细介绍），就是将相对数和绝对数结合使用的一种计算形式。

(3) 准确使用基数的原则。

相对数要求有对比的基础。通常公式中分母数据就是基数，相对数的对比基数是根据研究的目的、研究对象的特点和性质决定的。比如要分析新中国成立后我国工业企业的发展变化时，可以用新中国成立初期的有关数据为基数进行对比；当要说明改革开放以后的某一行业发展状况时，可以把1978年左右的有关数据作为基数进行对比分析。正确选用基数可以使分析的数据更加准确、恰当、清晰。

(三) 相对数分析的种类和计算方法

常用的相对数分析包括：计划完成相对数、结构相对数、比例相对数、比较相对数、强度相对数、动态相对数。

1. 计划完成相对数

任何一个国家、一个部门、一个企业，都有它的宏观计划和微观计划，长期计划或中、短期计划。即使是一个车间、班组或其他任何一种形式的生产经营基本单位，也都有一定时期内的定额任务。这些计划定额数据，是检查过去工作成果的根据，是评价企业经营好坏的依据，也是我国企业"层层承包"方案中的重要指标之一。因此，计划完成相对数是最常见的相对数之一。

计划完成相对数是用某一时期内的实际数据与同期计划数据相比较得到的相对数，用百分数表示计划完成的程度。其公式为：

$$\text{计划完成相对数} = \frac{\text{实际完成数}}{\text{计划要求数}} \times 100\% \qquad (4-1)$$

(1) 计划数据为绝对数时。

定额数据为绝对数时，可直接用实际数据来比较就能说明问题。

例如：去年某进出口集团公司的两个分公司承包定额（计划）分别为：甲公司 3 285 万美元创汇额，乙公司 2 138 万美元创汇额。实际创汇额分别是：甲公司实际完成 3 450 万美元，乙公司实际完成 2 500 万美元。从实际完成定额的绝对数据看，甲公司大大超过乙公司。但这个结果是比较模糊的，因为它并没有联系到定额数据，不能清晰地说明两者经济效益的差别，就需要用计划（定额）完成相对数，来准确地反映完成计划（定额）的程度，计算如下：

$$\text{甲公司计划完成百分数} = \frac{\text{实际完成数}}{\text{计划要求数}} \times 100\% = \frac{3\ 450}{3\ 285} \times 100\% = 105.02\%$$

$$\text{乙公司计划完成百分数} = \frac{\text{实际完成数}}{\text{计划要求数}} \times 100\% = \frac{2\ 500}{2\ 138} \times 100\% = 116.93\%$$

由此可见，乙公司的计划（定额）完成情况远远好于甲公司。

(2) 计划数据为相对数时。

计划数据可以是绝对数，也可以是相对数，一般表现为动态相对数，如劳动生产率应比前期提高多少个百分点，单位成本应比前期降低百分之多少，以及人口自然增长率等的变动幅度。通常在使用这些动态相对数计算计划完成程度时，是以本年度的计划水平与上年度的实际水平对比，求得一个变动比率作为计划数据；以本年度的实际数据与上年度的实际数据对比，求得另一个比率作为实际完成数据，而后进行对比，确定计划完成的程度。用动态相对数计算计划完成程度时，不可以简单地以实际增长率或降低率除以计划（定额）的增长率或降低率，而必须将基期的实际数据考虑进去对比，从而得出相对准确的结果。

根据以上原因，在许多情况下，制定计划（定额）部门在下达任务时，可直接采用相对数下达，考虑到原有数据基数的作用，公式可变化为：

$$\text{计划完成相对数} = \frac{1 \pm \text{实际增减}\%}{1 \pm \text{计划增减}\%} \times 100\% \qquad (4-2)$$

例如：某公司管理费用计划降低 7.5%，实际降低 8%，那么该公司的管理费用计划（定额）执行情况为：

$$\text{管理费用计划完成相对数} = \frac{1 \pm \text{实际增减}\%}{1 \pm \text{计划增减}\%} \times 100\% = \frac{1-8\%}{1-7.5\%} = 99.46\%$$

从上面的计算结果看，该公司管理费用降低程度比计划定额要求还低 0.54%，说明超额完成了计划任务。

(3) 计划数据为平均数时。

经营决策部门在制定计划或承包定额时,也常使用平均数的形式下达任务。如某类出口商品的平均收购价格、某种产品的原材料平均消耗量、某一自动生产线的平均日产量等等。这时计算其计划(定额)完成情况时,方法与绝对数类似。

(4)用于中长期计划的检查时。

任何一个国家、地区、部门或企业,都有自己的短期计划,一般以月、季、半年、一年为单位。同时也都制定三年、五年,甚至十年、二十年的长期计划。特别是长期计划的检查,还有其他一些特殊方法。

根据数据的性质和任务的不同,一般使用水平法和累计法两种方法。

第一种方法:水平法。

如在长期计划中,计划(定额)数据为期末最后一年的规模或水平,就用水平法计算,公式为:

$$计划完成相对数 = \frac{计划期末年实际达到的水平}{计划期末年要求达到的水平} \times 100\% \qquad (4-3)$$

例如,某生产企业产品生产规模按项目企划规定,其五年计划期末年产量为45万台,项目计划执行情况如表4-2所示。

表4-2 某生产企业产品生产计划执行情况   单位:万台

年 份	全年产量	第一季度	第二季度	第三季度	第四季度
第一年	30	7	7	8	8
第二年	32	7	8	8	9
第三年	36	8	9	9	10
第四年	43	10	10	11	12
第五年	50	12	12	13	13

该产品五年计划执行指标的计划完成相对数为:

$$产品计划完成相对数 = \frac{期末年实际水平}{期末年要求水平} \times 100\% = \frac{12+12+13+13}{45} \times 100\%$$
$$= 111.11\%$$

说明五年计划超额完成11.11%。

在检查长期规划执行情况时,计算提前完成的时间是十分必要和有意义的。对于用水平法表示的计划数字,确定提前完成的时间,通常是根据连续一年(不论是否存在一个日历年度)的实际完成数与长期计划中规定的最后一年的计划任务相比来确定。

从表4-2可以看出,实际上从第四年的第二个季度到第五年的第一个季度结束,就已经达到了计划规定的45万台要求。因此,可以说该生产企业五年计划执行结果提前了三个季度完成任务。

第二种方法:累计法。

在检查长期计划的执行情况的时候,如果是按计划期内各年总和下达任务,则要采用下列公式计算其计划完成程度：

$$\text{计划完成相对数} = \frac{\text{计划期内各年累计实际完成数}}{\text{同期计划要求的累计数}} \times 100\% \quad (4-4)$$

例如某公司固定资产投资额计划五年投资总额为500万元人民币，实际执行结果如表4-3所示。

表4-3　某公司固定资产投资额计划完成情况

时间	第一年	第二年	第三年	第四年	第 五 年			
					一季度	二季度	三季度	四季度
投资（万元）	139	136	80	80	35	30	20	15

$$\text{固定资产投资的计划完成相对数} = \frac{\text{计划期内各年累计实际完成数}}{\text{同期计划要求的累计数}} \times 100\% = \frac{535}{500} \times 100\% = 107\%$$

可见该公司固定资产投资额五年计划超额7%完成任务，提前完成时间为两个季度。通常情况下，累计法适用于各时期数据变化较大，不是很稳定的情况。

2. 结构相对数

结构相对数在各个领域的生产实践、经营贸易和科学实验、理论研究中，都有广泛的用途。

（1）结构相对数的作用。

①反映被研究总体的本质和特征，揭示其内部由量变到质变的发展变化过程。

事物内部各个部分的构成状况如何，直接决定该事物的本质和特征。同时，这种事物的本质与特征也会因事物内部某一部分的数量增加和另一部分的减少，而发生变化。结构相对数可以比较清晰地反映这一量变到质变的过程。例如，外贸出口总值占本地国民生产总值的比重多少，是衡量这一地区是否为外向型经济的标志之一。例如某地的出口总值占国民生产总值的比重由1978年的5%，增加到1985年的20%，再增加到1997年的40%，2012年增加到60%。这一相对结构的变化过程，清晰地描述了该地区从内向型经济向外向型经济转化的过程，事物的本质和特征发生了根本的转变。

②反映被研究总体的内部联系，揭示其内部变化的主要矛盾和次要矛盾。

事物的主要矛盾从数量关系上看，就是指总体内部结构中占较大比重的那一部分。例如某商业公司在一项消费者意见调查中，如果对商场的服务人员比较满意的比重为66%的话，说明消费者对该商场比较信任，商场管理经营有方。但当消费者只有20%比较满意时，就应引起管理人员的极大关注，说明这个商场这段时间的经营状况在恶化，必须马上采取补救措施，否则，20%的结构相对数将继续下滑，商场将难以经营。

（2）结构相对数的计算方法。

任何一个现象包括社会的、经济的、自然的，通常都是由许多部分，至少有几个部分构成的。各个部分占总体的比重，就称为结构相对数，用百分数表示。公式为：

$$结构相对数 = \frac{总体中某一部分数值}{总体全部数值} \times 100\% \qquad (4-5)$$

例如，某企业进出口商品总值为 3 562 万美元，其中进口商品总值为 2 066 万美元，则：

$$进口占进出口总值的比重 = \frac{2\,066}{3\,562} \times 100\% = 58.00\%$$

可见，该公司进口比重大于出口比重。同时，由于进出口总值（分母）只可分为进口总值与出口总值两部分，因此这里只有两个结构相对数，而且两个结构相对数之和为 100% 或 1。

结构相对数以圆形图为最常见形式。它以一个圆为 100%，代表总体总数，将其分割成若干扇形部分，每一扇形面积大小表示被研究总体的各个组成部分，制作方法简便、易行。但如果总体为较复杂的结构分布，为精确计算，还需求出各个组成部分在图中所占圆心角的度数。

3. 比例相对数

（1）比例相对数的含义和作用。

前面讲过，无论是社会现象、经济现象，还是自然现象，在一定的特定总体范围内，总是由互相联系的各个组成部分构成，除了用上述方法分析现象的内部构成外，还应当对总体内的各部分之间的比例关系、协调程度进行深入的分析研究。这时就要使用比例相对数。

（2）比例相对数的计算方法。

比例相对数是将总体内各组成部分的数量加以对比，用来说明它们之间的比例关系、协调程度等。其计算公式为：

$$比例相对数 = \frac{总体中某一部分数值}{同一总体中另一部分数值} \qquad (4-6)$$

例如某地区去年人口总数为 515 万人，其中女性 250 万人，男性为 265 万人，则得出男女比例为 1.06∶1 或 106∶100。

比例相对数可以把对比的基数抽象为 100，也可以抽象为 1。

比例相对数应用的范围也比较广泛。如某大学的招生男女比例、某企业生产工人与非生产工人的比例、某一时期内城镇平均生活费与农民的平均生活费比例、进出口额比例、商品购进与销售的比例等。通过这些比较，可以清楚地从数量上反映现象之间的比例关系是否合理，是否可以协调地发展下去，若发现问题要及时调整比例关系，以免造成重大误差。

4. 比较相对数

（1）比较相对数的含义和作用。

同一类事物由于它们所处的空间条件不同，它们的发展状况和发展水平会存在很大差异，要研究这些差异程度，就需要用比较相对数进行分析。比较相对数是由不同空间的两个性质相同的总体数据进行对比，由此得到的相对数，用来说明某类现象在同一时期内不同地区、不同部门、不同单位之间的差异程度。

从微观上讲，比较相对数作为一种承包定额的参照数据，也可以作为企业挖潜、提高劳动效率的一个检查方法。比如企业的成本、利润、工时消耗、劳动生产率等指标都可以与国家一级、二级企业，与本企业历史最高水平相比，以找出更加直观的差异程度。从宏观上讲，一个国家的国民经济增长速度、国民生产总值、国民收入，以及进出口贸易差额等，也都可以参照有关的其他国家或地区进行评价和研究，总之，无论是微观还是宏观，无论是管理企业还是理论研究，比较相对数均有广泛的用途。

（2）比较相对数的计算方法。

比较相对数等于两个同类性质的不同空间数据之比，其公式为：

$$比较相对数 = \frac{某一条件下的总体数据}{另一条件下同一性质总体数据} \times 100\% \qquad (4-7)$$

比较相对数可以用百分数表示，也可以用倍数表示。分子分母可以互换，互换后仍有实际意义。

例如，SA 公司去年出口总值为 5 863 万美元，另一同类性质 WI 公司出口总值为 4 296 万美元，则 SA 公司出口总值与 WI 公司出口总值之比较相对数为：

$$\frac{5\ 863}{4\ 296} \times 100\% = 136.48\%$$

（3）计算比较相对数时需要注意的问题。

第一，计算比较相对数用绝对数还是用平均数或相对数，要根据研究目的确定，同时参考事物自身的性质。但在多数情况下，计算比较相对数都是用相对数或平均数比较的。这主要是由于对比的两个事物在不同的条件下，有着不同的规模，如果只使用绝对数，往往会造成一些虚假的差异，这是由于绝对数对比的条件下不具有充分性造成的。例如，甲乙两个商场的销售额可作为比较相对数对比，但甲商场是个有上千个服务管理人员的大型商场，而乙商场则只是个有几十人的小型商业服务场所。显然，如果不结合企业人数规模，只比较销售额的差异，是十分片面的。如果在这个问题中用劳动生产率进行对比，则比较恰当。

第二，用来计算相对数的两个数据，必须是性质相同的或同类的，即必须具有可比性。这里所指的可比性，主要是指两个数据应来自于经济职能或生产经营性质基本相同的不同总体，且经营规模与其他客观条件也应基本相同。具体地说，就是两个数据的含义、范围、计算方法、单位，以及价格条件等都是一致的。例如甲数据的劳动生产率是以工时消耗为单位的，而乙数据的劳动生产率却是以人均劳动成果来表示的，那么这两个劳动生产率指标就没有可比性。即使都是用人均劳动成果表示劳动生产率，如果甲是以全员劳动生产率计算，乙是以实际参与的平均数计算，那么这样对比出的比较相对数同样会具有许多虚假成分，显然全员劳动生产率会偏小。

5. 强度相对数

（1）强度相对数的含义及计算方法。

事物之间的数量对比关系，不仅表现在不同总体的同类现象上，还可以表现在不同性质及不同总体上。强度相对数就是将两个性质不同,但是有联系的两个总体数据加以对比,用来表现事物的强度、密度以及普遍程度等。其计算公式为:

$$强度相对数 = \frac{某一现象总体数据}{另一个不同性质但有联系的总体数据} \quad (4-8)$$

强度相对数的表现形式,一般都是有计量单位的,用分子和分母的两个数据的单位作为复合计量单位来表示,以便更清晰地反映分子分母之间的对比强度、联系程度和密度等。复合计量单位适用于分子分母的计算单位不同的情况。当用来对比强度的两个绝对数的计量单位相同时,强度相对数也可以用百分数来表示,有些情况也可以用小数表示。

例如某企业去年平均占用资金 2 130 万元,税前利润总额为 852 万元,则:

$$该企业资金利润率 = \frac{852}{2\,130} = 40\%$$

上述结果说明该企业去年平均每百元资金实现的税前利润额为 40 元人民币。

(2) 强度相对数的特点。

强度相对数的分子分母可以互换,互换后的两个指标都是有意义的,并分别称为正指标和逆指标。通常,正指标的数值大小与现象的关系程度、强度、密度或服务程度成正方向变化;逆指标则成反向变化。如每 100 元资金利税率、人均国民生产总值、人均粮食产量、每万人拥有的医院病床数等,都是强度相对数的正指标。同时这些相对数的分子分母都可以互换,并且有经济意义,互换后的逆指标分别为:每百元税前利润所需的资金额、每百元国民生产总值分摊的人数、每 100 公斤粮食产量分摊的人数、每张病床负担的人口数等。不过,一些强度相对数的逆指标不太常用。

需要注意的是,尽管强度相对数有许多独到的重要作用,但并不是所有两个不同性质的指标对比都是有意义的。这就要求在计算强度相对数的时候,必须分析现象的本质方面,寻找事物内在的联系,使用最能说明问题的那部分指标进行对比分析。例如,棉布的产量与人口相比,可以说明人们在穿用方面的供给与消费情况,这是有意义的,但棉布产量与煤炭产量相比较就没有什么意义了。这类例子很多,关键是要根据研究的目的,将相关的事物加以对比。

6. 动态相对数

任何事物都是不断发展与变化的,将两个不同时期的数据加以分析比较是十分必要的,也是一种常见的统计分析方法。将一事物在不同时间上进行比较的方法通常有三种形式,即不同时期数据相减、相除以及相减与相除相结合。

动态相对数是将两个不同时期的数据加以对比,抽象成为一个比率,用来表示某一现象在下一段时期内的发展变化方向及程度,通常称为发展速度。其公式如下:

$$动态相对数 = \frac{报告期数据}{基期数据} \times 100\% \quad (4-9)$$

通常现象发展速度都是用百分数表示的,只有在特殊情况下,如时期跨度比较大或比率很大时,才使用倍数表示。

动态相对数的详细分析将在第九章时间数列分析中详细介绍。

第二节 集中趋势指标

统计数据经常会呈现出一种在一定的范围内围绕某个中心分布这样的特征，也就是具有一定的集中趋势。例如，某企业工人的工资分布在平均工资周围，菜市场某种蔬菜的交易价格在平均价格上下波动等。

集中趋势指标反映数据向某一中心靠拢或者集中的程度，主要包括两大类：一类是数值平均数，这类平均数需要全体数据参与计算，常见的数值平均数包括算术平均数、调和平均数以及几何平均数等；第二类是位置平均数，这类平均数不需要全部数据参与计算，只需要特定位置的数据参与计算便可得到，常见的位置平均数包括众数、中位数、分位数等。

集中趋势指标的作用主要在于反映数据分布的一般水平和集中趋势。如果数据存在某种向某个中心点集聚或者靠拢的趋势，通过计算其"集中趋势"指标便可将这些中心点描述出来。

对于随着时间变化而变化的时间序列数据，集中趋势指标反映的是其一般水平。例如：一个城市若干年的 GDP 数据形成时间序列，其平均数说明了这些年 GDP 的一般水平。

一、算术平均数

算术平均数（the arithmetic average）是指一组数据相加后除以数据的个数得到的结果。算术平均数是统计学中最为常见也是最为简单的一种平均指标，它是将总体各单位标志值相加求其算术总和，然后除以总体单位个数而得。其基本形式：

$$算术平均数 = \frac{总体标志总量}{总体单位总量}$$

例如，要计算全部员工的平均工资，则将全部员工的工资总额除以员工总人数即可。

计算算术平均数根据所得资料的不同，可分为简单算术平均数与加权算术平均数两种。

（一）简单算术平均数

简单算术平均数是将各单位的标志值简单加总起来，再除以单位数，一般适用于未分组数据。如果全部数据为：$x_1, x_2, \cdots, x_n$，则其计算公式为：

$$\bar{x} = \frac{x_1 + x_2 + \cdots + x_n}{n} = \frac{\sum_{i=1}^{n} x_i}{n} \quad 简记为：\bar{x} = \frac{\sum x}{n} \quad (4-10)$$

【例 4-1】某农作物在 6 块相同面积的地块上试种，其亩产分别为：800、900、

950、960、1 000、1 050（公斤），试求其平均亩产。

【解】$\bar{x} = \dfrac{800 + 900 + 950 + 960 + 1\,000 + 1\,050}{6} \approx 943.3$（公斤/亩）

即这6块地的平均亩产为943.3公斤。

（二）加权算术平均数

1. 加权算术平均数的计算方法

加权算术平均数多用于分组数据，如果标志值为，$x_1, x_2, \cdots, x_n$，各组单位数（频数）为 $f_1, f_2, \cdots, f_n$，则加权算术平均数计算公式为：

$$\bar{x} = \frac{x_1 f_1 + x_2 f_2 + \cdots + x_n f_n}{f_1 + f_2 + \cdots + f_n} = \frac{\sum_{i=1}^{n} x_i f_i}{\sum_{i=1}^{n} f_i} \quad 简记为：\bar{x} = \frac{\sum xf}{\sum f} \qquad (4-11)$$

式中：$\bar{x}$ 代表算术平均数；x 代表各组标志值；f 代表各组单位数（次数）。

2. 权数与加权

简单算术平均数，反映的是一个因素的影响即变量值对平均数的影响，次数在各组中的表现是相同的。加权算术平均数则反映了两个因素的影响，即变量值和次数的影响。各组的变量值越大，则总体平均数越高；反之，各组的变量值越小，则总体平均数越低。次数的影响，实质上是指各组次数占总次数比重大小的影响，即频率的影响。频率高的那组变量值对总体平均数影响大，频率低的那组变量值对总体平均数影响小。因此，次数多少对平均数大小的影响具有权衡轻重的作用。

在统计中通常把各组单位数即次数称为权数，把每个变量值乘以权数的过程叫加权过程。

3. 用相对数表示的权数计算加权算术平均数

当权数的形式表现为百分数时，可用各组变量值乘以各组权数，加总后除以100。当权数的形式表现为小数时，只需用各组变量值乘以各组权数，加总即可。计算公式如下：

$$\bar{x} = \frac{\sum xf}{\sum f} = \sum \left(x \cdot \frac{f}{\sum f} \right) = \sum_{i=1}^{n} (x_i \times \overline{\omega}_i) \qquad (4-12)$$

式中：$\overline{\omega}_i$ 为各组单位数占全部单位数的比重，是一种结构指标，也称"频率"。如果该值大，说明所对应的标志值在各单位中占有的重要性程度也大。这样，加权算术平均数就可以看成是各标志值乘以相对应的结构指标后再求和。因此，决定一个算术平均数大小的因素不仅仅是标志值大小，还与"结构"有关，也就是与标志值的重要性程度——"权重"有关。

【例 4-2】现抽查某地 200 户 3 口之家的家庭月生活费支出，资料如下表，试计算这 200 户家庭的月平均生活费支出。

表 4-4 200 户家庭月生活费支出情况表

月生活费支出（元）		户数（户）	支出额（元）	户数比重（%）	金额（元）
分　组	组中值 x	f	xf	$f/\sum f$	$x \cdot f/\sum f$
1 000 以下	900	20	18 000	10	90.0
1 000～1 200	1 100	40	44 000	20	220.0
1 200～1 500	1 350	100	135 000	50	675.0
1 500～2 000	1 750	30	52 500	15	262.5
2 000 以上	2 250	10	22 500	5	112.5
合　计		200	272 000	100	1 360.0

【解】该 200 户家庭的月平均生活费支出为：

解法一：$\bar{x} = \dfrac{\sum xf}{\sum f} = \dfrac{272\,000}{200} = 1\,360(元／人)$

解法二：$\bar{x} = \sum \left(x \cdot \dfrac{f}{\sum f} \right) = 1\,360(元／人)$

利用组距式分布数列计算算术平均数时，取各组的组中值作为变量 x，是有如下条件的，即假设各组的变量值在组内是均匀分布的，因此，这样求出的算术平均数具有近似值的性质。

（三）算术平均数的性质

（1）各变量值与平均数离差之和为零，即

$$\sum (x_i - \bar{x}) = 0, \quad \sum (x_i - \bar{x})f_i = 0。$$

（2）各变量值与平均数离差平方和为最小值，即对于任意实数 c 而言，均有：

$$\sum (x_i - \bar{x})^2 \leq \sum (x_i - c)^2, \quad \sum (x_i - \bar{x})^2 f_i \leq \sum (x_i - c)^2 f_i。$$

（3）对某变量线性变换后的算术平均数等于对该变量的算术平均数实施相应的线性变换：

$$\overline{a + bx} = a + b\bar{x}$$

（4）任意两个变量，代数和的算术平均数等于其算术平均数之和：

$$\overline{x \pm y} = \bar{x} + \bar{y}$$

第 4 个性质可以推广到任意多个变量的情形。

（四）交替标志的平均数

在实际工作当中，经常会把客观总体按某一分组标志分成两类，一类具有某种特征，而另一类则不具备该种特征，具体标志表现为"是"与"非"、"合格"与"不合格"、"有"与"无"等，这种分类的标志称为交替标志，也称是非标志。例如可将参加完考试的学生按成绩分为及格与不及格，将某种产成品划分为合格品与不合格品，将人口划分为男性与女性等。通常我们用 1 表示具有某种属性的标志值，而用 0

表示不具有这种属性的标志值,因而是非标志又称为 0～1 标志。

对于某一个变量 x_i,只有两种值可取,要么是 1,要么是 0,因此就概率分布而言,该变量服从 0～1 分布:

$$x_i = \begin{cases} 1 & 某单位具有某种属性 \\ 0 & 某单位不具有某种属性 \end{cases}$$

总体单位数用 N 表示,具有某种属性的单位数用 N_1 表示,不具有某种属性的单位数用 N_0 表示,而把总体单位中具有某种属性的单位占全体单位数的比率记为 P,则:

$$\bar{x} = \frac{\sum x_i f_i}{\sum f_i} = \frac{1 \times N_1 + 0 \times N_0}{N_1 + N_0} = \frac{N_1}{N} = P \qquad (4-13)$$

N_1/N 也可将它称为成数。由此可见,所谓成数其实就是服从 0～1 分布这种变量的算术平均数。如果 P 代表出厂产品的合格率,则这合格率就等价于每一件产品标志表现的平均数。

二、调和平均数

调和平均数(the harmonic average)是另一个重要的数值平均数,它是标志值倒数的算术平均数的倒数,因此,也称倒数平均数。在一定条件下,可作为算术平均数的变形加以应用。和算术平均数一样,调和平均数也可分为两类:简单调和平均数与加权调和平均数。

1. 简单调和平均数

简单调和平均数的计算公式为:

$$H = \frac{n}{\frac{1}{x_1} + \frac{1}{x_2} + \cdots + \frac{1}{x_n}} = \frac{n}{\sum_{i=1}^{n} \frac{1}{x_i}} \quad 简记为:H = \frac{n}{\sum \frac{1}{x}} \qquad (4-14)$$

2. 加权调和平均数

加权调和平均数的计算公式为:

$$H = \frac{m_1 + m_2 + \cdots + m_n}{\frac{m_1}{x_1} + \frac{m_2}{x_2} + \cdots + \frac{m_n}{x_n}} = \frac{\sum_{i=1}^{n} m_i}{\sum_{i=1}^{n} \frac{m_i}{x_i}} \quad 简记为:H = \frac{\sum m}{\sum \frac{m}{x}} \qquad (4-15)$$

在利用调和平均数进行计算时,分子指标使用的是总体的单位总量,分母指标使用的是总体标志值倒数的总量,这一点和算术平均数不同,但两者实质是一样的,只是在不同已知条件下采取不同的形式进行计算。在计算平均数的时候,先将平均指标的计算公式列出,再判断用算术平均数还是调和平均数。如例 4 - 3 计算平均时速,若已知"时速"与"时间",则用算术平均数计算;若已知"时速"与"里程",则用调和平均数计算。

【例 4 - 3】自行车赛时速:甲 30 公里,乙 28 公里,丙 20 公里,全程 200 公里。

(1) 三人骑车走完全程,问三人平均时速是多少?
(2) 若甲乙丙三人各骑车 2 小时,平均时速是多少?

【解】(1) $H = \dfrac{\sum m}{\sum \dfrac{m}{x}} = \dfrac{200+200+200}{\dfrac{200}{30}+\dfrac{200}{28}+\dfrac{200}{20}} = 25.2$(公里/小时)

(2) $\bar{x} = \dfrac{\sum xf}{\sum f} = \dfrac{30 \times 2 + 28 \times 2 + 20 \times 2}{2+2+2} = 26$(公里/小时)

对于第一问的解答,可以变形如下:

$$H = \dfrac{\sum x \dfrac{m_i}{x_i}}{\sum \dfrac{m_i}{x_i}} = \dfrac{\sum x f_i}{\sum f_i} = \dfrac{30 \times \dfrac{200}{30} + 28 \times \dfrac{200}{28} + 20 \times \dfrac{200}{20}}{\dfrac{200}{30}+\dfrac{200}{28}+\dfrac{200}{20}} = 25.2(公里/小时)$$

这样就转换成了算术平均数,读者借此可以思考调和平均数与算术平均数的关系。

【例 4-4】甲、乙两企业生产同一产品,它们的劳动生产率和总产量的资料如表 4-5 所示。试计算甲、乙两企业的平均劳动生产率。

表 4-5 甲、乙两企业生产情况汇总

人均产量（件/人）分组	甲企业			乙企业		
	组中值 x	工人人数（人）f	总产量（件）xf	人均产量（件/人）x	总产量（件）m	工人人数（人）m/x
800～1000	900	30	27 000	950	19 000	20
1 000～1 200	1 100	50	55 000	1 050	63 000	60
1 200 以上	1 300	20	26 000	1 250	25 000	20
合计	—	100	108 000	合计	107 000	100

【解】平均劳动生产率应按下列关系式计算:

$$平均劳动生产率 = \dfrac{产品总产量}{工人总人数}$$

对于甲企业,已知人均产量和工人人数的资料,且人均产量是组距式分组资料,故取组中值作为变量,采用算术平均数形式计算平均劳动生产率;对于乙企业,已知人均产量和总产量的资料,故采用调和平均数的形式计算平均劳动生产率。

甲企业平均劳动生产率:$\bar{x} = \dfrac{\sum xf}{\sum f} = \dfrac{108\,000}{100} = 1\,080$(件/人)

乙企业平均劳动生产率:$H = \dfrac{\sum m}{\sum \dfrac{m}{x}} = \dfrac{107\,000}{100} = 1\,070$(件/人)

从以上的介绍可以看出，在计算平均指标时，何时采用算术平均数的公式来求，何时采用调和平均数的公式来求，一般不能简单套用公式。实际应用中，往往要根据客观实际问题所反映的经济关系和我们所掌握的资料来选择平均数的计算形式。由此可见，求解平均数问题的关键不在于套公式计算，而是要熟练掌握客观现象的经济关系的实质。下面我们来求相对指标的平均数，会看得更清楚。

3. 相对指标的平均数

求相对指标的平均数是一个难题，说它难，不是计算困难，而是人们往往"想当然地"来求它，结果一动手就发生了错误。例如，三所大学"四、六级英语考试"的过级率分别是：50%、60%、70%。问这三所学校平均过级率是多少？有人马上会回答："60%"，他是采用简单算术平均的方法计算的。可是，这样来求平均过级率就错了。该怎么做，请你想一想。下面看一个较为复杂的例子。

【例 4-5】某地区石材业比较发达，为了了解该行业的经济效益情况，现抽查了 100 家石材生产企业某年上半年和下半年的产值、利润和产值利润率的情况，有关数据见表 4-6。

表 4-6 石材业产值和利润汇总表

产值利润率（%）	上 半 年		下 半 年	
	企业数	实际总产值（万元）	企业数	实际总产值（万元）
10 ～ 15	30	10 000	25	1 000
15 ～ 20	50	22 000	50	3 500
20 ～ 30	20	25 000	25	6 500
合　计	100	57 000	100	11 000

现在的问题是求这 100 家企业的平均产值利润率。我们应该这样来思考："100 家企业平均产值利润率"和"该行业的产值利润率"是等价的概念。它们的经济含义是：

$$该行业产值利润率 = \frac{该产业利润总额}{该产业产值总额}$$

理解了这一点，那关键的问题是求"上半年的利润总额"和"下半年的产值总额"，如表 4-7 所示。

表 4-7 石材业产值和利润计算表　　　　　　单位：万元

产值利润率（%）	组中值	上 半 年		下 半 年	
分　组		实际产值	实际利润	实际产值	实际利润
10 ～ 15	12.5	10 000	10 000×0.125 = 1 250	1000/0.125 = 8 000	1 000
15 ～ 20	17.5	22 000	3 300	20 000	3 500
20 ～ 30	25.0	25 000	6 250	26 000	6 500
合　计	—	57 000	10 800	54 000	11 000

【解】该行业产值利润率（100家企业平均产值利润率）为：

$$上半年平均产值利润率 = \frac{10\,800}{57\,000} = 18.95\%$$

$$下半年平均产值利润率 = \frac{11\,000}{54\,000} = 20.37\%$$

【例4-6】某集团公司下属三个企业，有关计划完成情况的资料如表4-8所示。要求三个企业的平均计划完成百分数。注意到，这个问题的等价问题是"该集团公司的计划完成百分数"。根据表4-8资料，关键问题是求出该集团公司的计划任务数。

表4-8　某集团公司三个企业计划完成情况

企业	计划完成百分数（%）	实际完成（万元）	计划任务（万元）
甲	95	475	500
乙	105	840	800
丙	110	1 100	1 000
合计		2 415	2 300

【解】该集团公司（或三个企业的）

$$平均计划完成百分数 = \frac{2\,415}{2\,300} = 105\%$$

通过上面的实例，可以看出，计算统计指标时，一定要了解客观经济现象的实质，并根据我们可能掌握的资料灵活地进行计算，不能简单地套用平均数的公式。在后面进行动态分析时，我们还会遇到这种情况。

三、几何平均数

几何平均数（the geometric average）是指把各标志值连乘起来，然后开 n 次方，其 n 次方根即为几何平均数。它用于对一些具有环比性质的现象计算平均数。

比如 $\frac{G_1}{G_0}, \frac{G_2}{G_1}, \cdots, \frac{G_n}{G_{n-1}}$ 就是一组具有环比关系的数列。

几何平均数应用范围较窄，主要应用于计算平均合格率、平均收益率、平均发展速度与平均增长速度等。

根据获取资料的不同，几何平均数同样也分为简单几何平均数与加权几何平均数两种。

计算公式为：

$$简单：G = \sqrt[n]{x_1 \cdot x_2 \cdot x_3 \cdots x_n}; \quad 加权：G = \sqrt[\sum f_i]{x_1^{f_1} \cdot x_2^{f_2} \cdot x_3^{f_3} \cdots x_n^{f_n}} \quad (4-16)$$

几何平均数可以看成是算术平均数的变形。

对几何平均数取对数：

$$\ln G = \ln\left(\sqrt[\sum f_i]{x_1^{f_1} \cdot x_2^{f_2} \cdot x_3^{f_3} \cdots x_n^{f_n}}\right) = \frac{f_1 \ln x_1 + f_2 \ln x_2 + \cdots + f_n \ln x_n}{\sum f_i} = \frac{\sum f_i \ln x_i}{\sum f_i}$$

所以，几何平均数又称为"对数平均数"。

【例4-7】某产品需要经过3道工序才能加工完成，任何一道工序失败则为不合格品。已知这三道工序的合格率分别为96%、98%、90%，请问三道工序的平均合格率为多少？

【解】产品的合格率为三道工序合格率的连乘积，因此用几何平均数来计算。

$$G = \sqrt[3]{96\% \times 98\% \times 90\%} \approx 94.6\%$$

即三道工序的平均合格率为94.6%。

【例4-8】一位投资者持有一种股票，投资期限10年，前5年收益率分别为4.5%、2.1%、2.5%、1.9%、2%，后5年收益率均为3%，考虑复利的情况，试计算该投资者在这10年内的平均收益率。

【解】设该项投资初始本金为1，年平均收益率为i，则投资10年的本利和为：$(1+i)^{10}$，它应等于实际投资的本利和，于是有等值方程：

$$(1+i)^{10} = (1+4.5\%)(1+2.1\%)(1+2.5\%)(1+1.9\%)(1+2\%)(1+3\%)^5$$

解之：

$$i = \sqrt[10]{(1+4.5\%)(1+2.1\%)(1+2.5\%)(1+1.9\%)(1+2\%)(1+3\%)^5} - 1 = 2.8\%$$

即这10年该投资人持有的这种股票为其带来年收益率为2.8%的平均回报率。

四、算术平均数、调和平均数、几何平均数的比较

算术平均数、调和平均数、几何平均数三者在计算形式上不尽相同，但从前面的介绍可以看出，调和平均数是标志值取倒数的算术平均数的倒数，几何平均数取对数也可以转化成算术平均数，它们之间存在着某种必然的联系。其实，它们都是幂平均数的三种具体特殊形式。

对于给定的数据$x_1, x_2, \cdots, x_n$，权重$f_1, f_2, \cdots, f_n$，有：

$$M(k) = \left[\frac{\sum x^k f}{\sum f}\right]^{\frac{1}{k}} \tag{4-17}$$

我们称上式为"k阶加权幂平均数"，其中：$x_i > 0$，k为任意非0整数。表4-9为k取不同值时幂平均数的不同形式。

表4-9 k取不同值时幂平均数的不同形式

$k = -1$	$M(-1) = \left(\dfrac{\sum x^{-1} f}{\sum f}\right)^{-1} = \dfrac{\sum f}{\sum \dfrac{f}{x}}$ ——调和平均数 H	$k \to 0$	$M(0) = \lim\limits_{k \to 0}\left(\dfrac{\sum x^k f}{\sum f}\right)^{\frac{1}{k}} = \sqrt[\sum f]{x_1^{f_1} \cdot x_2^{f_2} \cdots x_n^{f_n}}$ ——几何平均数 G
$k = 1$	$M(1) = \left(\dfrac{\sum x^1 f}{\sum f}\right)^1 = \dfrac{\sum xf}{\sum f}$ ——算术平均数 $\bar{x}$	$k = 2$	$M(2) = \left(\dfrac{\sum x^2 f}{\sum f}\right)^{\frac{1}{2}} = \sqrt{\dfrac{\sum x^2 f}{\sum f}}$ ——平方平均数 S

可以看出，算术平均数、调和平均数和几何平均数都是幂平均数大家族的成员。幂平均数有一个重要的数学性质，即关于 k 的单调递增函数，因此可以得到：$H \leqslant G \leqslant \bar{x}$

需要说明的是，以上介绍的三种平均数均需要所有的标志值参与计算。统计学上把这样的平均数统称为数值平均数。这样的平均数能够起到度量客观数据总体的集中趋势与一般水平的作用，在经济管理领域应用广泛。由于数值平均数需要所有数据参与计算，因而导致其容易受极端值影响。例如，调查一个小型个体企业员工的平均工资，这样的企业只有几个人，而老板的报酬往往要比普通员工多很多，如果采用算术平均数计算，老板的报酬会将整个平均工资拉得很高，往往不能够反映实际的工资水平。下面介绍的另一类平均数，它们是众数、中位数、四分位数等，这些平均数的计算方法与数值平均数完全不一样。它们不是根据统计资料中的所有数据进行计算，而是根据数据中处于特殊位置上的个别单位或部分单位的标志值来确定。因此，习惯把它们称为位置平均数。

五、众数

众数（Mode）是一组数据中出现次数最多的那个标志值，因此，众数也可以概括地反映全部数据的一般水平或集中趋势。例如，菜市场大部分的西红柿以每公斤 2 元钱的价格成交，则 2 元/公斤就可以用来代表西红柿价格的一般水平。

众数的计算方法可以分两种：

1. 未分组变量数列或单项式分组数列求众数

未分组变量数列求众数比较简单，只要找出分布数列中出现次数最多的那个标志值即可。例如，有一组变量数列：6，5，9，8，5，5，则很容易求出众数为 5，因为它出现了 3 次，比其他数出现的次数多。值得一提的是，众数并非唯一。如果出现几个标志值的次数或者频率都是最高的，则可能有多个众数，另外，还有可能出现没有众数的情况。

2. 组距式分组数列求众数

其实，任何求众数的问题都可以通过观测原始数据，统计出现频率最高的那个标志值来确定。但现实工作中，在原始数据不方便查找或者对所求众数不需要太精确的情况下，可以利用分组数据来近似推算众数。

以下是组距式分组数列求众数的公式，需要满足两点假设条件：

（1）假定众数一定出现在次数最多的组，即众数组。

（2）众数组内各单位分布基本均匀。

下限公式：

$$M_0 = L + \frac{\Delta_1}{\Delta_1 + \Delta_2} \times d \qquad (4-18)$$

上限公式：

$$M_0 = U - \frac{\Delta_2}{\Delta_1 + \Delta_2} \times d \tag{4-19}$$

式中：M_0 为众数，L、U 分别为众数所在组的下限与上限，Δ_1 为众数组频数与前一组频数之差，Δ_2 为众数组频数与后一组频数之差，d 为众数组组距。由公式可以看出，如果众数组前一组频数比后一组高，则众数靠近下限，反之，应靠近上限。

【例4-9】某企业工人日产量的分组资料如表4-10所示，试根据表中资料计算4月份与5月份工人日产量的众数。

表4-10 某企业工人日产量统计表

日产量（千克）	工 人 数 （人）	
	4月份	5月份
20以下	20	10
20～30	35	20
30～40	30	25
40～50	10	15
50以上	5	15

【解】4月份工人日产量的众数：（采用下限公式）

$$M_0 = L + \frac{\Delta_1}{\Delta_1 + \Delta_2} \times d = 20 + \frac{35 - 20}{(35 - 20) + (35 - 30)} \times 10 = 27.5（千克）$$

5月份工人日产量的众数：（采用上限公式）

$$M_0 = U - \frac{\Delta_2}{\Delta_1 + \Delta_2} \times d = 50 - \frac{30 - 15}{(30 - 25) + (30 - 15)} \times 10 = 75（千克）$$

本例也可以用如图4-1所示的图解法（以4月份工人日产量众数为例）。

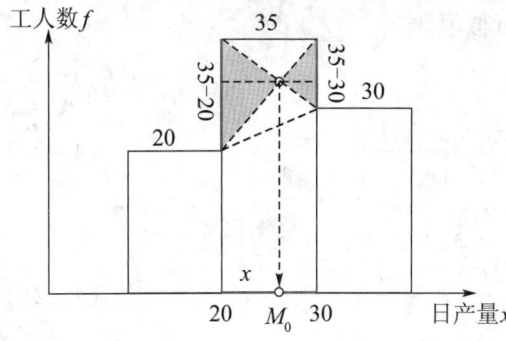

说明：
1. 以众数所在组及其相邻两组做直方图；
2. 图上阴影的两个三角形相似；
3. 根据相似形对应边成比例有：

$$\frac{x}{10-x} = \frac{35-20}{35-30}$$

4. 有下限公式

$$M_0 = 20 + \frac{35-20}{(35-30)+(35-20)} \times 10 = 27.5$$

图4-1 组距式数列众数的图解法

六、中位数

将一组数据按一定顺序排序以后，处于中间位置的那个数称为中位数（Median）。从定义可以看出，有一半的数据比中位数大，另一半比中位数小。因此，计算中位数适用于一切可以排序的数据，包括定序、定距、定比尺度数据。而前面介绍的众数适用于可以确定类别的数据，即一切数据；数值平均数适用于一切可以相加减的定距数据、定比数据。因此，中位数适用范围比众数小，比数值平均数大。

中位数的求法与众数类似，也分为未分组数据或单项式分组数据求中位数和组距式分组数据求中位数。

1. 未分组数据或单项式分组数据计算中位数

未分组数据计算中位数比较简单，先对数据从小到大或者从大到小进行排序，然后用下列公式确定中位数位置：

$$中位数位置 = \frac{n+1}{2}$$

式中 n 为数据个数，当 n 为奇数时，中位数正好是位置处于中间的那个数；当 n 为偶数的时候，中位数为中间两个数的平均值。

【例4-10】9位同学的身高数据如下（单位：厘米）：174，185，163，167，165，170，180，160，175，试计算同学身高的中位数。

【解】按由小到大顺序将原始数据排列：

排序后数据	160	163	165	167	170	174	175	180	185
位　　次	1	2	3	4	5	6	7	8	9

显然，中位数处于第5位，故同学身高的中位数为：$M_e = 170$ 厘米。

2. 组距式分组数据求中位数

在知道原始数据的前提下，总是可以通过排序的方法确定出中位数的，但在手头上只有分组数据或者对中位数要求精确度不高的场合下，可以用分组数据进行近似推算。

同众数一样，这里同样要满足一个前提条件：中位数所在组内各单位分布基本均匀，便可使用线性插值法来计算中位数的近似值。

下限公式：

$$M_e = L + \frac{\left(\sum f\right)/2 - S_{m-1}}{f_m} \times i \qquad (4-20)$$

上限公式：

$$M_e = U - \frac{\left(\sum f\right)/2 - S_{m+1}}{f_m} \times i \qquad (4-21)$$

式中　M_e——中位数；
　　　L——中位数所在组的下限；
　　　U——中位数所在组的上限；
　　　S_{m-1}——中位数所在组的前一组的累计次数（以下累计中）；
　　　S_{m+1}——中位数所在组的前一组的累计次数（以上累计中）；

f_m——中位数所在组的次数；

i——中位数所在组组距。

假定某地城镇居民每户月收入资料如表 4–11 所示。

表 4–11　某地城乡 2 855 户居民月收入分组资料

按居民收入分组（元）	城镇居民户数（户）	以下累计（户）	以上累计（户）
1 500 以下	80	80	2 855
1 500～1 800	100	180	2 775
1 800～2 100	110	290	2 675
2 100～2 300	225	515	2 565
2 300～2 600	439	(S_{m-1}) 954	2 340
2 600～2 900	(f_m) 856	1 810	1 901
2 900～3 200	560	2 370	(S_{m+1}) 1 045
3 200～3 500	325	2 695	485
3 500 以上	160	2 855	160
合　计	2 855	—	—

从表 4–11 资料可知城镇居民月收入的中位数位置为 $\dfrac{\sum f}{2} = \dfrac{2\ 855}{2} = 1\ 427.5$。从累计数可以看出，1 810 和 1 901 都是最小包含 1 427.5 的数，因此可推算中位数在 2 600～2 900 元组内。假定中位数所在组内的各个数值是均匀分布的，

用下限公式：

$$M_e = 2\ 600 + \dfrac{\dfrac{2\ 855}{2} - 954}{856} \times 300 = 2\ 766(元)$$

用上限公式：

$$M_e = 2\ 900 - \dfrac{\dfrac{2\ 855}{2} - 1\ 045}{856} \times 300 = 2\ 766(元)$$

计算结果说明，该地区乡镇居民平均每户月收入的中位数是 2 766 元，且两种公式计算结果完全一致。

中位数的优点在于它是根据其位置确定的，不受数列中的极端数值影响，因此在经营管理统计实践中应用范围比较广泛。

七、四分位数

在统计实践过程中，经常需要将一组数据分成 n 等份，我们把这些等分点上的数值称为分位数。若分为 4 个、10 个、16 个相等部分，则分位点上的数就相应称为四

分位数、十分位数、十六分位数。很显然,要将整个数据分成 n 等份,只需要 $n-1$ 个分点。前面介绍的中位数也是分位数中的一种,它把整个数据分成了相等的两部分。

四分位数（quartile）也可以理解成将一组数据经过排序以后处于 1/4、2/4、3/4 位置上的数值,这三个数值从小到大依次称为第一四分位数 Q_1、第二四分位数 Q_2 与第三四分位数 Q_3 或者下四分位数 Q_L、中四分位数 Q_e、上四分位数 Q_U。很明显,中四分位数就是中位数,未加说明,四分位数一般指下四分位数与上四分位数。

根据所获资料的不同,四分位数的计算也分为两种形式:

1. 根据未分组数据或单项式分组数据计算的四分位数

进行四分位数计算之前,要将数据进行排序,然后确定四分位数的位置,其位置计算公式如下:

$$Q_1 \text{位置} = \frac{n+1}{4}, \quad Q_3 \text{位置} = \frac{3(n+1)}{4}$$

【例 4-11】随机调查某大学 10 位大学生月生活费支出（单位：元）数据如下：300、350、310、320、300、400、450、600、390、800

试计算四分位数。

【解】将数据按从小到大的顺序排列：

排序后数据	300	300	310	320	350	390	400	450	600	800
位次	1	2	3	4	5	6	7	8	9	10

确定分位数的位置：Q_1 位置 $= \frac{n+1}{4} = \frac{10+1}{4} = 2.75$

由于 2.75 位置介于第 2 与第 3 之间,并没有值,因此需要利用插值法对第 2 个数与第 3 个数进行加权平均来计算 Q_1:

$Q_1 = 300 + (310-300)(2.75-2) = 307.5(\text{元})$ 或 $Q_1 = 310 - (310-300)(3-2.75) = 307.5(\text{元})$

Q_3 位置 $= \frac{3(n+1)}{4} = \frac{3(10+1)}{4} = 8.25$

$Q_3 = 450 + (600-450)(8.25-8) = 487.5(\text{元})$ 或 $Q_3 = 600 - (600-450)(9-8.25) = 487.5(\text{元})$

2. 根据组距式分组数据计算的四分位数

组距式分组数据计算四分位数与求中位数类似。先将数据按从小到大的组进行排序,后按下式来确定四分位数所在位置：

$$Q_1 \text{位置} = \frac{n}{4}, \quad Q_2 \text{位置} = \frac{3n}{4}$$

通过向上累计或下向累计表观测出四分位数所在组,再利用插值法进行推算,计算公式为:

下限公式：$Q = L + \dfrac{\Delta_1}{\Delta_1 + \Delta_2} \times d$　　上限公式：$Q = U - \dfrac{\Delta_2}{\Delta_1 + \Delta_2} \times d$

式中：L、U 分别为四分位数所在组的下限与上限，Δ_1 为四分位数位置与前一组向上（向下）累计频数之差的绝对值，Δ_2 为四分位数位置与后一组向上（向下）累计频数之差的绝对值，d 为四分位数所在组组距。

【例 4 – 12】某城市居民家庭收入抽样调查结果如表 4 – 12 所示，试计算居民家庭收入四分位数。

表 4 – 12　某城市居民家庭收入抽样调查资料汇总表

年 收 入（元）	居民户数（户）	向上制累计（户）	向下制累计（户）
8 000 以下	18	18	1 000
8 000～10 000	74	92	982
10 000～15 000	180	272	908
15 000～20 000	240	512	728
20 000～25 000	260	772	488
25 000～30 000	140	912	228
30 000～35 000	53	965	88
35 000～40 000	26	991	35
40 000 以上	9	1 000	9

【解】首先根据公式，Q_1 位置 $= \dfrac{n}{4} = \dfrac{1\,000}{4} = 250$，$Q_3$ 位置 $= \dfrac{3n}{4} = \dfrac{3 \times 1\,000}{4} = 750$，从向上累计来看，$Q_1$ 应在 10 000～15 000 这一组，而 Q_3 应在 20 000～25 000 这一组。

运用公式计算 Q_1：

下限法：$Q_1 = L + \dfrac{\Delta_1}{\Delta_1 + \Delta_2} \cdot d = 10\,000 + \dfrac{250 - 92}{(250 - 92) + (272 - 250)} \times 5\,000 = 14\,400$（元）

上限法：$Q_1 = U - \dfrac{\Delta_2}{\Delta_1 + \Delta_2} \cdot d = 15\,000 - \dfrac{272 - 250}{(250 - 92) + (272 - 250)} \times 5\,000 = 14\,400$（元）

同理可计算 Q_3：

下限法：$Q_3 = L + \dfrac{\Delta_1}{\Delta_1 + \Delta_2} \cdot d = 20\,000 + \dfrac{750 - 512}{775 - 512} \times 5\,000 = 24\,500$（元）

上限法：$Q_3 = U - \dfrac{\Delta_2}{\Delta_1 + \Delta_2} \cdot d = 25\,000 - \dfrac{775 - 750}{775 - 512} \times 5\,000 = 24\,500$（元）

通过向下累计同样可以计算，留给读者思考。

八、平均指标的比较

从前面的介绍得知,衡量数据的集中趋势指标可以分为两大类,一类为数值平均数,另一类为位置平均数。数值平均数是由每个总体单位的标志值都参与计算而得到,而位置平均数则是由特定位置上的一个或者若干个标志值构成。因此,数值平均数比位置平均数更容易受极端值影响,而位置平均数的"稳定性"比数值平均数高,反过来,数值平均数的"灵敏度"比位置平均数高。

(一)几个常用平均指标的比较(见表4-13)

表4-13 常用统计平均数的比较

	优 点	缺 点
算术平均数 $\bar{x}$	容易理解,易于计算;灵敏度高; $\sum (x_i - \bar{x})f_i = 0$; $\sum (x_i - \bar{x})^2 f_i = \min$	易受极端值影响,稳定性差; 分布偏斜太大时不适合
调和平均数 H	灵敏度高	不易理解,易受极值影响; 标志值不能为0
几何平均数 G	灵敏度高,适用于环比比率求平均	标志值为0或者负时不能计算
中位数 M_e	容易理解,不易受极端值影响; 适用一些可以排序的数据;稳定性强; $\sum |x_i - M_e| = \min$	计算功能差、灵敏度低
众数 M_0	容易理解; 不易受极值影响,稳定性高	计算功能差; 灵敏度低; 有可能不唯一

(二)算术平均数、众数和中位数的关系

(1)当次数分布完全对称时,$\bar{x} = M_e = M_0$,如图4-2b所示。此时次数分布曲线的对称点,即是曲线的中心点和最高点。

(2)当次数分布为左偏时,$\bar{x} < M_e < M_0$,如图4-2a所示。此时算术平均数向左移动,算术平均数最小,中位数仍在中间,而众数则最大,也称为负偏斜。

(3)当次数分布为右偏时,$M_0 < M_e < \bar{x}$,如图4-2c所示。此时算术平均数向右偏,众数最小,中位数仍居两者之间,也称之为正偏斜。

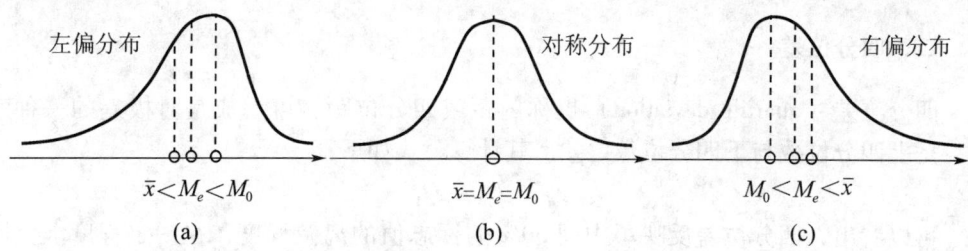

图 4-2 算术平均数、中位数和众数之间的关系

英国著名统计学家皮尔生发现，在微偏分布条件下，$\bar{x}$、M_e 与 M_0 存在一个相对固定的数量关系：

$$\bar{x} = \frac{3M_e - M_0}{2} \text{ 或 } M_0 = 3M_e - 2 \cdot \bar{x} \tag{4-22}$$

在经营管理统计数据中，往往资料分布偏态较明显。因此，较少使用皮尔生公式，而多使用实际公式计算。

第三节 离散程度指标

离散程度指标（measures of dispersion）又称离中趋势指标、变异指标或者标志变动度，它是描述数据对象特征的另一个重要指标。与平均指标反映的是数据的集中趋势或者一般水平截然相反，离散程度指标反映的是数据围绕中心上下波动的程度。平均指标是用一个数值来代表各单位标志值，反映了各单位某一数量标志的共性，把各单位具体的标志值抽象化了，而不能反映标志值之间的差异化程度，而离散程度指标则弥补这一不足，是用来专门反映数据差异程度的指标。离散程度越小，说明平均指标的代表性越强；反之，如果离散程度大，则平均指标的代表性弱。常见的离散程度指标有极差、四分位差、平均差、方差、标准差、变异系数等。

一、极差

极差（range）又叫全距，是最简单的离散程度指标，是总体中最大与最小标志值之差，反映总体大概的离散程度。如果总体没有离散程度，则极差应为 0。

对于未分组数据或者单项式分组数据，极差计算公式为：

$$R = x_{\max} - x_{\min}$$

而对于组距式分组数据，由于最大标志值与最小标志值无法确定，因此，用标志值最大的组的上限与标志值最小组的下限，分别近似替代最大标志值与最小标志值，代入上式计算，这样计算出来的极差不小于实际极差。

极差作为一个离散程度指标，计算简单明了。但由于只需要最大与最小标志值参与计算，而忽略了中间数据的分布情况，因此极易受极端值的影响，甚至产生谬误。

二、四分位差

四分位差（quartile deviation）也称内距或四分位距，可看成是对极差的一种改良，是上四分位数与下四分位数之差。其计算公式如下：

$$Q_d = Q_3 - Q_1$$

可以看出，四分位差反映了中间50%的标志值的离散程度，在一定程度上克服了极差易受极端值影响的情况。然而，四分位差只是范围缩小了的极差，仍然比较粗糙，容易受中间50%单位的极端值影响，仍然不能全面反映整个数据的离散程度。

三、平均差

平均差（mean deviation）是各单位标志值与平均数离差的绝对值的算术平均数，用 M_d 表示。平均差将所有的标志值与平均数进行比较，并将这些差异平均，得出差异的一般水平。平均差越大，说明各标志值差异程度越大，反之，则越小。由于各标志值与算术平均数的离差和恒等于零，所以对各项离差取绝对值，以避免其正负值相互抵消。

平均差的计算方法有两种：

简单平均法——主要对未分组数据进行计算，加权算术平均法——对组距分组数据进行计算。其计算公式为：

$$简单：M_d = \frac{\sum |x - \bar{x}|}{n}；加权：M_d = \frac{\sum |x - \bar{x}|f}{\sum f} \quad (4-23)$$

【例4-13】某乡耕地化肥施用量如表4-14所示，试计算化肥施用量的平均差。

表4-14 某乡耕地化肥施用量计算表

化肥施用量（千克/亩）		耕地面积（万亩*）	总施肥量（万千克）	离差 $x - \bar{x}$（千克）	$\lvert x - \bar{x} \rvert f$（万千克）
分组	组中值 x	f	xf		
5～10	7.5	50	375.0	-9.191	459.56
10～15	12.5	75	937.5	-4.191	314.34
15～20	17.5	125	2 187.5	0.809	101.10
20～25	22.5	60	1 350.0	5.808	348.53
25～30	27.5	30	825.0	10.808	324.26
合计	—	340	5 675.0	—	1 547.79

*1亩=666.7平方米。

【解】确定各组组中值、计算总施肥量、施肥量的离差和离差的绝对值，填入上表。

$$M_d = \frac{\sum |x - \bar{x}|f}{\sum f} = \frac{1\,547.79}{340} = 4.55(千克／亩)$$

平均差是根据全部变量值计算出来的，较好地克服了极差、四分位差只用两个极端值进行计算容易导致错误结论的情况，对整个标志值的离散程度有一个较好的代表性。但由于每一个离差均采用绝对值的形式，不利于代数运算，所以其应用受到一定限制。

四、方差与标准差

方差（variance）与标准差（standard deviation）是测定一组数据离散程度最常用的指标，方差是各单位标志值与其算术平均数的离差平方的算术平均数，而标准差为方差的算术平方根，所以标准差又称为"均方差"。

（一）方差与标准差的计算

根据数据资料的不同形式有两种计算方法：

1. 简单算术平均形式

$$方差：\sigma^2 = \frac{\sum_{i=1}^{n}(x_i - \bar{x})^2}{n}；标准差：\sigma = \sqrt{\frac{\sum_{i=1}^{n}(x_i - \bar{x})^2}{n}}$$

$$简记为，方差：\sigma^2 = \frac{\sum(x - \bar{x})^2}{n}；标准差：\sigma = \sqrt{\frac{\sum(x - \bar{x})^2}{n}} \quad (4-24)$$

简单算术平均形式主要应用于未分组数据计算方差与标准差。

2. 加权算术平均形式

$$方差：\sigma^2 = \frac{\sum_{i=1}^{n}(x_i - \bar{x})^2 f_i}{\sum_{i=1}^{n} f_i}；标准差：\sigma = \sqrt{\frac{\sum_{i=1}^{n}(x_i - \bar{x})^2 f_i}{\sum_{i=1}^{n} f_i}}$$

$$简记为，方差：\sigma^2 = \frac{\sum(x - \bar{x})^2 f}{\sum f}；标准差：\sigma = \sqrt{\frac{\sum(x - \bar{x})^2 f}{\sum f}} \quad (4-25)$$

加权算术平均形式主要应用于分组数据计算方差与标准差。

细心的读者会发现，方差与标准差计算出来都是带单位的，而方差的单位为平方单位，比如千克^2、米^{2}等，而标准差的单位与标志值单位一致，离散程度没有扩大，因此，标准差更加常用一些。

【例4-14】某车间有两个生产小组，每组6个工人，产量资料如下：

单位：件

甲	20	40	60	80	100	120
乙	67	68	69	71	72	73

试分别计算两组工人日产量的全距、平均差和标准差，并比较两组工人平均日产量的代表性。

【解】

（1）全距：$R_甲 = x_{\max} - x_{\min} = 120 - 20 = 100$（件）

$R_乙 = x_{\max} - x_{\min} = 73 - 67 = 6$（件）

（2）平均差、标准差的计算：

$$\bar{x}_甲 = \frac{20+40+60+80+100+120}{6} = 70（件）$$

$$\bar{x}_乙 = \frac{67+68+69+71+72+73}{6} = 70（件）$$

甲 组			乙 组		
平均日产量 x	离差绝对值 $\lvert x-\bar{x} \rvert$	离差平方 $(x-\bar{x})^2$	平均日产量 x	离差绝对值 $\lvert x-\bar{x} \rvert$	离差平方 $(x-\bar{x})^2$
20	50	2 500	67	3	9
40	30	900	68	2	4
60	10	100	69	1	1
80	10	100	71	1	1
100	30	900	72	2	3
120	50	2 500	73	3	9
合 计	180	7 000	合 计	12	28

平均差：$M_{d甲} = \dfrac{\sum \lvert x - \bar{x} \rvert}{n} = \dfrac{180}{6} = 30$（件）　$M_{d乙} = \dfrac{\sum \lvert x - \bar{x} \rvert}{n} = \dfrac{12}{6} = 2$（件）

标准差：$\sigma_甲 = \sqrt{\dfrac{\sum (x-\bar{x})^2}{n}} = \sqrt{\dfrac{7\,000}{6}} \approx 34.16$（件）

$\sigma_乙 = \sqrt{\dfrac{\sum (x-\bar{x})^2}{n}} = \sqrt{\dfrac{28}{6}} \approx 2.16$（件）

计算结果表明，甲组工人日产量的全距、平均差与标准差均大于乙组，所以乙组工人的平均日产量代表性大。

（二）方差与标准差的性质

（1）平移不变性。设 a 为常数，则变量 $x \pm a$ 的离散程度与原变量相同，即：

$$\sigma_{x\pm a}^2 = \sigma_x^2 \qquad \sigma_{x\pm a} = \sigma_x$$

这一条性质很容易理解，方差与标准差是衡量客观现象数量标志值离散程度的指标，这些标志值同方向扩大或者缩小，离散程度显然不变。前面说的极差与平均差也有类似的性质。

（2）将变量 x 乘以任一常数 b，则新变量 bx 的方差与标准差分别为原来的 b^2 与 $|b|$ 倍，即：

$$\sigma_{bx}^2 = b^2 \cdot \sigma_x^2 \qquad \sigma_{bx} = |b| \cdot \sigma_x$$

（3）如果两个变量 x 与 y 相互独立，则其代数和的方差等于原来变量方差之和，其代数和的标准差等于两个变量方差和的算术平方根，即：

$$\sigma_{x\pm y}^2 = \sigma_x^2 + \sigma_y^2 \qquad \sigma_{x\pm y} = \sqrt{\sigma_x^2 + \sigma_y^2}$$

这条性质可以推广至任意多个独立随机变量的情形。

（4）对于同一总体，平均差永远不会大于标准差。即：

$$A.D \leq \sigma_x$$

【例 4-15】两位同学的语、数、外三门功课成绩分别为：

甲：80　90　95　　乙：75　95　85

假设两人成绩独立，试计算 $\sigma_{甲-乙}^2$。

【解】依题意 $\sigma_甲^2 = 38.89$ 分^2，$\sigma_乙^2 \approx 66.67$ 分^2，则：

$$\sigma_{甲-乙}^2 = \sigma_{甲-乙}^2 + \sigma_乙^2 = 38.89 + 66.67 \approx 105.56（分^2）$$

（三）"是非标志"的方差与标准差

对于只取两个特殊值的是非标志，其标志值服从 0～1 分布。

$$x_i = \begin{cases} 1 & 某单位具有某种属性 \\ 0 & 某单位不具有某种属性 \end{cases}$$

前面已介绍，0～1 分布变量的均 x_i 值为 $P = \dfrac{N_1}{N}$，则其方差：

$$\sigma^2(X) = \frac{\sum (x_i - \bar{x})^2 f_i}{\sum f_i} = \frac{(1-P)^2 \times N_1 + (0-P)^2 \times N_0}{N_1 + N_0}$$

$$= \frac{(1-P)N_1}{N} = P(1-P)$$

$$\sigma = \sqrt{P(1-P)} \tag{4-26}$$

五、变异系数

前面介绍的离散程度指标，比如极差、方差、标准差等都是反映数据离散程度的重要指标，但都是一些绝对指标。从定义上看，它们的取值不仅受本身离散程度的影响，还与标志值的水平、计量单位等关系密切，也就是说，标志值大，有可能计算出来的离散程度指标就会较大。例如，考虑两组数据：

| A | $100 | $200 | $300 | σ_A = \$81.65 |
| B | ￥100 | ￥100 | ￥100 | σ_B = ￥81.65 ≈ \$12.00（1:6.8） |

从计算结果上来看，按照绝对数来判断，很明显，A 组数据的离散程度要比 B 组大，因为计算出来的标准差 A 组是 B 组的标准差的 6.8 倍，但常识告诉我们，这两组数据的相对离散程度是一样的，只是单位不同而已。

在比较标志值水平或者单位不同的变量数列离散程度时，不能简单计算离散程度指标，而是需要将标志值的平均水平考虑进去，也就是要除以平均标志值，因此引入了变异系数。

变异系数（the coefficient of variation）又称离散系数，是将离散程度指标除以标志值的算术平均数得到的相对数形式的离散程度指标，有效地排除了标志值大小及计量单位对离散程度指标的影响，其计算公式如下：

$$V = \frac{离散程度指标}{\bar{x}}$$

对不同的离散程度指标，分别有如表 4-15 所示的变异系数。

表 4-15 变异系数的类型及计算公式

标准差系数： $V_\sigma = \dfrac{\sigma_x}{\bar{x}} \times 100\%$	平均差系数： $V_M = \dfrac{M_d}{\bar{x}} \times 100\%$
极差系数： $V_R = \dfrac{R}{\bar{x}} \times 100\%$	四分位差系数： $V_Q = \dfrac{Q_d}{\bar{x}} \times 100\%$

在统计工作中，运用最多的变异系数就是标准差系数，如不特别说明，"变异系数"一般就指"标准差系数"。

第四节 分布形态的描述指标

集中趋势与离散程度是数据分布的两个重要特征，有时我们想了解数据分布的形状特征，想知道数据是对称分布还是偏斜分布的，或者要了解数据是否扁平分布。集中趋势指标与离散程度指标均不能反映数据这方面的特征，这就必须由分布形态特征的指标——偏度与峰度来说明。

一、矩的概念

统计学中定义变量对常数 a 的"k 阶矩"为：

$$简单：a_k = \frac{\sum (x_i - a)^k}{n} \quad ; \quad 加权：a_k = \frac{\sum (x_i - a)^k f_i}{\sum f_i} \qquad (4-27)$$

特殊地，如果 $a = 0$，就变成了"k 阶原点矩"：

$$简单: \mu_k = \frac{\sum x_i^k}{n}; \quad 加权: \mu_k = \frac{\sum x_i^k f_i}{\sum f_i} \quad (4-28)$$

如果 $a = \bar{x}$，就变成变量关于分布中心 $\bar{x}$ 的"k 阶中心矩"：

$$简单: v_k = \frac{\sum (x_i - \bar{x})^k}{n}; \quad 加权: v_k = \frac{\sum (x_i - \bar{x})^k f_i}{\sum f_i} \quad (4-29)$$

可以看出，一阶原点矩就是算术平均数，一阶中心矩恒等于零；二阶中心矩就是方差，二阶原点矩等于二阶中心矩与一阶原点矩的平方和。

中心矩有两个重要性质：

(1) 当分布对称时，有：$v_1 = v_3 = \cdots = v_{2m-1} = 0$，$m$ 为自然数。

当分布为正态分布时，不仅有上面的关系，还有：

(2) $v_{2m} = 1 \times 3 \times 5 \times 7 \times \cdots \times (2m-1)\sigma^{2m} = 0$，$m$ 为自然数。

利用上述性质，可以得到：

$$v_2 = \sigma^2, v_4 = 3\sigma^4, v_6 = 15\sigma^6, \cdots$$

二、分布的偏态

数据分布的不对称性，称为偏态（skewness）。前面我们讲到，有些分布是对称分布的，有些则是偏态分布的，当分布的"尾巴"朝右边就称为"右偏"，反之称为"左偏"。然而，这样只能确定大体的偏态方向，如果要测试其偏态的程度则需要计算偏度。

偏度的计算公式：

$$SK = \frac{v_3}{(v_2)^{\frac{3}{2}}} \begin{cases} > 0, 正偏 \\ = 0, 对称 \\ < 0, 负偏 \end{cases} \quad (4-30)$$

从上面介绍的矩的性质可以得知，如果分布是对称的，则分布的奇数对中心矩为 0，因此理论上可以用奇数阶中心矩阵来度量，但由于 5 阶以上的中心矩计算量较大，故采用 3 阶中心矩。由于 3 阶中心矩有单位，分母作了消除单位的处理。

三、分布的峰度

峰态是指分布的尖峰或者平缓程度。对峰态进行度量的值称为峰度（kurtosis），记作 K。

峰度的计算公式：

$$K = \frac{v_4}{(v_2)^2} - 3 \begin{cases} > 0, 尖峰 \\ = 0, 正态峰度 \\ < 0, 扁峰 \end{cases} \quad (4-31)$$

【例 4-16】对某地区 120 家企业按利润额进行分组，结果如表 4-16 所示。试计算偏度与峰度。

表4-16 某地区120家企业利润情况分组计算表

利润（万元）分组	组中值 x	企业数 f（个）	$x-\bar{x}$	$(x-\bar{x})^2 f_i$	$(x-\bar{x})^3 f_i$	$(x-\bar{x})^4 f_i$
200~300	250	20	-180	648 000	-116 640 000	20 995 200 000
300~400	350	40	-80	256 000	-20 480 000	1 638 400 000
400~500	450	45	20	18 000	360 000	7 200 000
500~600	550	18	120	259 200	31 104 000	3 732 480 000
600以上	650	17	220	822 800	181 016 000	39 823 520 000
合计	—	140		2 004 000	75 360 000	66 196 800 000

【解】 经计算：

$$\sigma^2 = \frac{2\,004\,000}{140} = 14\,314.285\,71 \quad \sigma = \sqrt{14\,314.285\,71} = 119.642\,3$$

$$v_3 = \frac{75\,360\,000}{140} = 538\,285.714\,3 \quad v_4 = \frac{66\,196\,800\,000}{140} = 472\,834\,285.7$$

故：

$$SK = \frac{v_3}{(v_2)^{3/2}} = \frac{v_3}{\sigma^3} = \frac{538\,285.714\,3}{119.642\,3^3} = 0.314\,310\,1$$

$$K = \frac{v_4}{(v_2)^2} - 3 = \frac{v_4}{\sigma^4} - 3 = \frac{472\,834\,285.7}{119.642\,3^4} - 3 \approx -0.692\,352$$

本章小结

本章主要介绍了描述客观数据的一些描述性指标，这些指标可以分为三类：一是反映数据集中趋势的数量特征，包括数值平均数与位置平均数；二是反映数据分布的离散趋势的数量特征，包括极差、方差、标准差等；三是与数据分布的形状相关的数量特征，即偏度与峰度。可以说，掌握这三方面的特征，是对客观数据进行进一步深入分析的基础。

（1）统计数据的分布特征是用统计指标来描述的，统计指标可以分为总量指标、相对指标和平均指标三类，这三类指标在统计分析中应用十分广泛。

（2）要充分理解各种指标的概念、种类、作用、特点，熟练掌握其计算方法。还要会应用这些指标对具体问题进行综合分析。具体地讲，用总量指标分析社会经济现象的发展状况；用相对指标分析现象的对比关系和内在联系；用平均指标分析现象的一般水平和分布的集中趋势；用标志变动指标分析现象的差异状况和离散程度等。

（3）在计算相关指标时，要充分认识客观经济现象的实质、现象间的相互关系，不可简单套用计算公式。

（4）关于总量指标——它是认识社会经济现象客观事物的起点，也是计算相对指标和平均指标的基础,是统计分析中常用的最基本的指标。按照不同的标志可以将总量指标划分为:单位总量和标志总量;时期数(流量)和时点数(存量);实物量指标、价值量指标和劳动量指标。

(5) 关于相对指标——它是两个有联系的统计指标的比,反映现象间在时间、空间、结构、比例、强度等方面的对比关系。常用的相对指标分为六类,如表4-17所示。

表4-17 六类相对指标的比较

指标名称	对比关系	作用	总体	子项和母项
比例相对数	总体部分间的比	反映现象内部比例关系	同一	可对调
比较相对数	不同空间同类指标的比	评价不同单位实力、优劣	不同	可对调
强度相对数	不同总体指标的比	反映现象强度、密度等	不同	可对调
结构相对数	部分与总体的比	反映现象内部结构和分布	同一	不可对调
动态相对数	不同时间同类指标的比	反映现象发展变化的状态	同一	不可对调
计划完成相对数	实际完成与计划任务的比	考核计划完成情况	同一	不可对调

(6) 关于平均指标——统计平均数分为两类:数值平均数和位置平均数。

数值平均数中最重要的是算术平均数,算术平均数具有良好的数学特性,通常用它来反映数据分布的集中趋势。调和平均数在统计上是作为算术平均数的变形加以应用的。几何平均数主要应用于计算连续过程比率的平均数。计算数值平均数在方法上有简单和加权之分。由于统计总体具有大量性的特点,通常采用"加权"的方式计算统计平均数,因此,要充分理解加权——"权衡轻重"的含义,在计算时合理选择"权重"。

众数和中位数是重要的位置平均数,它们具有显著的直观性的特点,反映了数据分布中特定位置的数值特征。算术平均数、众数、中位数的数值大小具有明显的分布特征,在钟形对称分布条件下,算术平均数、众数、中位数相等,在轻微偏斜情况下,遵循"皮尔森规则"。

(7) 关于变异指标——反映总体离散程度或分布的离中趋势的指标有:极差、平均差、方差、标准差、分位差和变异系数等。最重要的是标准差,反映了总体变异的一般水平,我们要深刻理解它的含义,熟练掌握它的计算方法。在比较两个总体的变异性大小时,往往要用变异系数加以说明。

客观事物或经济现象往往是复杂的,在采用综合指标进行描述和分析时,要将总量指标、相对指标和平均指标结合起来加以应用,从不同的角度和采用不同的视角对事物或现象进行全面的分析。

思考练习

一、名词解释

绝对数　相对数　数值平均数　位置平均数　是非标志　全距　方差　标准差　众数　离散系数

二、思考题

（1）常用的平均数有哪几种？它们之间的相互关系是什么？各适用于什么情况？
（2）算术平均数有哪些数学性质？
（3）众数、中位数的含义及应用特点是什么？算术平均数、中位数和众数之间有何关系？
（4）什么是标准差？如何计算？
（5）什么是离散系数？在什么情况下必须计算离散系数？
（6）什么是交替标志？交替标志的算术平均数和标准差如何计算？

三、填空题

（1）按反映总体的内容不同，总量指标分为（　　）总量和（　　）总量。
（2）结构相对数是（　　）与（　　）的比。
（3）计算长期计划完成程度指标的方法有（　　）法和（　　）法两种。
（4）相对指标一般没有计量单位，通常用（　　）数或（　　）数表示，（　　）相对数可能有计量单位，其表现形式是（　　）单位。
（5）平均指标又称为（　　），用来反映总体的（　　）水平或数据分布的（　　）趋势。
（6）变异指标有极差、平均差、（　　）、（　　）和变异系数等，最重要的是（　　）。
（7）变异指标能反映总体的（　　）程度或数据分布的（　　）趋势。
（8）标准差是各单位标志值与算术平均数的（　　）差的平方的算术平均数的（　　），又称为（　　）。

四、单项选择题

（1）产品合格品率是（　　）相对指标。
　　A. 强度　　　　B. 结构　　　　C. 比较　　　　D. 比例
（2）下列统计指标属于总量指标的是（　　）。
　　A. 职工人数　　B. 平均工资　　C. 劳动生产率　　D. 机床密度

(3) 某厂劳动生产率计划提高10%，实际提高了12%，则劳动生产率计划完成百分数为（　　）%。
　　　A. 83.3　　　　　B. 91.7　　　　　C. 101.8　　　　　D. 120
(4) 某企业产品的年末库存额具有下列哪两种指标的属性（　　）。
　　　A. 时期和实物　　B. 时期和价值　　C. 时点和价值　　D. 时点和实物
(5) 计算加权算术平均数时可以作为权数的是（　　）。
　　　A. 各组标志值　　　　　　　　　　B. 各组次数
　　　C. 各组标志值之和　　　　　　　　D. 各组次数之和
(6) 下列指标属于平均指标的是（　　）。
　　　A. 某市平均每一商场服务人数（人/场）
　　　C. 某市职工平均工资（元/人）
　　　B. 某县人均拥有土地面积（亩/人）
　　　D. 某国人均钢铁拥有量（吨/人）
(7) 标准差是总体各单位的标志值与其平均数离差的（　　）。
　　　A. 平均数的算术平方根　　　　　　C. 平方的算术平均数的算术平方根
　　　B. 平方和的算术平方根　　　　　　D. 平方的算术平均数

五、多项选择题

(1) 下列相对指标中是由不同总体的数值对比计算的是（　　）。
　　　A. 结构相对数　　B. 比较相对数　　C. 强度相对数　　D. 比例相对数
　　　E. 动态相对数
(2) 相对数中，分子与分母可以互换的有（　　）。
　　　A. 结构相对数　　B. 比较相对数　　C. 强度相对数　　D. 比例相对数
　　　E. 动态相对数　　F. 计划完成相对数
(3) 下列属于强度相对数的有（　　）。
　　　A. 人口密度　　　　　　B. 人均粮食产量　　　　C. 人均粮食消耗量
　　　D. 人均煤炭产量　　　　E. 人口自然增长率　　　F. 人均国民生产总值
(4) 比较相对指标可用于（　　）之间的比较。
　　　A. 不同国家、地区、单位　　　　　C. 落后水平与先进水平
　　　B. 不同时间同类数值的比较　　　　D. 实际水平与标准水平或平均水平
(5) 计算相对指标的可比性原则包括（　　）可比。
　　　A. 时间　　　　　　　　B. 空间范围　　　　　　C. 计划与统计口径
　　　D. 价格　　　　　　　　E. 计算方法　　　　　　F. 计量单位
(6) 加权算术平均数的大小与（　　）大小或多少有关。
　　　A. 各组标志值　　　　　B. 各组次数　　　　　　C. 各组频率
　　　D. 总体单位总量　　　　E. 总体标志总量　　　　F. 以上所有
(7) 不受个别极大或极小值影响的平均指标有（　　）。

A. 算术平均数　　　　B. 调和平均数　　　　C. 几何平均数
D. 众数　　　　　　　E. 中位数

（8）根据总体中所有单位的标志值来计算的平均指标有（　　　　）。
A. 算术平均数　　　　B. 调和平均数　　　　C. 几何平均数
D. 众数　　　　　　　E. 中位数

六、判断题

（1）计划完成程度相对数大于100%，表明计划超额完成，小于100%表明计划欠完成。（　　）

（2）强度相对指标分子项与分母项不是同类指标，那么强度相对数要用复名数表示。（　　）

（3）总体单位总量一定是时点指标，总体标志总量一定是时期指标。（　　）

（4）比较两个总体，标准差大的总体，离散程度一定大。（　　）

七、计算分析题

（1）某企业计划规定2014年与上年相比产值提高5%，单位产品成本降低3%。实际上，产值提高了8%，单位成本降低了4%。请回答：

①产值超额完成了_____个百分点，产值计划完成百分数 = _____ %；

②单位产品成本比计划多降低_____个百分点，其计划完成百分数为_____%。

（2）某自行车厂计划"十二五"末期达到年产自行车120万辆，实际完成前三年年产量如下：

年　份	2010	2011	2012
年产量（万辆）	108	114	117

最后两年的年产量的具体数据如下（单位：万辆）：

月 年	1	2	3	4	5	6	7	8	9	10	11	12	全年
2013	9.6	9.6	9.8	9.8	9.9	9.9	10.0	10.0	10.1	10.1	10.1	10.1	119
2014	10.1	10.1	10.2	10.2	10.2	10.2	10.2	10.3	10.3	10.4	10.4	10.4	123

求：①该厂"十二五"期间产量计划完成程度；

②确定计划提前完成的时间。

（3）某市计划"十二五"期间要完成固定资产投资总额为600亿元，计划实际完成情况如下：

年份	2010	2011	2012	2013	2014				五年投资
					一季度	二季度	三季度	四季度	
投资额（亿元）	114	119	125	128	33	33	37	28	617

求：①该市"十二五"期间固定资产投资计划完成程度；
②确定计划提前完成的时间。

（4）某企业三个车间第一、二季度生产计划完成情况统计资料如下表所示，请填写表中空缺的数字：

车间	第一季度实际产量（万件）	第二季度				第二季度产量是第一季度产量的（%）
		计划产量（万件）	比重（%）	实际产量（万件）	计划完成（%）	
甲	190	200		230		
乙	280	300			100	
丙	230			266	95	
合计			100			

（5）某大型国有企业工资变量数列如下表所示：

月工资（元）分组	组中值 x	企业数（个）	比重*（%）
600 以下		5	10
600～700		8	25
700～800		10	30
800～900		7	20
900 以上		5	15
合计		35	100

*比重：各组工人人数在工人总数中所占的比重。

试计算该企业平均工资。

（6）某地甲、乙两个农贸市场三种主要水果价格及销售额资料见下表。试计算比较该地区哪个农贸市场水果平均价格高，并说明原因。

品种	价格（元/千克） x	甲市场 销售额（万元）			乙市场 销售额（万元）		
甲	2.0	80			60		
乙	3.0	90			120		
丙	2.5	50			75		
合计	—	220			255		

（7）某超市集团公司下属20个零售超市，某月按零售计划完成百分比资料分组如下：

计划完成百分比（%）分组	组中值 x	超市个数（个）	本月实际零售额（万元）	本月计划零售额
90～100		4	190	
100～110		10	1 050	
110～120		6	920	
合计		20	2 160	

试计算该超市集团公司平均计划完成程度。

（8）某厂500名职工工资资料见下表：

月工资（元）分组	组中值 x	职工人数/人 f	工资额（元） xf	$(x-\bar{x})^2 \cdot f$
1 100 以下		70		
1 100～1 300		90		
1 300～1 500		240		
1 500～1 700		60		
1 700 以上		40		
合计		500		

试根据上述资料计算该厂职工的平均工资和标准差及标准差系数。

第五章 概率基础和抽样分布

【学习目标】
(1) 理解随机变量概率分布的含义和随机变量数值特征;
(2) 理解抽样分布的概念和抽样平均误差的含义及平均误差的计算;
(3) 熟练掌握正态分布的标准化及其应用;
(4) 理解中心极限定理应用条件,并能应用中心极限定理求解有关概率。

第一节 随机变量的概率分布

随机事件的量的表现称为随机变量。在抽样调查中,许多随机事件的结果就是用数量表示的,例如人口抽样调查中的家庭人口数、居民家庭调查中的家庭收支金额,都是直接表现为一定的数量。有许多抽样调查的结果并不直接表现为数量,如人口调查中人的性别为男性和女性、产品质量检查中产品合格或不合格等。我们可以这样规定:如出现合格的记为1,出现不合格的记为0,那么,我们可以将是非标志用0,1两个数量来表示。

随机变量可以分为两种类型。如果随机变量 X 的所有可能取值都可以按一定顺序一一列举出来,则称 X 为离散型的随机变量,如上面所举的人口调查、产品质量调查都属于有限的离散型变量。如果随机变量 X 的所有可能取值是充满某一区间,无法按顺序一一列举,则称 X 为连续型的随机变量。例如水文调查中的水位标高、健康调查中的身高、体重等,都是连续的随机变量,以下分别加以讨论。

一、离散型随机变量的概率分布

对于离散型随机变量 X,我们将它的可能取值及其相应的概率按顺序排列起来,就得到 X 的概率分布情况,并将它列示在一张表上,这张表称为离散型随机变量 X 的概率分布表。

X	X_1	X_2	…	X_i	…	X_N
P	P_1	P_2	…	P_i	…	P_N

以 X 为横轴,以 P 为纵轴,将这些资料表示在直角坐标系上,能形象地表明概率 P_i 的分布情况,称这种图形为离散型随机变量 X 的概率分布图(见图5-1)。

我们可以将以上概率分布情况,概括为下列等式:

$$P(X = X_i) = P_i \quad (i = 1, 2, \cdots, N)$$

概率分布具有以下性质:

(1) 随机变量 X 取值的概率都是非负的,即 $P_i \geq 0$ $(i = 1, 2, \cdots, N)$。

(2) 随机变量 X 所有取值的概率总和等于1,即 $\sum_{i=1}^{N} P_i = 1$ $(i = 1, 2, \cdots, N)$。

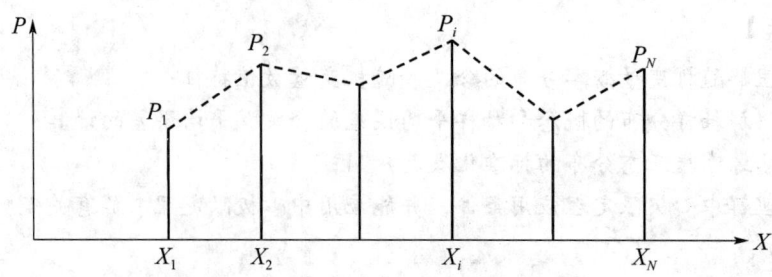

图5-1 离散型随机变量 X 的概率分布图

【例5-1】连续投掷两次硬币,求正面向上的次数的概率分布。

【解】连续掷两枚硬币,正面向上的次数可能为0次、1次、2次三种,其概率分布为:

$$P(X = 0) = \frac{1}{2} \times \frac{1}{2} = \frac{1}{4}$$

$$P(X = 1) = \frac{1}{2} \times \frac{1}{2} + \frac{1}{2} \times \frac{1}{2} = \frac{2}{4}$$

$$P(X = 2) = \frac{1}{2} \times \frac{1}{2} = \frac{1}{4}$$

X 的概率表如下:

X	0	1	2
P	1/4	2/4	1/4

我们可以根据 X 的概率分布表绘制 X 的概率分布图如图5-2所示。

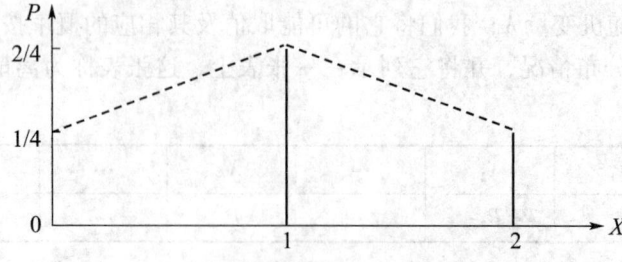

图5-2 例5-1离散型随机变量 X 的概率分布图

我们还可以定义离散型随机变量 X 的概率分布函数，即 X 取值小于实数 x 的概率。X 的分布函数为：

$$F(x) = P(X < x) = \sum_{X_i < x} P(X = X_i) = \sum_{X_i < x} P_i$$

对于任意两个实数 $x_1 < x_2$，由于 $X < x_2$ 事件是由 $X < x_1$ 和 $x_1 \leq X < x_2$ 事件构成的，而且后两事件是互不相容事件，所以，

$$P(X < x_2) = P\{(X < x_1) + (x_1 \leq X < x_2)\} = P(X < x_1) + P(x_1 \leq X < x_2)$$

$$P(x_1 \leq X < x_2) = P(X < x_2) - P(X < x_1) = F(x_2) - F(x_1)$$

这就说明，如果对于任何给定的实数 x，概率 $P(X < x)$ 确定的话，则概率 $P(x_1 \leq X < x_2)$ 也就确定了。所以掌握了分布函数 $F(x) = P(X < x)$，那么这一随机变量任何取值的概率都可以由此给出。

例如，上例连续两次掷硬币正面向上的次数 X 的概率分布函数可以表达为：

$$F(x) = \begin{cases} 0 & -\infty < x < 0 \\ 1/4 & 0 \leq x < 1 \\ 2/4 & 1 \leq x < 2 \\ 4/4 & 2 \leq x < +\infty \end{cases}$$

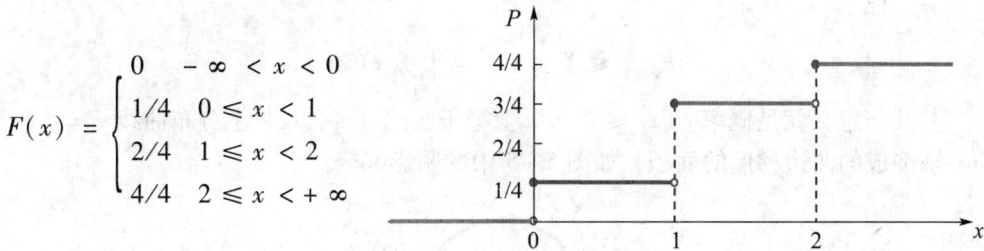

图 5-3　例 5-1 离散型随机变量 X 的概率分布函数

二、连续型随机变量的概率分布

（一）密度函数与分布函数

连续型随机变量 X 的取值充满着一个或若干个区间，不能一一列出，是不可数的。这是连续型变量与离散型变量的本质区别，也决定了计算这两类随机变量的概率的方法不同。对于离散型变量，可以计算取某一特定值时的概率；而对于连续型变量，取特定值的概率等于 0。因此，对于连续型变量往往考虑在某一区间内取值时所相应的概率问题。与离散型变量的分布数列相对应，连续型变量的概率分布是通过概率密度函数 $f(x)$ 来描述的。概率密度函数并没有给出变量取某一特定值的概率，而是通过定区间上曲线 $f(x)$ 下方图形的面积，给出连续型随机变量在该区间取值时的概率。$f(x)$ 表示随机变量 X 在点 x 上的概率密度，所以称为密度函数。通常把密度函数的图形称为分布曲线。

连续型随机变量 X 的概率分布函数，表示 X 取值小于实数 x 的概率。X 的分布函数为：

$$F(x) = \int_{-\infty}^{x} f(t) \, dt$$

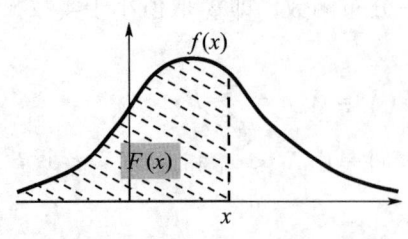 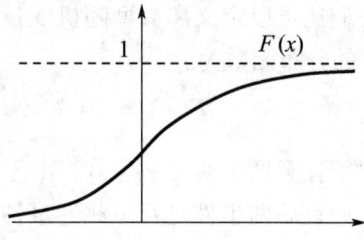

(a) 密度函数　　　　　　　　　(b) 分布函数

图 5-4　连续型随机变量 X 的密度函数和分布函数示意图

由图 5-4 可见，其分布函数是一个单调递增的函数，其函数值介于 0～1 之间。

（二）概率密度函数的性质

（1）密度函数 $f(x)$ 是非负函数，即 $f(x) \geq 0$；

（2）随机变量 X 落在区间 (x_1, x_2) 内的概率等于它的密度函数在该区间上的定积分。即

$$P(x_1 \leq X < x_2) = \int_{x_1}^{x_2} f(x)\, dx$$

其几何意义就是概率 $P(x_1 \leq X < x_2)$ 等于区间 (x_1, x_2) 上分布曲线 $y = f(x)$ 与 x 轴围成的曲边梯形的面积，如图 5-5 中的阴影部分。

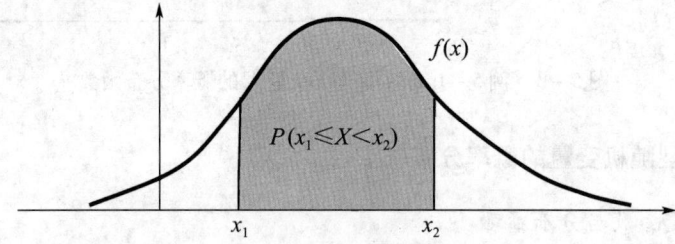

图 5-5　连续型随机变量 X 的概率分布图

（3）由于 $-\infty < X < \infty$ 是必然事件，所以 $\int_{-\infty}^{\infty} f(x)\, dx = 1$。图 5-5 中填充部分的面积，其几何意义就是分布曲线 $y = f(x)$ 和 x 轴所包围的全部面积等于 1。

三、随机变量的数值特征

随机变量的概率分布描述了随机变量的取值范围以及取值的可能性大小，但它并没有使我们对随机变量有一种概括性的认识。随机变量的数值特征是指能集中反映随机变量概率分布基本特点的数值。常用的随机变量数值特征有数学期望和方差两种。

（一）随机变量的数学期望

1. 离散型随机变量的数学期望

设随机变量的概率分布为：

第五章　概率基础和抽样分布

X	X_1	X_2	⋯	X_i	⋯	X_N
P	P_1	P_2	⋯	P_i	⋯	P_N

随机变量 X 的数学期望 $E(X)$ 为：

$$E(X) = X_1P_1 + X_2P_2 + \cdots + X_iP_i + \cdots + X_NP_N \quad (5-1)$$

可见，离散型随机变量的数学期望实质上是随机变量以其概率为权数的加权平均数。

2. 连续型随机变量的数学期望

设随机变量 X 的密度函数为 $f(x)$，则随机变量 X 的数学期望 $E(X)$ 为：

$$E(X) = \int_{-\infty}^{\infty} x \cdot f(x)dx \quad (5-2)$$

也可以理解这一数学期望就是随机变量无限和的加权平均。

本书第四章所阐述的平均数的性质也完全适用于数学期望。对于抽样分析，通常要考虑多个变量的情况，所以还要补充两个重要的性质。

性质一，n 个随机变量代数和的数学期望等于各变量数学期望的代数和。

设 n 个随机变量 $X_1, X_2, \cdots, X_n$，其数学期望分别为 $E(X_1), E(X_2), \cdots, E(X_n)$，并设 $X = X_1 + X_2 + \cdots + X_n$，则有：

$$E(X) = E(X_1 + X_2 + \cdots + X_n) = E(X_1) + E(X_2) + \cdots + E(X_n)$$

性质二，n 个独立随机变量连乘积的数学期望等于各随机变量数学期望的连乘积，即

$$E(X) = E(X_1 \cdot X_2 \cdots X_n) = E(X_1) \cdot E(X_2) \cdots E(X_n)$$

（二）随机变量的方差

1. 离散型随机变量的方差

设离散型随机变量 X 的概率分布为 $P(X = x_i) = P_i (i = 1, 2, \cdots N)$，其数学期望为 $E(X)$，定义随机变量 X 的方差 $\sigma^2(X)$ 和标准差 $\sigma(X)$ 分别为：

$$\sigma^2(X) = \sum_{i=1}^{N}(x_i - E(X))^2 P_i \quad \sigma(X) = \sqrt{\sum_{i=1}^{N}(x_i - E(X))^2 P_i} \quad (5-3)$$

2. 连续型随机变量的方差

设连续型随机变量 X 的密度函数为 $f(x)$，其数学期望为 $E(X)$。定义随机变量 X 的方差 $\sigma^2(X)$ 和标准差 $\sigma(X)$ 分别为：

$$\sigma^2(X) = \int_{-\infty}^{\infty}(x - E(X))^2 f(x)dx \quad \sigma(X) = \sqrt{\int_{-\infty}^{\infty}(x - E(X))^2 f(x)dx} \quad (5-4)$$

第四章所阐述的方差的性质也完全适用于这里。

对于离散型随机变量，只要掌握了它的概率分布，我们就可以求它的分布函数、数学期望、方差，绘制它的分布图等。因此，离散型随机变量最重要的就是它的概率分布。

对于连续型随机变量，只要掌握了它的密度函数，我们就可以求它的分布函数、

数学期望、方差，绘制它的分布图等。因此，连续型随机变量最重要的就是它的密度函数。

第二节　抽样分布

一、抽样以及抽样分布的含义

抽样就是从所研究的对象中随机地抽取出其中一部分来观察，求出样本的数量特征值，然后根据样本的数量特征去估计或推断有关总体的数量特征。例如，某企业生产了一批彩色显像管，我们想知道这批产品的平均使用寿命是多少小时，进而判定该批产品是否达到了设计要求（平均使用寿命不得低于 5 000 小时）。显然，我们不能对该批产品逐件进行检验，因为对每个显像管进行的检验都是破坏性的。为此，只能从中随机地抽取一个样本，对样本进行检验。假定检验了若干支显像管，测得平均使用时间为 4 950 小时，我们现在的任务就是要用样本的平均使用寿命 4 950 小时，去估计这批产品的平均使用寿命；或者用样本的平均使用寿命 4 950 小时来判断该批产品是否达到了设计的要求。

要对总体进行估计和推断，就要用到抽样分布。什么是抽样分布呢？先说样本统计量和总体参数。

无论是总体还是样本，都可以用平均数、中位数、众数以及标准差、方差等集中趋势指标和离散程度指标来描述总体或样本的特征。当这些指标用来描述样本的特征时，称为样本统计量，例如样本平均数 $\bar{x}$、样本成数 p、样本标准差 S 等；当用来描述总体特征时，称为总体参数，例如，总体平均数 $\bar{X}$、总体成数 P、总体标准差 σ 等。

总体参数是总体特征的反映，通常它是未知的，是常量，需要通过样本统计量来估计推断。样本统计量是样本的函数，对于不同的样本，统计量的取值往往是不同的。可见，样本统计量是随机变量。它是随机变量就应该具有相应的概率分布。抽样分布就是样本统计量的概率分布。一个样本可以构造出许多统计量，如样本平均数、样本成数、样本方差等，根据统计推断的需要而定。

如何求样本统计量的概率分布——抽样分布呢？理论上讲应该按下列步骤进行。

（1）从总体中抽取样本容量为 n 的所有样本，构成样本空间。

（2）计算样本空间中每一个样本的统计量的取值，例如，计算每一个样本的平均数 $\bar{x}$。

（3）根据样本统计量的不同取值求相应的概率 p。

（4）将统计量的取值和相应的概率依次排列起来就是统计量的概率分布——抽样分布。

（5）利用抽样分布计算样本统计量的数值特征——样本平均数的期望和方差，

然后以它们为重要指标对总体参数进行估计和推断。

由此可见，抽样分布是进行统计推断的基础，统计量的数值特征是进行统计推断的重要指标。

二、重置抽样下的抽样分布

（一）样本平均数的分布

假设有一个小组，有5名员工，他们的日工资标准分别为：80、90、100、110、120元。

现采用重置抽样的方法从5人中随机抽2人构成样本，并求样本平均工资。由于采用重置抽样，所以一共有 $N^n = 5^2 = 25$ 个样本，这25个样本就构成了样本空间。每个样本的平均日工资计算见表5-1。

表5-1 样本平均日工资计算表　　　　　　　　　　单位：元/人

	80	90	100	110	120
80	80	85	90	95	100
90	85	90	95	100	105
100	90	95	100	105	110
110	95	100	105	110	115
120	100	105	110	115	120

根据上表很容易看到，样本平均工资的取值和相应的概率，列于表5-2。

表5-2 样本日平均工资概率分布表

$\bar{x}$	80	85	90	95	100	105	110	115	120
f	1	2	3	4	5	4	3	2	1
P	1/25	2/25	3/25	4/25	5/25	4/25	3/25	2/25	1/25

表5-2所列示的就是统计量样本平均工资的概率分布——抽样分布。表中反映了统计量样本平均工资的取值、取不同数值时的频数和发生的概率。

利用上表数据，我们可以计算样本平均工资的期望和标准差：

$$E(\bar{x}) = \frac{80 \times 1 + 85 \times 2 + 90 \times 3 + 95 \times 4 + 100 \times 5 + 105 \times 4 + 110 \times 3 + 115 \times 2 + 120 \times 1}{25}$$

$$= 100(元/人)$$

$$\sigma^2(\bar{x}) = \frac{1}{25}\begin{Bmatrix}(80-100)^2 \times 1 + (85-100)^2 \times 2 + (90-100)^2 \times 3 + \\ (95-100)^2 \times 4 + (100-100)^2 \times 5 + (105-100)^2 \times 4 + \\ (110-100)^2 \times 3 + (115-100)^2 \times 2 + (120-100)^2 \times 1\end{Bmatrix} = 100$$

$$\sigma(\bar{x}) = \sqrt{100} = 10(元)$$

在一般情况下,我们研究的总体都是含有很多总体单位的总体,要按上面的程序来求抽样分布是不可能的。比如,有一个学校有学生10 000人,按重置抽样从中随机抽取100人构成样本,不同的样本总数是:$N^n = 10\,000^{100} = 10^{400}$。要想将这么大的样本空间求出来是不可能的事情,其实也是不必要的。下面我们来研究一下总体的情况,看看总体的特征与抽样分布的特征有没有内在的联系。

总体变量 X 的取值为:80、90、100、110、120元。

总体员工平均日工资:$\bar{X} = \dfrac{\sum X}{N} = \dfrac{80+90+100+110+120}{5} = 100(元/人)$

总体日工资的方差和标准差:

$$\sigma^2(X) = \dfrac{(80-100)^2 + (90-100)^2 + (100-100)^2 + (110-100)^2 + (120-100)^2}{5}$$

$= 200$

$$\sigma(X) = \sqrt{200} = 10\sqrt{2}(元)$$

总体变量 X	样本平均数 $\bar{x}$	联系
$\bar{X} = 100$	$\overline{(\bar{x})} = 100$	$\bar{X} = E(\bar{x}) = \overline{(\bar{x})}$
$\sigma(X) = 10\sqrt{2}$	$\sigma(\bar{x}) = 10$	$\sigma(\bar{x}) = \dfrac{\sigma(X)}{\sqrt{n}}$

由以上分析可以得出以下重要结论:

(1) 重置抽样的样本平均数 $\bar{x}$ 的平均数,等于总体平均数 $\bar{X}$,即:

$$\bar{X} = E(\bar{x}) = \overline{(\bar{x})} \qquad (5-5)$$

(2) 重置抽样的样本平均数 $\bar{x}$ 的标准差 $\sigma(\bar{x})$,等于总体标准差除以样本单位数的平方根。

即:

$$\sigma(\bar{x}) = \dfrac{\sigma(X)}{\sqrt{n}}$$

样本平均数的标准差,称为抽样平均误差。抽样平均误差反映所有可能样本的统计量与总体参数的平均差距,通常用符号 μ 表示。

$$\mu = \sigma(\bar{x}) = \dfrac{\sigma(X)}{\sqrt{n}} \qquad (5-6)$$

从抽样平均误差的公式可以看出,抽样平均误差比总体标准差小得多,仅为总体标准差的 $1/\sqrt{n}$。总体离散程度越大,抽样平均误差就越大,如果样本容量越大,则抽样平均误差就越小。

下面我们从分布图上来看看总体分布和统计量的分布情况。

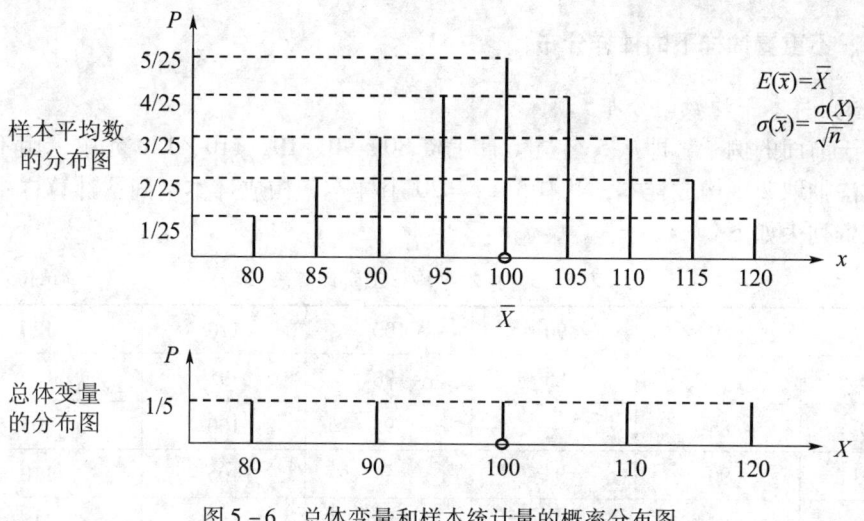

图 5-6　总体变量和样本统计量的概率分布图

从图 5-6 可以看到两点：第一，总体的平均数和样本平均数的期望相等，也就是说，总体分布的中心和样本平均数这个统计量的分布中心是重合的。第二，统计量样本平均数的集中性要比总体变量的集中性强得多。如果样本容量增大，则统计量的分布会越来越集中在总体平均数的周围。

（二）样本成数的分布

对于由是非标志构成的总体可以看作是 0～1 分布的随机变量总体，其总体平均数就是总体成数本身，即 $\bar{X} = P$，总体方差 $\sigma^2(P) = P(1-P)$。现在从该总体中用重置抽样方法抽取 n 个单位构成样本，计算样本成数 p。当然 p 也是随机变量，样本成数的分布实质上就是样本平均数的分布，前面样本平均数分布的性质就可以推广到样本成数的分布上去，于是有：

$$E(p) = \bar{p} = P \tag{5-7}$$

也就是说，样本成数 p 的平均数等于总体成数平均数，即总体成数 P 本身。样本成数的抽样平均误差就应为：

$$\mu(p) = \sigma(p) = \frac{\sigma(P)}{\sqrt{n}} = \sqrt{\frac{P(1-P)}{n}} \tag{5-8}$$

即样本成数的标准差等于总体成数的方差除以样本单位数的平方根。

【例 5-2】已知某校英语考试成绩的及格率为 95%，现在用重置抽样方法从考生中抽取 100 人的成绩构成样本，求样本及格率的抽样平均误差。

【解】样本及格率的抽样平均误差为

$$\mu(p) = \sqrt{\frac{P(1-P)}{n}} = \sqrt{\frac{0.95(1-0.95)}{100}} = 2.18\%$$

三、不重置抽样下的抽样分布

(一) 样本平均数的分布

对于前面的例子,即从5名员工日工资80、90、10、110、120元中,用不重置抽样方法抽取2个构成样本,共有$5×4=20$个样本,构成样本空间,计算样本的平均日工资列表如下。

表5-3　样本平均日工资计算表　　　　　　　　　　单位:元/人

	80	90	100	110	120
80	—	85	90	95	100
90	85	—	95	100	105
100	90	95	—	105	110
110	95	100	105	—	115
120	100	105	110	115	—

以下分析读者可以仿照前例进行,留给大家去完成。不重置抽样下的样本平均数的抽样分布的结论如下:

(1) 不重置抽样的样本平均数 $\bar{x}$ 的平均数,等于总体平均数 $\bar{X}$,即:$E(\bar{x})=\bar{X}$;

(2) 不重置抽样的样本平均数的抽样平均误差等于:

$$\mu = \sigma(\bar{x}) = \sqrt{\frac{\sigma^2(X)}{n}\left(\frac{N-n}{N-1}\right)}$$

将本例的有关数据:$N=5$,$n=2$,$\sigma^2(X)=200$ 代入上式,可以求得:

$$\mu = \sigma(\bar{x}) = \sqrt{\frac{200}{2}\left(\frac{5-2}{5-1}\right)} = 5\sqrt{3} = 8.66(元)$$

大家可以把上面的结果和你按定义计算的结果比较一下,看是否一致。

根据不重置抽样的抽样平均误差的计算公式可以看出,不重置抽样的抽样平均误差总是小于重置抽样的抽样平均误差,这说明样本平均数更接近于总体平均数。

但如果总体单位数 N 很大,$N-1$ 接近于 N,抽样平均误差的公式可以变形为:

$$\mu \approx \sqrt{\frac{\sigma^2(X)}{n}\left(1-\frac{n}{N}\right)} \tag{5-9}$$

(二) 样本成数的分布

关于成数的抽样分布,有下列结论:

$$E(p) = P \quad \mu_p = \sqrt{\frac{P(1-P)}{n}\left(\frac{N-n}{N-1}\right)} \approx \sqrt{\frac{P(1-P)}{n}\left(1-\frac{n}{N}\right)} \tag{5-10}$$

在计算成数的抽样平均误差时,往往难以掌握总体成数 P 的资料,我们常常采用实际样本的成数 p 来代替,把样本成数 p 作为总体成数 P 的估计值加以应用。为什么能这样做,其中的道理在下一章说明。

【例 5-3】 为了解某地区 10 万名农民工签订劳动合同的签约率,随机抽取 400 名农民工进行调查。有 360 名农民工签订了劳动合同,求该地区农民工签约率的抽样平均误差。

【解】 根据已知条件:$p = \dfrac{360}{400} = 90\%$

(1) 在重置抽样下,签约率的抽样平均误差为:

$$\mu_p = \sqrt{\dfrac{P(1-P)}{n}} = \sqrt{\dfrac{0.9(1-0.9)}{400}} = 1.5\%$$

(2) 在不重置抽样下,签约率的抽样平均误差为:

$$\mu_p = \sqrt{\dfrac{P(1-P)}{n}\left(1-\dfrac{n}{N}\right)} = \sqrt{\dfrac{0.9(1-0.9)}{400}\left(1-\dfrac{400}{100\,000}\right)} = 1.497\%$$

两者相比,抽样平均误差相差甚少。当总体的单位数很大时,不重置抽样分布也就趋近于重置抽样分布,抽样平均误差就接近一致了。此时,不重置抽样的问题也可按重置抽样的公式来解决。

在后面的统计推断等后续课程中经常要用到抽样平均误差的计算,希望大家牢牢掌握。现在把抽样平均误差的公式汇编列表如表 5-4 所示。

表 5-4　抽样平均误差公式

统计量 \ 抽样方式	重置抽样	不重置抽样
样本平均数	$\mu = \sqrt{\dfrac{\sigma^2(X)}{n}} = \dfrac{\sigma(X)}{\sqrt{n}}$	$\mu = \sqrt{\dfrac{\sigma^2(X)}{n} \cdot \left(1-\dfrac{n}{N}\right)}$
样本成数	$\mu_p = \sqrt{\dfrac{P(1-P)}{n}}$	$\mu_p = \sqrt{\dfrac{P(1-P)}{n}\left(1-\dfrac{n}{N}\right)}$

第三节　正态分布

一、正态分布在统计学中的地位

上一节所讲抽样分布都是离散型变量的分布,正态分布则是连续型的变量分布。正态分布是统计和抽样的理论基础,在统计中具有极其重要的理论意义和实践意义,主要表现在:

(1) 客观世界中有许多随机现象都服从或近似服从正态分布。例如,人的身高和智商、测量零件直径时的误差、各类设备的使用寿命、农产品产量等许多随机变量,都服从或近似服从正态分布。这些随机变量的共同特点是与平均数比较接近的数值出现的次数较多,而与平均数相差较大的数值出现的次数较少,即呈"中间大,两头小"的分布形态。

（2）正态分布具有很好的数学性质。根据中心极限定理，很多分布的极限是正态分布，在抽样时有些总体虽然不知其确定的分布，但随着样本容量的增大，很多统计量可以看作近似正态分布。

（3）尽管经济管理活动中的有些变量的分布是偏斜的，但这丝毫不影响正态分布在抽样应用中的地位。我们在实际应用中所处理的变量并不是严格的连续型变量这一事实，也不影响正态分布的可用性。这就是说，在许多实际问题中，将离散型变量作为按正态分布性质的连续型分布来分析和计算是很便利的。

二、正态分布的密度函数及其数学性质

设连续型随机变量 X 服从正态分布，则 X 的密度函数为：

$$f(x) = \frac{1}{\sigma\sqrt{2\pi}} e^{-\frac{(x-\bar{x})^2}{2\sigma^2}}$$

其中 $\bar{x}$ 是 X 的平均数，σ 是 X 的标准差。通常记：$X \sim N(\bar{x}, \sigma^2)$。例如，服从正态分布的变量 X 的平均数为 5，标准差为 2，记为：$X \sim N(5, 2^2)$

正态分布的密度函数 $f(x)$ 有如下特性：

（1）对称性：$f(x)$ 的图象是以 $x = \bar{x}$ 为对称轴的轴对称图形。

（2）非负性：密度函数 $f(x) > 0$，图形处于 x 轴的上方。

（3）当 $x = \bar{x}$ 时，$f(x)$ 取得最大值；$f(x)$ 在 $(-\infty, \bar{x})$ 内单调递增，在 $(\bar{x}, +\infty)$ 内单调递减。

（4）在 $x = \pm\sigma$ 处为密度函数 $f(x)$ 的拐点，即在 $\bar{x} - \sigma < x < \bar{x} + \sigma$ 的区间里，曲线凸向上，此外曲线凹向上。

（5）当 $x \to \pm\infty$ 时，密度函数 $f(x) \to 0$，x 轴为其水平渐近线。

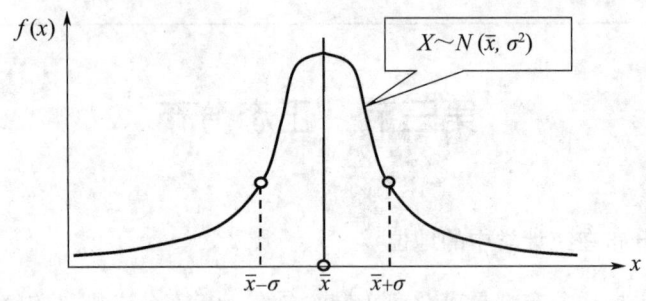

图 5-7　正态分布密度函数图

参数 $\bar{x}$、σ 的几何意义如图 5-8 所示。

第一，平均数 $\bar{x}$ 变动，而 σ 不变，则不改变正态分布的形状，只改变分布的中心位置，故称 $\bar{x}$ 为位置参数。改变分布的中心位置可以通过平移达到。

第二，标准差 σ 变动，而 $\bar{x}$ 不变，则不改变分布的中心位置，只改变分布曲线的

尖峭程度，故称 σ 为形状参数。当 σ 变小时，密度函数曲线的中心部分纵坐标升高，曲线两侧迅速趋于 $\bar{x}$，表示变量分布比较集中。反之，当 σ 变大时，则曲线呈现扁平，表示变量分布比较分散。改变曲线的陡峭程度可以通过拉伸或压缩来实现。

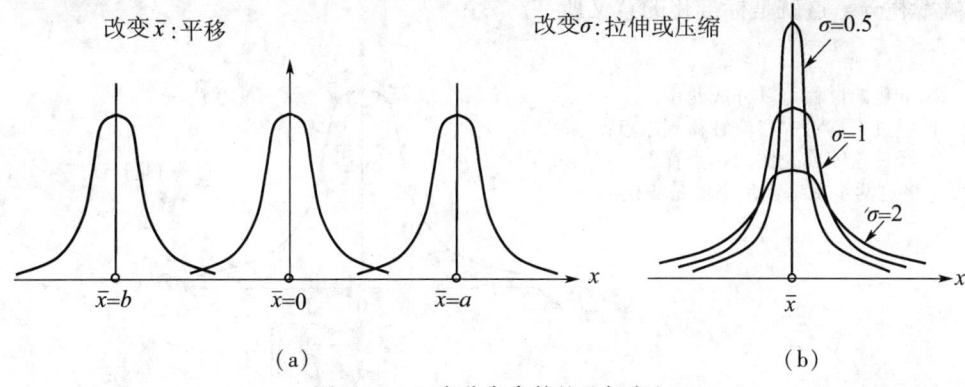

图 5-8　正态分布参数的几何意义

三、正态分布函数及其标准化

设变量 $X \sim N(\bar{x}, \sigma^2)$，要求 X 取值 (x_1, x_2) 的概率，根据分布函数，则需要求定积分：

$$P(x_1 \leqslant X < x_2) = F(x_2) - F(x_1) = \frac{1}{\sigma\sqrt{2\pi}} \int_{x_1}^{x_2} e^{-\frac{(x-\bar{x})^2}{2\sigma^2}} dx$$

显然，这是非常困难的。为此，我们对任一正态分布加以标准化，使不同的正态分布变换为标准正态分布——$N(0, 1)$，标准正态分布的平均数 $\bar{x} = 0$，标准差 $\sigma = 1$。对于任一正态分布的变量 x 按下式做变换，则新变量 Z 服从标准正态分布：

$$Z = \frac{x - \bar{x}}{\sigma} \sim N(0, 1) \tag{5-11}$$

下面我们来检验一下是否正确。求新变量 Z 的期望和方差：

$$E(Z) = E\left(\frac{x - \bar{x}}{\sigma}\right) = \frac{E(x) - \bar{x}}{\sigma} = 0$$

$$\sigma^2(Z) = E\left[\frac{x - \bar{x}}{\sigma} - E\left(\frac{x - \bar{x}}{\sigma}\right)\right]^2 = E\left(\frac{x - \bar{x}}{\sigma}\right)^2 = \frac{1}{\sigma^2} E(x - \bar{x})^2 = \frac{\sigma^2}{\sigma^2} = 1$$

可见，新变量 Z 服从标准正态分布。也就是说，按上式可以将任一正态分布标准化。

标准正态分布的密度函数和分布函数分别为：

$$\Phi(x) = \frac{1}{\sqrt{2\pi}} e^{-\frac{x^2}{2}} \quad F(Z) = \frac{1}{\sqrt{2\pi}} \int_{-\infty}^{Z} e^{-\frac{z^2}{2}} dZ$$

正态分布标准化的几何意义是将分布曲线的中心移到原点，使 $\bar{Z} = 0$，并对 $x - \bar{x}$ 的离差化为以 σ 为单位的相对离差，即 σ 作为新变量 Z 的计量单位，如图 5-9 所示。

在统计推断中,常常要求变量落在$(-Z,Z)$对称区间的概率。考虑到正态分布的对称性,人们根据标准正态分布函数求出了Z取$0\sim5$范围的数值时所相应的概率值,并编成正态分布概率表,现列于本书的附录中。实际工作时可直接查用,不必计算概率积分,这就是标准化的意义所在。

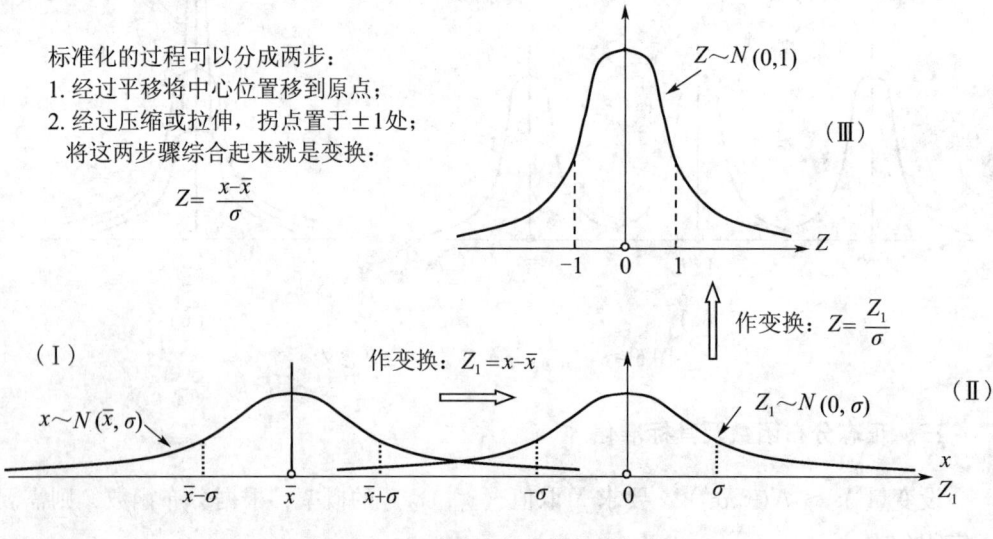

图5-9 正态分布标准化的几何意义

如果所研究的随机变量服从于标准正态分布$N(0,1)$,则可以直接查用概率表,从给定的Z值查所需的概率,或从给定的概率反查相应的Z值。

对于经济问题而言,常用的标准正态分布函数值列表如下:

Z	1	1.645	1.96	2	3
$F(Z)$	0.6827	0.9	0.95	0.9545	0.9973

在编制标准正态分布表时,有如图5-10所示的三种不同的形式,在使用时要加以注意。

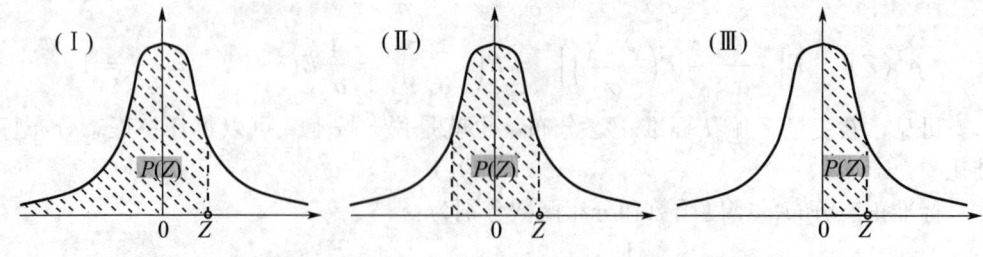

图5-10 标准正态分布表的三种形式

在实际应用时,往往需要对非标准正态分布进行标准化,大家可以参考下列格式计算。

设：变量总体 $X \sim N(\bar{X}, \sigma^2)$，对总体变量 X 标准化：

设 $Z = \dfrac{\bar{x} - \bar{X}}{\sigma} \sim N(0,1)$

$$P(x_1 \leq X < x_2) = P\left(\dfrac{x_1 - \bar{X}}{\sigma} \leq Z < \dfrac{x_2 - \bar{X}}{\sigma}\right)$$

$$= P(Z_1 \leq Z < Z_2) = F(Z_2) - F(Z_1) \xrightarrow{\text{查表}} \cdots\cdots$$

【例 5-4】某产品的使用寿命服从正态分布 $N(1\,000, 50^2)$（小时），求该产品的使用寿命在 900～1 100 之间所占的比例。

【解】已知：$\bar{X} = 1\,000$（小时），$\sigma(X) = 50$（小时），设：$Z = \dfrac{X - \bar{X}}{\sigma} = \dfrac{X - 1\,000}{50}$

$$P(900 \leq X < 1\,100) = P\left(\dfrac{900 - 1\,000}{50} \leq Z < \dfrac{1\,100 - 1\,000}{50}\right) = P(-2 \leq Z < 2)$$
$$= F(2) = 0.954\,5 = 95.45\%$$

即大约有 95.45% 的产品的使用寿命在 900～1 100 小时之间。

【例 5-5】某高校男生的身高按正态分布，经抽查平均身高 1.75 米，标准差 0.05 米。现在服装厂要为该校学生裁制校服，校服分大、中、小三个型号，各型号分别对应的学生身高为：1.8 米以上、1.7～1.8 米、1.7 米以下。该校男生 10 000 名，问各个型号的校服应各裁多少套？

【解】已知：$\bar{x} = 1.75$（米） $\sigma(x) = 0.05$（米）。设：$Z = \dfrac{X - \bar{x}}{\sigma(x)} = \dfrac{X - 1.75}{0.05}$

先求 1.7～1.8 米身高的学生人数所占的比重：

$$P(1.7 \leq X < 1.8) = P\left(\dfrac{1.7 - 1.75}{0.05} \leq Z < \dfrac{1.7 - 1.75}{0.05}\right) = P(-1 \leq Z < 1) = F(1) = 68.3\%$$

即中号校服（身高在 171～179 厘米）应裁制：

$$NP = 10\,000 \times 68.3\% = 6\,830 \text{（套）}$$

大号和小号的校服各裁：$\dfrac{1}{2} \times (10\,000 - 6\,830) = 1\,585$（套）

四、关于抽样分布的定理

单变量的概率分布，包括单变量的正态分布，我们已经讨论过了，但是不论是样本平均数 $\bar{x}$，还是样本成数 p，都是多变量和的运算结果，例如样本容量为 n 的样本平均数 $\bar{x}$ 是 n 个变量和的平均，因而要估计 $\bar{x}$ 落在某一区间的概率就要考虑 n 个变量和分布，显然它比单变量的分布要复杂得多。以下关于抽样分布的两个定理能帮助我们解决这个问题。

（一）正态分布再生定理

定理一 如果变量 X 服从正态分布，其平均数为 $\bar{X}$，标准差为 $\sigma(X)$，即 $X \sim$

$N(\bar{X}, \sigma^2(X))$。从该总体中抽取容量为 n 的样本,则样本平均数 $\bar{x}$ 也服从正态分布,$\bar{x}$ 的平均数 $E(\bar{x}) = \bar{X}$,标准差 $\sigma(\bar{x}) = \mu$,也就是 $\bar{x} \sim N(\bar{X}, \mu^2)$。

定理说明:

(1) 只要总体分布是正态的,无论是大样本还是小样本,样本平均数 $\bar{x}$ 都服从正态分布。

(2) 总体分布和样本平均数分布的中心重合。

(3) 样本平均数的标准差比总体标准差小得多,但随样本容量的增大,样本平均数更加集中于总体平均数周围。

(4) μ 为抽样平均误差,$\mu = \sigma(X)/\sqrt{n}$。

(二) 中心极限定理

定理二 如果变量 X 的平均数 $\bar{X}$ 和标准差 $\sigma(X)$ 都是有限数(即客观存在),从这个总体中所抽取容量为 n 的样本,样本平均数 $\bar{x}$ 的分布随着 n 的增大而趋近于正态分布,其平均数 $E(\bar{x}) = \bar{X}$、标准差为 $\sigma(\bar{x}) = \mu$,即样本平均数 $\bar{x}$ 趋近于正态分布 $N(\bar{X}, \mu^2)$。

定理说明:(与定理一不同的地方)

(1) 只有在大样本条件下,样本平均数 $\bar{x}$ 才近似服从正态分布。

(2) 该定理不要求总体是正态的,甚至可以是不清楚的,只要求总体平均数和标准差存在。

判断变量的分布是否为正态分布是比较困难的,而确定变量的平均数和标准差是否存在倒是比较容易的事情,在抽样时取大样本(样本容量不小于 30)也容易做到。可见,中心极限定理的条件要比正态分布再生定理的条件宽松得多,因此,中心极限定理的应用更为广泛。

我们知道,总体成数 P 是服从"0~1"分布的,其平均数为 P,方差为 $P(1-P)$,而样本成数 p 则是 n 个 0~1 变量的平均数。因此,样本成数 p 满足中心极限定理的条件。于是有:

定理三 从"0~1"分布的总体中,抽取容量为 n 的样本,随着样本容量 n 的增大,样本成数 p 趋近服从正态分布 $N(P, \mu_p^2)$,即 $E(p) = P$,标准差为 $\sigma(p) = \mu_p$。

在实际工作中,通常并不知道总体变量的分布,样本平均数 $\bar{x}$ 或成数 p 的分布是否趋近正态分布,起决定作用的就是样本容量 n。样本容量 n 越大,样本平均数或成数的分布也越接近正态分布。一般认为样本单位数不少于 30 时是大样本,抽样分布就接近于正态分布。

利用抽样分布的有关定理,我们可以利用正态分布来近似地估计样本平均数和样本成数取值某个区间的概率。

举例说明如下。

【例 5-6】某地区农民工的平均工资为 1 000 元/月,工资的标准差为 200 元。现在从农民工中随机抽取 100 名,问 100 名农民工的平均工资落在 980~1 040 之间的概率是多少？

【分析】全地区农民工的工资水平未必服从正态分布，但是，抽取样本容量为100的样本已属大样本，故样本平均工资满足中心极限定理的条件，它趋近服从正态分布。

$\overline{X}$	$\sigma(X)$	n	$F(1)$	$F(2)$
1 000	200	100	0.682 7	0.954 5

【解】依题意设：$Z = \dfrac{\overline{x} - \overline{X}}{\sigma/\sqrt{n}} = \dfrac{\overline{x} - 1\,000}{200/\sqrt{100}} = \dfrac{\overline{x} - 1\,000}{20}$

$$P(980 \leqslant \overline{x} < 1\,040) = P\left(\dfrac{980 - 1\,000}{20} \leqslant Z < \dfrac{1\,040 - 1\,000}{20}\right)$$

$$= P(-1 \leqslant Z < 2) = \dfrac{1}{2}[F(1) + F(2)]$$

$$= \dfrac{1}{2}(0.682\,7 + 0.954\,5) = 0.818\,6$$

由以上资料和计算可知，全体农民工工资的分布相当分散，全部工资分布在400～1 600元之间。大约有68.27%的农民工工资在800～1 200元之间，其变动幅度为400元。然而，样本的平均工资按68.27%的比例，所对应的区间是980～1 020元，其变动幅度仅40元。可见，样本平均工资聚集在总体平均工资（1 000元）周围的程度要比总体变量的集中程度高得多。用样本平均数估计总体平均数应该更为可靠。

【例5-7】某县农科所培育的良种的发芽率达到94%，现在从该良种中随机抽取36件，求样本发芽率在96%以上的概率。

P	n	$F(0.5)$
0.94	36	0.382 7

【解】 $\mu_p = \sqrt{\dfrac{P(1-P)}{n}} = \sqrt{\dfrac{0.94(1-0.94)}{36}} = 0.04$

设：$Z = \dfrac{p - P}{\mu_p} = \dfrac{p - 0.94}{0.04}$

$$P(p > 96\%) = P\left(Z < \dfrac{0.96 - 0.94}{0.04}\right) = P(Z < -0.5)$$

$$= \dfrac{1}{2}[1 - F(0.5)] = \dfrac{1}{2}(1 - 0.382\,7) = 0.308\,7$$

即样本发芽率在96%以上的概率为30.87%。

五、几个与抽样有关的概率分布

下面介绍几个与抽样有关的常用的概率分布。读者主要了解这三个分布的图形特征，学会查表计算即可，以便于后续课程的学习。

1. χ^2 分布

设：总体变量 $X \sim N(0,1)$，从总体中抽取容量为 n 的样本：$X_1, X_2, \cdots, X_n$，则统计量

$$\chi^2 = X_1^2 + X_2^2 + \cdots + X_n^2$$

服从自由度为 n 的 χ^2 分布，记为 $\chi^2 \sim \chi^2(n)$。自由度为上式等式右边包含的独立变量的个数。

$\chi^2(n)$ 分布的概率密度函数为：

$$f(x) = \begin{cases} \dfrac{1}{2^{\frac{n}{2}} \varGamma\left(\dfrac{n}{2}\right)} \cdot x^{\frac{n}{2}-1} e^{-\frac{x}{2}} & x > 0 \\ 0 & \text{其他} \end{cases}$$

$\chi^2(n)$ 分布的图形及概率分布表给出的临界值为 $\chi_\alpha^2(n)$、概率为 α 的示意图如图5-11所示。

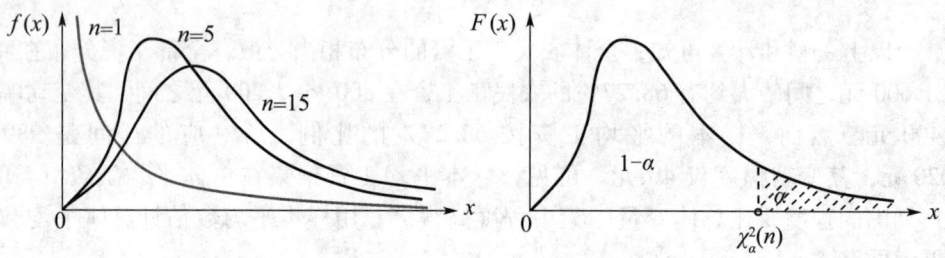

图5-11 χ^2分布曲线图

2. t 分布

设：$X \sim N(0,1)$，$Y \sim \chi^2(n)$，且 X、Y 相互独立，则统计量

$$t = \frac{X}{\sqrt{\dfrac{Y}{n}}}$$

服从自由度为 n 的 t 分布，记为 $t \sim t(n)$。

t 分布的概率密度函数为：

$$f(x) = \frac{\varGamma\left(\dfrac{n+1}{2}\right)}{\sqrt{n\pi}} \cdot \left(1 + \frac{x^2}{n}\right)^{-\frac{n+1}{2}} \quad (-\infty < x < \infty)$$

t 分布的图形及概率分布表给出的临界值为 $t_{\alpha/2}(n-1)$、概率为 α 的示意图如图5-12所示。

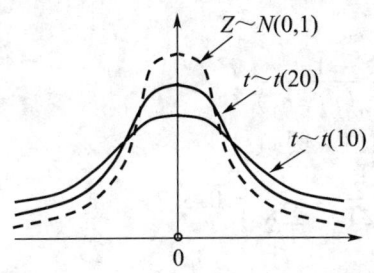
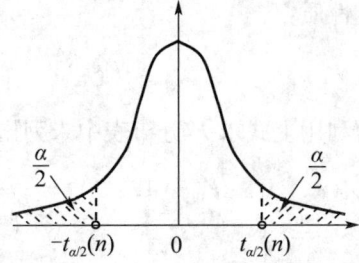

图 5-12 t 分布曲线图

t 分布是在 1908 年由英国的戈赛特提出的,当时他以笔名"学生"发表该项研究成果,故 t 分布又称为"学生分布"。t 分布是一个连续型的对称分布,其图形类似标准正态分布的图形。在抽取的样本为小样本时,t 分布的离散程度比标准正态分布的大,曲线较为平坦;随着样本容量不断增大,t 分布逐渐趋近标准正态分布。标准正态分布是 n 趋于无穷大时 t 分布的极限形式。因此,在大样本的情况下,我们可以用正态分布 $N(0,1)$ 近似替代 t 分布。

3. F 分布

设:$U \sim \chi^2(n_1)$,$V \sim \chi^2(n_2)$,且 U、V 相互独立,则随机变量

$$F = \frac{U/n_1}{V/n_2}$$

服从自由度为 (n_1, n_2) 的 F 分布,记为 $F \sim F(n_1, n_2)$。

F 分布的概率密度函数为:

$$f(x) = \begin{cases} \dfrac{\Gamma\left(\dfrac{n_1+n_2}{2}\right) \cdot (n_1+n_2)^{\frac{n_1}{2}} x^{\frac{n_1}{2}-1}}{\Gamma\left(\dfrac{n_1}{2}\right) \cdot \Gamma\left(\dfrac{n_2}{2}\right)\left(1+\dfrac{n_1}{n_2} \cdot x\right)^{\frac{n_1+n_2}{2}}} & x > 0 \\ 0 & \text{其他} \end{cases}$$

F 分布的图形及概率分布表给出的临界值为 $F_\alpha(n_1, n_2)$、概率为 α 的示意图如图 5-13 所示。

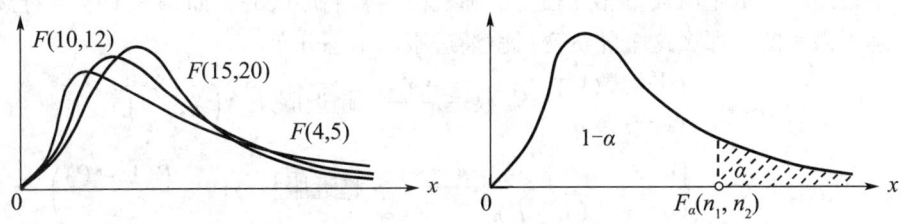

图 5-13 F 分布曲线图

由定义可知,若 $F \sim F(n_1, n_2)$,则:$\dfrac{1}{F} \sim F(n_2, n_1)$

且有如下性质：

$$F_{1-\alpha}(n_1, n_2) = \frac{1}{F_\alpha(n_2, n_1)}$$

常常利用上式求 F 分布表中未列出的函数值。例如：

$$F_{0.95}(12, 9) = \frac{1}{F_{0.05}(9, 12)} = \frac{1}{2.8} = 0.357$$

本章小结

（1）随机变量及其分布——随机变量按其取值的特点可分为离散型随机变量和连续型随机变量两种。离散型随机变量的概率分布采用概率分布表来表示（变量的取值和相应的概率），连续型随机变量的分布用概率分布函数表示：

$$F(x) = \int_{-\infty}^{x} f(x) \mathrm{d}x \quad \text{——} f(x) \text{为密度函数}$$

（2）抽样分布——样本统计量的概率分布。抽样分布与总体变量的分布有密切的联系：

$$E(x) = \overline{X} \quad \sigma(x) = \frac{\sigma(X)}{\sqrt{n}}$$

（3）正态分布——最重要、最常见的连续型随机变量的分布，它在统计和抽样推断中占有十分重要的地位。它的图形呈钟形对称的形式。正态分布有两个重要参数 $\bar{x}$ 和 σ，$\bar{x}$ 确定了分布的中心位置，σ 确定了图形的陡峭程度或分布的疏密程度。$\bar{x} \pm \sigma$ 是正态分布的两个拐点的横坐标。

（4）正态分布标准化——应用下列公式可将正态分布 $\bar{x} \sim N(\bar{x}, \sigma^2)$ 化成标准正态分布：

$$Z = \frac{x - \bar{x}}{\sigma} \sim N(1, 0)$$

（5）中心极限定理——是研究随机变量之和渐进服从正态分布的条件。一般而言，一个随机变量是由大量相互独立的随机因素影响形成的，而每一个因素的影响作用又是很微小的，那么这个随机变量就渐进服从正态分布。

$$\text{变量 } X \begin{cases} \text{平均数 } \overline{X} \\ \text{标准差 } \sigma \end{cases} \text{有限数} \xrightarrow{n \to \infty} \bar{x} \text{ 趋近服从 } N\left(\overline{X}, \frac{\sigma^2}{n}\right)$$

$$0 \sim 1 \text{ 分布}: \begin{cases} \overline{P} = P \\ \sigma^2 = P(1-P) \end{cases} \xrightarrow{n \to \infty} \bar{p} \text{ 趋近服从 } N\left(P, \frac{P(1-P)}{n}\right)$$

（6）抽样平均误差——抽样平均数的标准差，也就是样本空间中所有样本的指标的标准差。

	重置抽样	不重置抽样
样本平均数	$\dfrac{\sigma(X)}{\sqrt{n}}$	$\sqrt{\dfrac{\sigma^2(X)}{n}\left(1-\dfrac{1}{n}\right)}$
样本成数	$\sqrt{\dfrac{P(1-P)}{n}}$	$\sqrt{\dfrac{P(1-P)}{n}\left(1-\dfrac{1}{n}\right)}$

思考练习

一、名词解释

概率分布　抽样分布　抽样平均误差

二、填空题

(1) X 为连续型随机变量，其密度函数为 $f(x)$，则它的分布函数为 $F(x)=$ (　　)。

(2) $X \sim N(1\,000, 2\,500)$，则 $E(x)=$ (　　)，$\sigma=$ (　　)。

(3) 某次考试学生的平均成绩为80分，成绩的标准差为10分，按重置抽样，求 $n=100$ 的样本的抽样的样本平均分的期望 (　　) 分和抽样平均误差 (　　) 分。

(4) 一大批产品一级品率为80%，按重置抽样求 $n=100$ 的样本一级品率的抽样平均误差 (　　)。

(5) 已知变量 $X \sim N(0,1)$，求对称区间的概率：$F(Z)=P(-Z \leqslant X < Z)$。

Z	1	1.645	1.96	2	3
$F(Z)$					

(6) 在同样条件下，重置抽样的抽样平均误差总是比不重置抽样的抽样平均误差 (　　)。

(7) 抽样平均误差与总体标准差成 (　　) 比，与样本单位数的平方根成 (　　) 比。重置抽样时，抽样平均误差要缩小一半，样本单位数应是原来的 (　　)。如果抽样平均误差减少为原来的1/4，则样本单位数应扩大 (　　)。

三、单项选择题

(1) 总体平均数 $\bar{X}$ 是 (　　)。

　　A. 确定数值　　B. 随机变量　　C. 等于 $\bar{x}$　　D. 等于 $\sum \bar{x}$

(2) 样本统计量是 (　　)。

　　A. 确定数值　　B. 随机变量　　C. 等于 $\bar{X}$　　D. 小于 $\bar{X}$

(3) 抽样平均误差是（ ）。
    A. 随机变量   B. 确定数值   C. 任意正数   D. 无法确定
(4) 相同条件，重置抽样平均误差（ ）不重置抽样平均误差。
    A. 小于   B. 等于   C. 大于   D. 无法确定
(5) 成数的数值越接近（ ），成数的方差就越大。
    A. 1   B. 0   C. 0.5   D. 0.8

四、计算题

(1) X 的概率分布如下：问 p 为多少时，才能使 X 的方差和标准差最大？其最大值为多少？

X	0	1
P	p	q

(2) 已知变量 $X \sim N(4, 9)$，求概率 $P(4 \leq X < 9.88)$ 和概率 $P(X > 9.88)$。

(3) 设 $X \sim N(\bar{X}, \sigma^2)$，求 $P(\bar{X} - 3\sigma \leq X < \bar{X} + 3\sigma)$。

(4) 设 $X \sim N(40, 5^2)$，且已知 $P(X > a) = 0.0150$，求 $a = ?$

(5) 某工厂生产的电子管寿命 X 服从期望为 1 600 小时，方差为 σ^2 的正态分布。若要求 $P(1200 \leq X < 2000) \geq 0.95$，则标准差 σ 最大为多少？

(6) 某市居民家庭人均年收入服从 $N(6000, 1200)$（元）。求该市居民家庭人均年收入：①在 5 000 ~ 7 000 元之间的概率；②超过 8 000 元的概率；③低于 3 000 元的概率。

(7) 本期全体"托福"考生的平均成绩为 580 分，标准差为 150 分，现在随机抽取 100 名考生成绩，估计样本平均成绩在 560 ~ 600 分之间的概率是多少？样本平均成绩在 610 分以上的概率是多少？

第六章 抽样推断

【学习目标】
(1) 理解统计推断的概念、原理和内容，掌握总体参数的估计和检验方法；
(2) 理解参数估计量的评价标准，样本必要单位数的确定方法；
(3) 熟练掌握总体参数（总体平均数和成数）的点估计和区间估计；
(4) 理解假设检验的含义、原理、基本步骤，理解假设检验的两类错误；
(5) 熟练掌握总体平均数和成数的假设检验方法。

第一节 抽样推断概述

抽样推断也称为统计推断。在许多情况下，我们所搜集的资料并不是研究对象的全面调查资料，只能从总体中抽取一个样本作为总体的代表，这就需要用抽样推断来解决。抽样推断是统计学研究的重要内容，它研究如何有效地收集和使用被研究客观事物的不完整并且带有随机干扰的数据资料，以对其群体特征和数量规律性给出尽可能精确、可靠的推断性结论，这是统计工作中经常遇到的问题。

一、抽样推断的概念及特点

（一）抽样推断的概念

抽样推断是指按照随机原则从总体中抽取部分单位构成样本，在一定的可靠程度下，根据样本的数量特征对总体的数量特征加以推断的方法。但是，在实际工作中，许多情况下不可能对总体的所有单位进行全面调查来达到对总体数量特征的认识，因此，只能组织抽样调查，取得部分的实际资料，来估计和判断总体的数量特征，以达到对现象总体的认识。

（二）抽样推断的内容

抽样推断的前提是对总体的数量特征不了解或了解很少。利用抽样推断的方法去解决这类问题，可以有两种途径，因此抽样推断的主要内容也就有两个方面，即总体参数的估计和总体参数的假设检验两部分。这两个方面的内容虽然都是利用样本观察所获得的信息对总体做出估计或判断，但是它们所解决问题的着重点是不同的。

1. 参数估计

由于我们不知道总体的数量特征，可以这样考虑，即依据所获得的样本观察资料，对所研究现象总体的水平、结构、规模等数量特征进行估计，这种推断方法称为总体参数的估计。例如，粮食产量抽样调查、居民收入抽样调查、产品质量抽样调查、民意抽样检测等，都属于参数估计的推断方法。由于社会经济统计绝大多数场合都要求对总体的各项指标做出客观的估计，而参数估计恰好满足这一要求，所以参数估计的推断方法在实际工作中被广泛采用。

2. 假设检验

由于我们对总体的变化情况不了解，不妨先对总体的状况做出某种假设，然后再根据抽样推断的原理，根据样本观察资料对所做假设进行检验，来判断这种假设的真伪，以决定我们行动的取舍，这种推断的方法称为总体参数的假设检验。例如，工厂生产某种产品，经过工艺改革，不知道产品质量是否有所提高。我们不妨假设工艺改革没有效果，产品质量和以往正常生产的产品质量没有差异，所有差异仅仅是由于随机性的原因引起的。我们从假设出发，考虑样本指标的实际值和假设的总体参数之间的差异，是否超过了给定的显著性标准。如果已经超过这一标准，或者说这种差异如果仅由于随机因素引起的可能性很小，我们就有理由否定原来的假设，而采纳其对立的假设，即认为工艺改革是有效果的，产品质量的差异是由于质量提高引起的，差异是显著的，新的工艺流程值得推广。当然如果检验结果相反，则会得到相反的结论。但是，在实际抽样检验中，要求样本指标的实际值和假设的总体参数完全一致是难以做到的，事实上两者的差异是客观存在的，还要考虑这种差异可以允许达到什么程度，总体的假设仍然算是可信的，因而，就产生了差异显著性水平的标准问题，并由此确定显著性水平的临界值。此外，还要分析各类判断错误的可能性，这些都是假设检验要研究的主要问题。

二、总体参数和样本统计量

总体参数就是总体的指标，是反映总体数量特征的数值。当确定总体之后，总体参数就是一个确定数值，是一个常数。但是它往往又是未知的，需要通过抽样推断加以估计。常见的总体参数有：总体平均数 $\bar{X}$、总体方差 $\sigma^2(X)$、总体标准差 $\sigma(X)$、总体成数 P 及其标准差 $\sqrt{P(1-P)}$ 等。

样本统计量就是样本的指标。样本统计量的取值随着样本的不同而不同，因此它是一个随机变量。它的重要性表现为它是估计总体参数的依据。统计推断的基本思想就是用样本统计量来估计或推断总体参数。样本统计量有样本平均数 $\bar{x}$、样本方差 $S^2(x)$、样本标准差 $S(x)$、样本成数 p 及其标准差 $\sqrt{p(1-p)}$ 等。

总体参数和样本统计量的计算公式比较如表 6-1 所示。

表 6-1 总体参数和样本统计量的计算公式

	总体参数	样本统计量
平均数	$\bar{X} = \dfrac{X_1 + X_2 + \cdots + X_N}{N}$	$\bar{x} = \dfrac{x_1 + x_2 + \cdots + x_n}{n}$
标准差	$\sigma(X) = \sqrt{\dfrac{\sum(X-\bar{X})^2}{N}}$	$S(x) = \sqrt{\dfrac{\sum(x-\bar{x})^2}{n-1}}$

续表 6-1

	总体参数	样本统计量
成　数	$P = \dfrac{N_1}{N}$	$P = \dfrac{n_1}{n}$
成数标准差	$\sqrt{P(1-P)}$	$\sqrt{p(1-p)}$

总体参数和样本统计量的计算公式从结构上看基本是相似的，只是样本标准差 $S(x)$ 稍有不同，其分母不是 n，而是 $n-1$。第二节将解释做这一改动的具体原因。

三、抽样推断的基本条件

抽样推断为我们提供了一套在一定精度要求下根据样本信息来推断总体参数，并给出与之推断相应的误差说明的方法。科学的推断必须具备以下三个基本条件：

（1）要选择优良的统计量作为推断的依据。对于某一总体参数我们可以构造多个统计量去估计它，但不是所有的统计量都具有优良的性质。例如，对总体平均数，我们可以计算样本的算术平均数、样本众数、样本中位数，它们均可作为总体平均数的估计量，但是哪一个统计量作为估计量更为合适，这就要搞清楚它们与总体平均数之间所存在的内在联系，选择优良估计量来进行推断。因此必须首先制定优良估计量的标准。

（2）要确定合适的抽样极限误差范围。极限误差指样本统计量与被估计的总体参数之绝对离差的最大允许值。极限误差越大，推断的精度就越低；极限误差越小，推断的精度就越高。可见极限误差是对抽样推断精确度的度量。

（3）要有能满足客观实际问题分析需要的置信度。置信度指估计推断的概率保证程度，反映抽样推断的可靠性高低。例如，在对总体参数进行区间估计时，根据统计量所做的估计区间是随机的，随着抽取的样本不同而不同。因此，我们并不能保证总体参数一定会落在所有的估计区间内，不能保证统计量与总体参数的绝对离差一定小于极限误差所规定的范围。置信度达到 90% 的意思是指，根据样本空间中的所有样本的统计量的取值去构造估计区间，在这所有的区间中有 90% 区间的估计都是成功的，只有 10% 区间的估计是失败的。我们相信这一估计就要承担一定的风险，其风险的大小可以用 10% 来表示。

由上面的分析可知，抽样推断时可靠性要求太低，其推断没有什么价值；可靠性要求太高，自然会降低估计推断的精确性，使估计推断失去意义。因此，估计推断的精确性和可靠性是一对相互依存、相互制约的矛盾。在抽样推断时，必须在二者之间进行权衡，根据实际问题的性质特点和研究工作的需要确定它们之间的关系。

四、抽样推断的误差

（一）统计误差

统计误差是指统计调查资料与实际数值的差异。统计误差又分为登记误差和代表性误差。登记误差又叫工作误差或调查误差，是指在统计调查登记过程中所发生的差错而引起的误差。这类误差通过规范统计调查登记工作是可以避免的。代表性误差是指在抽样调查中由于用抽样指标去代替总体指标所产生的误差。代表性误差又可分为两类。一类是未能遵循随机原则由主观因素造成的系统偏差，这类误差只要消除主观因素的影响，严格按照随机原则抽取样本即可克服；另一类是由于随机抽样引起的偶然性的代表性误差，称为抽样误差或随机误差。

（二）抽样误差

抽样误差是抽样调查所固有的不可消除的误差，是因为从总体中按随机原则抽取样本，其样本结构不可能与总体完全一致，因此样本指标与总体指标必然会产生差异。但是抽样误差事先是可以计算并能加以控制的。抽样误差的大小反映了样本指标对总体指标的代表性的高低，抽样误差越大，其代表性就越低，反之越高。

1. 抽样实际误差

对某一样本而言，由随机因素引起的样本统计量与总体参数在数量上的差异就是抽样实际误差。例如，某班统计学考试成绩的平均分为 80 分，现随机抽取 5 名学生的成绩，分别是：50、65、72、83、90 分，这 5 名学生的平均成绩为 72 分，则有：

$$抽样实际误差 = |\bar{x} - \bar{X}| = |72 - 80| = 8（分）$$

一般地，总体参数都是未知的，因此抽样实际误差实际上难以计算，而且抽样实际误差是样本统计量的函数，是一个随机变量，不是一个确定的数值，所以在抽样推断中的作用不大。

2. 抽样平均（标准）误差

在前一章我们知道抽样平均误差是抽样平均数的标准差，它反映样本平均数（样本成数）与总体平均数（总体成数）之间的平均差异程度。

在应用抽样平均误差的计算公式时，要用到总体标准差 $\sigma(X)$、总体成数 P，而它们往往都是未知的，一般我们采用以下方式加以替代：

（1）如果总体情况变化不大，采用过去总体的指标数值替代；

（2）用现在抽取的样本标准差 $S(x)$ 或样本成数 p 替代；

（3）对于成数，可取 $P=0.5$；如果有多个 P 值，为谨慎起见，取最接近 0.5 的 P 替代，此时成数的方差较大，当成数取 0.5 时其方差取得最大值。

3. 抽样极限（允许）误差。抽样极限误差就是样本统计量与被估计的总体参数之绝对离差的最大允许值，常用 Δ 表示，可简称为极限误差或允许误差。

$$平均数：|\bar{x} - \bar{X}| \leq \Delta_{\bar{x}} \quad 成数：|p - P| \leq \Delta_p$$

抽样极限误差和抽样平均误差有如下关系：

$$\frac{\Delta}{\mu} = Z \quad 或 \quad \Delta = Z \cdot \mu \tag{6-1}$$

我们将 Z 称为概率度，Z 是以抽样平均误差为标准单位对极限误差的度量值。由 Z 可以确定统计推断的概率保证程度，即置信度 $F(Z)$。

上面提到了抽样平均误差 μ、极限误差 Δ、概率度 Z、置信度 $F(Z)$ 等概念及其关系式。这些概念和关系式揭示了抽样推断的精确性和可靠性之间的内在联系，反映了它们之间的依存关系。关于这一点将在下一节总体参数的估计中深入研究。这里先谈一谈极限误差 Δ 的标准化问题。下面通过样本平均数的抽样分布来加以说明（见图 6-1）。

根据中心极限定理，样本平均数 $\bar{x} \sim N(\bar{X}, \mu^2)$。按照 $Z = (\bar{x} - \bar{X})/\mu$，可以将统计量 $\bar{x}$ 标准化为标准的正态分布的变量 Z。以总体平均数 $\bar{X}$ 为中心，以 Δ 为半径作区间 $(\bar{X} - \Delta, \bar{X} + \Delta)$，定义统计量 $\bar{x}$ 取值该区间时的概率为：$P(\bar{X} - \Delta \leq \bar{x} < \bar{X} + \Delta) = 1 - \alpha$。将 $\bar{x} = \bar{X} + \Delta$ 代入标准化公式，得：

$$Z = \frac{(\bar{X} + \Delta) - \bar{X}}{\mu} = \frac{\Delta}{\mu} \Rightarrow Z = \frac{\Delta}{\mu} \quad 和 \quad \Delta = Z \cdot \mu$$

概率 $P(\bar{X} - \Delta \leq \bar{x} < \bar{X} + \Delta) = 1 - \alpha$，即为曲边梯形的面积 S，经过标准化后 S 的值可在标准正态分布下查表得到 $F(Z)$。

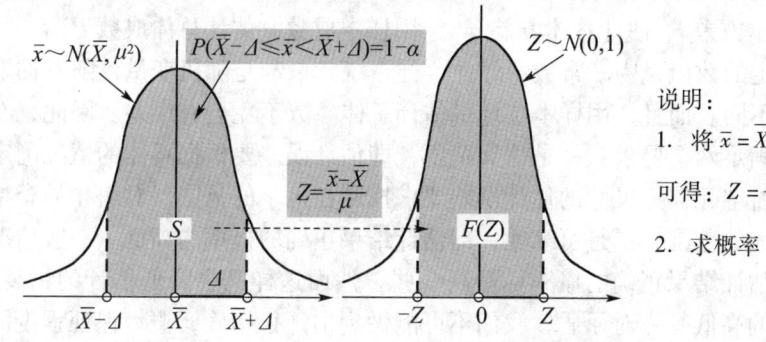

图 6-1 极限误差标准化的意义图

（三）影响抽样误差的因素

1. 抽样单位数的多少

由于总体内各元素之间总存在着差异，在其他条件不变的情况下，大量观察总比小量观察易于发现总体规律或特征，因此样本容量越大越能代表总体特征，抽样误差就越小；反之，样本容量越小，抽样误差就可能越大。

2. 总体各单位标志值的差异程度

总体内各单位标志表现的差异程度愈小，或总体的标准差愈小，在其他条件给定的情况下，则抽样误差就愈小；反之，抽样误差就愈大。

3. 抽样方法

抽样方法不同，抽样误差也不同。一般说来，重复抽样的误差比不重复抽样的误差要大。

4. 抽样的组织形式

选择不同的抽样组织形式，也会有不同的抽样误差。

第二节 总体参数估计

在社会经济生产生活中，经常需要研究某些总体的分布及其数值特征，根据长期的社会实践经验，我们可以掌握总体分布的类型，但分布的数值特征即总体参数则通常未知。如根据中心极限定理可知，大量生产的产品的使用寿命、某地区全体职工的工资额服从正态分布，但是，往往不能确定这些正态分布的期望和方差，要具体了解某产品寿命就要计算其期望和方差。然而，一方面，生产产品的数量巨大，其计算难度非常大；另一方面，测量产品的使用寿命属于破坏性试验。可见我们无法求得所有产品的寿命。因此，就需要用样本统计量来估计总体参数的取值或者判断其取值或分布是不是某种假定的情况，即进行参数估计或者假设检验。

一、总体参数估计概述

总体参数估计就是以样本统计量来估计总体参数。比如，用样本平均数 $\bar{x}$ 估计总体平均数 $\bar{X}$，用样本方差 S^2 估计总体方差 σ^2，用样本成数 p 估计总体成数 P 等。

总体参数是确定的数值，为一常数，然而，样本统计量却是随机变量，随着抽取的样本不同而取值不同。而且，用样本统计量估计总体参数不免会有误差。因此，在进行参数估计时要满足两个要求：一是估计精度，即估计误差要根据具体的情况确定适当的范围，如对航空元器件尺寸的估计误差要求控制在极小的范围，对纽扣的合格率估计就可以有较大的范围；二是可靠性，即估计结果正确的概率的高低。一般情况下，我们总是希望估计结果正确的概率尽量高一些，然而这样又会降低估计的精度。估计的精度和概率的高低是一对矛盾，我们不可能做到估计很精确，概率保证程度同时又很高。如估计某班统计学平均成绩的范围，若我们给出最差估计精度、最大估计范围，估计平均成绩在 0 到 100 分中间，其可靠性为 100%；而提高估计精度，缩小估计范围，估计平均成绩在 75 到 80 分中间，其可靠性就要降下来。因此，我们必须根据实际需要、平衡两个要求，进行参数估计。

总体参数的估计可以分为两种：点估计和区间估计。

二、点估计

（一）点估计的定义

点估计就是根据总体参数与样本统计量之间的内在联系，直接以样本统计量作为相应总体参数的估计值。点估计又称为定值估计。比如，要估计一个班学生考试成绩的平均分数，根据抽出的一个随机样本计算的平均分数为 80 分，用 80 分作为全班平均考试分数的一个估计值，这就是点估计。

在统计中，经常使用的点估计量有：

$$\hat{\bar{X}} = \bar{x} \qquad \hat{P} = p \qquad \hat{\sigma}^2 = S^2 = \frac{\sum(x-\bar{x})^2}{n-1} \cdots$$

上式中 $\hat{\bar{X}}$、$\hat{P}$、$\hat{\sigma}^2$ 分别表示总体平均数、总体成数与总体方差的估计量。

【例6-1】某企业有工人2 000名，用简单随机重置抽样方法抽出50名工人作为样本，调查其工资水平，资料整理列于下表，试估计该企业工人的平均工资。

表6-2 工人工资频数表

月收入 x（元）	工人人数 f（人）	工资额 xf（元）
2 800	10	28 000
3 000	25	75 000
3 500	15	52 500
合计	50	155 500

【解】要估计该企业工人平均工资，即计算样本平均工资，作为企业平均工资的估计值。

$$\hat{\bar{X}} = \bar{x} = \frac{\sum xf}{\sum f} = \frac{155\ 500}{50} = 3\ 110(元／人)$$

(二) 点估计的评价标准

在上一节已谈到，抽样推断的基本条件之一是要选择优良的统计量作为推断的依据，这就需要我们界定点估计的评价标准。

点估计优良性包括三条标准：无偏性、有效性和一致性。

1. 无偏性

用 θ 表示总体的待估计参数，$\hat{\theta}$ 是估计 θ 的样本统计量，我们说 $\hat{\theta}$ 是 θ 的无偏估计，指的是 θ 满足：

$$E(\hat{\theta}) = \theta \qquad (6-2)$$

无偏性要求用来估计总体参数的样本统计量，其分布是以总体参数真值为中心的，在一次具体的抽样估计中，估计量或者大于总体参数，或者小于总体参数；但是，在进行重复抽样估计的过程中，所有估计量的平均数应该等于待估的总体参数。这说明，无偏估计要求估计量没有系统偏差。

由于 $E(\bar{x}) = \bar{X}$，所以样本平均数 $\bar{x}$ 是总体平均数 $\bar{X}$ 的无偏估计量。同理，$E(p) = P$，$E(S^2) = \sigma^2$，因此 $\bar{x}$，p，S^2 分别是总体平均数 $\bar{X}$，总体成数 P，总体方差 σ^2 的无偏估计量。

2. 有效性

设 $\hat{\theta}_1$ 和 $\hat{\theta}_2$ 都是总体参数 θ 的无偏估计量，如果 $\sigma^2(\hat{\theta}_1) < \sigma^2(\hat{\theta}_2)$，则说明估计量 $\hat{\theta}_1$ 比 $\hat{\theta}_2$ 更有效。例如，$E(x) = E(\bar{x}) = \bar{X}$，即样本中某个单位值和样本平均数均为总体均值的无偏估计，这两个估计量哪个更优？设总体的方差是 σ^2，我们有：$\sigma^2(x) = \sigma^2$，$\sigma^2(\bar{x}) = \sigma^2/n$。显然，样本平均数的方差比样本中某个单位的标志值的方差要小，只是其方差的 $1/n$，所以，作为估计量，样本平均数更加有效。

3. 一致性

一致性是指随着样本容量不断增大，样本统计量接近总体参数的可能性就越来越大。用公式表示就是：

$$\lim_{n \to \infty} P\{|\hat{\theta} - \theta| < \varepsilon\} = 1 \qquad (6-3)$$

则称估计量 $\hat{\theta}$ 是 θ 的一致估计量。由中心极限定理知，样本平均数是总体平均数的一致估计。

如果一个估计量同时满足无偏性、有效性、一致性，则称该估计量为优良估计量。可以证明样本平均数为总体平均数的优良估计量，样本成数为总体成数的优良估计量，修正后的样本方差为总体方差的优良估计量。

点估计的优点是简单、具体、明确。但由于在实际抽样调查中一次只是随机抽取一个样本，导致估计值会因样本的不同而不同，甚至产生很大的差异。而且由于样本的随机性，从一个样本得到的估计值往往不会恰好等于实际值，总有一定的抽样误差。所以说，点估计只是一种估计或判断，其本身无法说明抽样误差的大小，也无法解释估计结果有多大的把握程度。所以点估计的缺点是既没有解决参数估计的精确问题，也没有考虑估计的可靠性程度。只有区间估计才能解决这两个问题。不过，由于点估计直观、简单，对于那些不太高的判断和分析，可以使用此种方法。

三、区间估计

由于样本是随机抽取的，一个具体的样本得到的估计值很可能不同于总体参数。点估计的缺陷是没法给出估计的可靠性，也没法说出点估计值与总体参数真实值接近的程度，因为一个点估计量的可靠性是由其抽样分布的标准误差来衡量的。因此，我们不能完全依赖一个点估计值，而应围绕点估计值构造出总体参数的一个区间，这就是区间估计。

（一）区间估计的含义

所谓区间估计，就是估计总体参数的区间范围，并要求给出区间估计成立的概率值。设 $\hat{\theta}_1$ 和 $\hat{\theta}_2$ 是两个统计量（$\hat{\theta}_1 < \hat{\theta}_2$），分别作为总体参数区间估计的下限与上限，则要求：$P(\hat{\theta}_1 \leq \theta < \hat{\theta}_2) = 1 - \alpha$，式中 $\alpha(0 < \alpha < 1)$ 是区间估计的显著性水平，其取值大小由实际问题确定，通常取 1%、5% 和 10%；$1 - \alpha$ 称为置信度。区间估计的特点是：给出总体参数的一个估计区间，总体参数恰好在这个区间内的概率为 $1 - \alpha$。

（二）总体平均数的区间估计

总体平均数的区间估计，根据提出的要求可以分为两种情况：

1. 给定置信度要求 $F(Z)$

总体方差已知时，根据正态分布再生定理或者中心极限定理可知 $\bar{x} \sim N(\bar{X}, \mu^2)$，则 $Z = (\bar{x} - \bar{X})/\mu$ 服从标准正态分布，这样，对于给出的显著性水平 α，通过（反）查标准正态分布表可得到临界值 $Z_{\alpha/2}$，满足：

$$P(-Z_{\alpha/2} \leq Z \leq Z_{\alpha/2}) = 1 - \alpha$$

注意： $-Z_{\alpha/2} \leq Z \leq Z_{\alpha/2} \Rightarrow -Z_{\alpha/2} \leq \dfrac{\bar{x} - \bar{X}}{\mu} \leq Z_{\alpha/2}$

$$-Z_{\alpha/2} \cdot \mu \leq \bar{x} - \bar{X} \leq Z_{\alpha/2} \cdot \mu \Rightarrow \bar{x} - Z_{\alpha/2} \cdot \mu \leq \bar{X} \leq \bar{x} + Z_{\alpha/2} \cdot \mu$$

又知：极限误差 $\Delta = Z_{\frac{\alpha}{2}} \cdot \mu$ 因此，总体平均数在显著性水平 α 时的区间估计为：

$$(\bar{x} - \Delta, \bar{x} + \Delta)$$

其中，μ 为抽样平均数，重置抽样时 $\mu = \dfrac{\sigma}{\sqrt{n}}$，非重置抽样时 $\mu = \sqrt{\dfrac{\sigma^2}{n}\left(1 - \dfrac{n}{N}\right)}$。但是，通常 N 取值都很大，因而两者取值相近，实际计算中通常用前者，本书后文例题中采用重置抽样公式不再解释。Δ 为极限抽样误差，即估计区间的半径。

给定置信度 $F(Z)$，且已知总体方差 σ^2，总体平均数区间估计的步骤如下：

（1）计算统计量的观察值 $\bar{x}$ —— 确定估计区间的中心位置。
（2）计算抽样平均误差 —— $\mu = \sigma/\sqrt{n}$。
（3）根据 $F(Z)$ 查正态分布表确定概率度 —— Z。
（4）计算极限误差：$\Delta = Z \cdot \mu$ —— 确定估计区间的半径。
（5）写出估计区间：$(\bar{x} - \Delta, \bar{x} + \Delta)$。

【例6-2】某互联网企业委托调查公司估计该地区居民平均每日上网时间。调查公司随机抽取了100名居民进行调查，样本数据显示平均每人每天上网时间为4小时。如果已知总体的标准差 $\sigma = 1.5$ 小时，试求该地区内居民每天上网的平均时间的置信区间（置信度是95%）。

【解】已知：$\bar{x} = 4$（小时），$n = 100$，$\sigma = 1.5$（小时）

$$\mu = \frac{\sigma}{\sqrt{n}} = \frac{1.5}{\sqrt{100}} = 0.15 (\text{小时})$$

$F(Z) = 95\%$，查正态分布表可知：$Z = 1.96$

$$\Delta = Z \cdot \mu = 1.96 \times 0.15 = 0.29 (\text{小时})$$

则置信区间：$(\bar{x} - \Delta, \bar{x} + \Delta) = (4 - 0.29, 4 + 0.29) = (3.71, 4.29)$（小时）

因此，在95%的置信度下，估计该地区居民每天上网的平均时间在 3.71～4.29 小时之间。

2. 给定极限误差 Δ

给定极限误差即限定估计的精度，也就是给出区间估计的半径，进行区间估计。

> 给定极限误差 Δ，且已知总体方差 σ^2，总体平均数区间估计的步骤如下：
> (1) 计算统计量的观察值 $\bar{x}$ —— 确定估计区间的中心位置。
> (2) 计算抽样平均误差 —— $\mu = \sigma / \sqrt{n}$。
> (3) 计算：$Z = \dfrac{\Delta}{\mu}$，查正态分布表确定置信度 —— $F(Z)$。
> (4) 写出估计区间：$(\bar{x} - \Delta, \bar{x} + \Delta)$。

【例 6-3】 条件同例 6-2，若要求估计的误差不超过 27 分钟，请做区间估计。

【解】 已知：$\bar{x} = 4$（小时），$n = 100$，$\sigma = 1.5$（小时），$\Delta = 27$（分钟）$= 0.45$（小时）

$$\mu = \frac{\sigma}{\sqrt{n}} = \frac{1.5}{\sqrt{100}} = 0.15 \text{（小时）}$$

$$Z = \frac{\Delta}{\mu} = \frac{0.45}{0.015} = 3，查正态分布表：F(3) = 99.73\%$$

则置信区间：$(\bar{x} - \Delta, \bar{x} + \Delta) = (4 - 0.45, 4 + 0.45) = (3.55, 4.45)$（小时）

以 99.73% 的概率保证，估计该地区居民每天上网的平均时间在 3.55～4.45 小时之间。

3. 总体方差未知时，总体平均数的区间估计

当总体方差未知时，可用样本的标准差 S 代替总体标准差 σ 计算抽样平均误差 μ。这时样本平均数标准化后的统计量是：

$$t = \frac{\bar{x} - \bar{X}}{\mu}$$

t 不再服从标准正态分布，而是服从自由度为 $n-1$ 的 t 分布。此时，极限误差（估计区间的半径）为：$\Delta = t_{\alpha/2}(n-1) \cdot \mu$。总体平均数的区间估计是：

$$(\bar{x} - \Delta, \bar{x} + \Delta)$$

t 分布与标准正态分布相比比较扁平，但是当 $n > 30$，即 t 分布的自由度达到或超过 30 以后，与标准正态分布差异不显著，查表所得临界值很相近，而 t 分布表查表比较困难。所以实际参数估计中，当样本容量大于 30 时，总体均值的区间估计通常还是用正态分布来计算。

【例 6-4】 从某校学生中随机抽取 36 人，调查到他们平均每天参加体育锻炼的时间为 25 分钟，标准差为 8 分钟。试以 95% 的置信水平估计该校学生平均每天参加体育锻炼的时间。

【解】 已知：$\bar{x} = 25$（分钟），$n = 36$，$S = 8$（分钟）

$$\mu = \frac{S}{\sqrt{n}} = \frac{8}{\sqrt{36}} = 1.3 \text{（分钟）}$$

置信度为 95%，查 t 分布表可知：$t_{0.025}(24) = 2.064$

$$\Delta = t \cdot \mu = 2.064 \times 1.3 = 2.68(\text{分钟})$$

则置信区间：$(\bar{x} - \Delta, \bar{x} + \Delta) = (25 - 2.68, 25 + 2.68) = (22.32, 27.68)(\text{分钟})$

因此，在 95% 的置信度下，估计某校学生平均每天参加体育锻炼的时间在 22.32 ~ 27.68 分钟之间。

（三）总体成数的区间估计

成数是一个特殊的平均数。所以，可以应用总体平均数的估计方法来对总体成数进行估计。

给定置信度 $F(Z)$，总体成数 P 区间估计的步骤如下：
(1) 计算统计量的观察值 p——确定估计区间的中心位置。
(2) 计算抽样平均误差——$\mu_p = \sqrt{\dfrac{p(1-p)}{n}}$。（用 p 代替 P）
(3) 根据 $F(Z)$ 查正态分布表确定概率度——Z。
(4) 计算：极限误差 $\Delta = Z \cdot \mu_p$——确定估计区间的半径。
(5) 写出估计区间：$(p - \Delta, p + \Delta)$。

【例 6-5】某工厂要估计一批总数 5 000 件的产品的废品率，于是随机抽出 400 件产品进行检测，发现有 40 件废品。在置信度为 90% 的要求下，试给出该批产品的废品率的区间估计。

【解】已知：$n = 400$（件）　$n_1 = 40$（件）　样本废品率 $p = \dfrac{40}{400} = 10\%$　$F(Z) = 90\%$

$$\mu_p = \sqrt{\frac{p(1-p)}{n}} = \sqrt{\frac{0.1 \times (1-0.1)}{400}} = 1.5\%$$

由 $F(Z) = 90\%$，查标准正态分布表得：$Z = 1.645$

$$\Delta_p = Z \cdot \mu_p = 1.645 \times 1.5\% = 2.47\%$$

这批产品废品率的区间估计是：

$(p - \Delta_p, p + \Delta_p) = (10\% - 2.47\%, 10\% + 2.47\%) = (7.53\%, 12.47\%)$。

给定极限误差 Δ，总体成数 P 区间估计的步骤如下：
(1) 计算统计量的观察值 p——确定估计区间的中心位置。
(2) 计算抽样平均误差——$\mu_p = \sqrt{\dfrac{p(1-p)}{n}}$。（用 p 代替 P）
(3) 计算：$Z = \dfrac{\Delta_p}{\mu_p}$，查正态分布表确定置信度——$F(Z)$。
(4) 写出估计区间：$(p - \Delta, p + \Delta)$。

【例 6-6】某商场经理想了解顾客对他们服务的满意度，随机抽取 100 名顾客进行调查，得知 90 人满意他们的服务。要求估计误差范围不超过 5%，试进行区间估计。

【解】已知，$p = 90\%$　$\Delta_p = 5\%$

$$\mu_p = \sqrt{\frac{p(1-p)}{n}} = \sqrt{\frac{0.9 \times (1-0.9)}{100}} = 3\%$$

$$Z = \frac{\Delta}{\mu_p} = \frac{5\%}{3\%} = 1.67，查正态分布表：F(1.67) = 90.52\%$$

则置信区间：$(p - \Delta_p, p + \Delta_p) = (90\% - 5\%, 90\% + 5\%) = (85\%, 95\%)$

以 90.52% 的概率保证，估计满意该商场服务的顾客比例在 85% ~ 95% 之间。

四、样本容量的确定

在前面我们已经知道，极限误差、概率度与抽样平均误差三者间的数量关系是：$\Delta = Z \cdot \mu$。当抽样平均误差保持不变时，极限误差与概率度两者间关系是：Δ 增大，Z 也增大了，Δ 减小，Z 也减小了。因此，抽样估计的精度与可靠性之间存在矛盾，要提高精度（Δ 减小），需以牺牲概率度（Z 减小）为代价；要提高概率度（Z 增大），又要以牺牲估计精度（Δ 增大）为代价。在 μ 不变的情况下，这对矛盾是不可调和的；但是，如果能够降低抽样平均误差，就可以同时提高估计的精度与概率度。而抽样平均误差可以通过样本容量来改变，样本容量越大，抽样平均误差就越小；样本容量越少，抽样平均误差就越大。样本容量 n 究竟取多大才能满足抽样推断的要求呢？这就是样本容量的确定问题，也称必要样本单位数的确定问题。

（一）必要样本单位数的计算

先从估计总体均值时样本容量的确定说起。

在重置抽样条件下，根据极限误差和抽样平均误差的计算公式：

$$\Delta_{\bar{x}} = Z \cdot \mu \quad 和 \quad \mu = \frac{\sigma}{\sqrt{n}}$$

有 $\Delta = Z \cdot \dfrac{\sigma}{\sqrt{n}}$，解 n 为未知数的方程，得样本必要单位数计算公式：

$$n = \frac{Z^2 \cdot \sigma^2}{\Delta_{\bar{x}}^2} \tag{6-4}$$

在不重置条件下的计算公式和估计成数时的样本容量的计算公式都可以按上面的方法推导出来，留给读者完成。现将样本容量的计算公式列于表 6-3。

表 6-3　样本必要单位数的计算公式

	重置抽样	不重置抽样
平均数	$n = \dfrac{Z^2 \cdot \sigma^2}{\Delta_{\bar{x}}^2}$	$n = \dfrac{N \cdot Z^2 \cdot \sigma^2}{N \cdot \Delta_{\bar{x}}^2 + Z^2 \cdot \sigma^2}$
成　数	$n = \dfrac{Z^2 \cdot P(1-P)}{\Delta_p^2}$	$n = \dfrac{N \cdot Z^2 \cdot P(1-P)}{N \cdot \Delta_p^2 + Z^2 \cdot P(1-P)}$

上表给出的是在简单随机抽样下的样本必要单位数的计算公式,其他抽样组织形式的情形将在第三节给出。

(二) 使用上述公式应注意的问题

(1) 一般地,总体的方差 σ^2 与成数 P 是未知的,计算样本容量时,可用有关资料代替:

①用历史资料即已有的方差与成数代替;

②在进行正式抽样调查前进行几次试验性调查,用试验中方差的最大值代替总体方差;

③在完全缺乏资料的情况下,就用成数方差的最大值 0.25 代替成数方差。

(2) 如果在一次抽样调查中,同时要估计总体均值与成数等多个总体参数,可用上面的公式同时计算出多个样本容量,可取一个最大的结果,这样可以同时满足多方面的需要,还能简化抽样调查工作。

(3) 样本单位数一般是整数,如果计算结果为小数,这时不采用"四舍五入法"而是采用"过剩近似法"取整,取比计算结果大的最小整数代替。例如,计算结果为 56.03(单位),那么,样本容量取 $n = 57$(单位)。

【例 6-7】某企业生产的电子元件,近年来经调查知产品的平均使用寿命的标准差为 300 小时,一级品率分别为 96%、95%、98%。现要对一大批待销售的产品进行质量检验。若给定置信度为 95.45%,平均时数的极限误差为 50 小时,一级品率的极限误差为 2%。问要抽取多少只产品才能符合要求?

【解】已知:$\sigma_{\bar{x}} = 300$(小时) $P_1 = 96\%$ $P_2 = 95\%$ $P_3 = 98\%$

要求:$F(Z) = 95.45\%$ $\Delta_{\bar{x}} = 50$(小时) $\Delta_p = 2\%$

由 $F(Z) = 95.45\% \Rightarrow Z = 2$;一级品率取最接近 0.5 的是 $P = 95\%$

对产品使用寿命:$n_{\bar{x}} = \dfrac{Z^2 \cdot \sigma^2}{\Delta_x^2} = \dfrac{2^2 \times 250^2}{40^2} = 157$(只)

对产品一级品率:$n_p = \dfrac{Z^2 \cdot P(1-P)}{\Delta_p^2} = \dfrac{2^2 \times 0.90 \cdot (1-0.90)}{0.04^2} = 225$(只)

$n = \max\{n_{\bar{x}}, n_p\} = \max\{157, 225\} = 225$(只)

第三节 假设检验

一、假设检验的概念及基本原理

假设就是对总体的某种看法。在参数检验中,假设就是对总体参数的具体数值所作的陈述。比如,我们虽然不知道一批灯泡的平均使用寿命是多少,不知道一批产品的合格率是多少,不知道全校学生生活费支出的方差是多少,但可以事先提出一个假设值,比如,这批灯泡的平均使用寿命是 1 500 小时,这批产品的合格率是 95%,全校学生生活费支出的方差是 1 000，等等。

假设检验是统计推断的另一种方式，是在对总体参数提出假设的基础上，利用样本信息来判断假设是否成立的统计方法。比如，假设全校学生的生活费支出的平均数是 500 元，然后从全校学生中抽取一个样本，根据样本信息检验平均生活费用支出是否是 500 元，这就是假设检验。它与区间估计的差别主要在于：区间估计是用给定的大概率推断出总体参数的范围，而假设检验是以小概率为标准，对总体的状况所做出的假设进行判断。比如检验生产线是不是正常、新产品是否比原来产品质量高等。

进行假设检验，首先要对总体的分布函数形式或分布的某些参数做出假设，根据假设情况推论样本统计量的分布特征，然后再根据样本数据和"小概率原理"，对假设的正确性做出判断。

所谓小概率原理，即指概率很小的事件在一次试验中实际上不可能出现。这种事件称为"实际不可能事件"。小概率的标准是多大？这并没有绝对的标准，一般我们以一个所谓显著性水平 α（$0<\alpha<1$）作为小概率的界限，α 的取值与实际问题的性质有关。

下面通过一个具体例子说明假设检验是怎样进行的。

某品牌纸包装饮料包装上标明的容量为 250 毫升，根据以往经验标准差为 7 毫升。消费者协会从市场上随机抽取 50 盒该品牌纸包装饮品，测试发现平均容量为 248 毫升，试根据该样本的数据判断该品牌饮料的平均容量是否为 250 毫升。

该问题就是要对该品牌饮料的平均容量是否为 250 毫升进行检验。我们先提出假设：该品牌饮料的平均容量是 250 毫升。该假设我们可能接受，也可能拒绝，要根据样本数据来作出判断。如果接受假设，就可以得出假设中论断即该品牌饮料的平均容量为 250 毫升；如果拒绝假设，我们就要得出相反的结论，即该品牌饮料的平均容量不是 250 毫升。这两个结论为对立事件，我们只能得出其中一个结论。前者称为原假设，后者称为备择假设，用公式形式表示：

$$H_0: \bar{X} = 250（毫升）\quad H_1: \bar{X} \neq 250（毫升）$$

假设提出以后，我们在假设为真的条件下进行分析。如果该品牌饮料的平均容量为 250 毫升，则根据中心极限定理，我们随机抽取 50 盒样本的平均容量就应该服从正态分布，即 $\bar{x} \sim N(\bar{X}, \mu^2)$，经过标准化 $Z = \dfrac{\bar{x} - \bar{X}}{\mu} \sim N(0,1)$，此时我们根据正态分布的特点可以知道，$Z$ 应该集中在 0 的周围，距离 0 越远的地方事件发生的概率就越低。

为了分析和判断，我们提出"小概率事件"的概念，即给定显著性水平 α，如给定 $\alpha = 0.05$。查正态分布表可知 $F(1.96) = 0.95$，在标准正态分布下区间 $(-1.96, 1.96)$ 上的概率为 0.95，而 Z 小于 -1.96 或大于 1.96 区间上的概率总计为 0.05。而我们认为 0.05 为小概率，也就是往往在我们一次抽样后的标准统计量 Z 是不可能在这样的概率区间内取值的。

根据我们的分析可知，本次抽出的样本标准统计量

第六章 抽样推断

$$Z = \frac{\bar{x} - \bar{X}}{\mu} = \frac{248 - 250}{7/\sqrt{50}} = -2.02$$

其取值大于1.96，落在小概率区间内也即小概率事件在我们本次试验中发生了，违背了小概率原理，出现了矛盾。矛盾的原因就是我们的假设出了问题，因此我们要拒绝原假设，不能认为该品牌饮料容量为250ml。

二、假设检验中的基本问题

（一）原假设和备择假设

假设检验中，记原假设为 H_0，又称零假设，通常是指研究者想收集证据予以推翻的假设；与原假设对立的假设为备择假设，记为 H_1，通常是指研究者想收集证据予以支持的假设。

在假设检验中原假设和备择假设有三种形式：

$$H_0: \bar{X} = \bar{X}_0, \quad H_1: \bar{X} \neq \bar{X}_0$$
$$H_0: \bar{X} \geq \bar{X}_0, \quad H_1: \bar{X} < \bar{X}_0$$
$$H_0: \bar{X} \leq \bar{X}_0, \quad H_1: \bar{X} > \bar{X}_0$$

假设中的 $\bar{X}$ 一般为规定总体参数的取值或者其历史的数据或者与其比较对象的总体参数的数据等。原假设和备择假设为对立事件，且含有等号的不等式均放在原假设中。

【例6-8】一种零件的生产标准是直径应为10厘米，为对生产过程进行控制，质量监测人员定期对一台加工机床检查，确定这台机床生产的零件是否符合标准要求。如果零件的平均直径大于或小于10厘米，则表明生产过程不正常，必须进行调整。试陈述用来检验生产过程是否正常的原假设和备择假设。

【解】设这台机床生产的所有零件平均直径的真值为 $\bar{X}$。如果 $\bar{X} = 10$ 表明生产过程正常，那么 $\bar{X} > 10$ 或者 $\bar{X} < 10$ 则表明机床的生产过程不正常，研究者要检测这两种可能情况中的任何一种。因此，研究者想收集证据予以支持的假设应该是"生产过程不正常"（因为如果研究者事先认为生产过程正常，也就没有必要去进行检验了）。所以建立的原假设和备择假设应为：

$$H_0: \bar{X} = 10 \text{（生产过程正常）}$$
$$H_1: \bar{X} \neq 10 \text{（生产过程不正常）}$$

（二）两类错误

统计假设检验是通过比较检验统计量的样本数值，做出决策。统计量是随机变量，据之所做的判断不可能保证百分之百正确。一般来说，决策结果存在以下四种情形：

原假设是真实的，判断结论是接受原假设，这是一种正确的判断；
原假设是不真实的，判断结论是拒绝原假设，这也是一种正确的判断；
原假设是真实的，判断结论是拒绝原假设，这是一种产生"弃真错误"的判断；

原假设是不真实的,判断结论是接受原假设,这又是一种产生"取伪错误"的判断。

以上四种判断可归纳为表 6-4 所示的形式:

表 6-4 统计决策表

H_0	接受原假设	拒绝原假设
原假设真实	判断正确 $(1-\beta)$	弃真错误 (α)
原假设不真实	取伪错误 (β)	判断正确 $(1-\alpha)$

以上的弃真错误也称作假设检验的"第一类错误";取伪错误也称作假设检验的"第二类错误"。无论是第一类错误还是第二类错误,都是检验结论失真的表现,都是应尽可能加以避免的情形,如果不能完全避免,也应该对其发生的概率加以控制。

第一类错误产生的原因是:在原假设为真的情况下,检验统计量不巧刚好落入小概率的拒绝区域。犯第一类错误的概率就是显著性水平的大小,记为 α,其取值可以事先取定。例如 $\alpha = 0.05$,表示犯第一类错误的可能性为 5%。在 100 次假设检验中,产生弃真性错误的次数平均是 5 次;进一步降低显著性水平,取 $\alpha = 0.01$,这时犯第一类错误的概率下降为 1%。

第二类错误是"以假为真"的错误,即把不正确的原假设,当做正确的而将它接受了的错误。犯第二类错误的概率记为 β。犯第二类错误的概率与犯第一类错误的概率是密切相关的,在样本一定的条件下,α 小,β 就增大;α 大,β 就减小。为了同时减小 α 和 β,只有增大样本容量,减小抽样分布的离散性,这样才能达到目的。

例如,在审判工作中,目前法律上采用无罪推定,也就是原假设 H_0:被告无罪;备择假设 H_1:被告有罪。法庭可能犯的第一类错误是:被告无罪但判他有罪;第二类错误是:被告有罪但判他无罪。犯第一类错误的性质是"冤枉了好人",犯第二类错误的性质是"放过了坏人"。为了减小"冤枉好人"的概率,应尽可能接受原假设,判被告无罪,这就有可能增大了"放过坏人"的概率;反过来,为了不"放过坏人",增大拒绝原假设的概率,相应地就又增加了"冤枉好人"的可能性,这就是 α 与 β 的关系。

(三) 单侧检验和双侧检验

在给定显著性水平 α 下,样本统计量的可能取值范围被分成两部分:小概率区域与大概率区域。小概率区域就是概率不超过显著性水平 α 的区域,是原假设的拒绝区域;大概率区域是概率为 $1-\alpha$ 的区域,是原假设的接受区域。如果样本统计量落入拒绝区域,我们就拒绝原假设,接受备选假设,认为样本数据支持备择假设的结论;如果样本统计量落入接受区域,我们就接受原假设,认为没有充分证据证明备选假设结论为真。

如果备择假设是总体均值不等于 $\bar{X}_0$,拒绝区域在左右两侧,称为双侧检验。

如果备择假设是总体均值小于 $\bar{X}_0$,拒绝区域仅在左侧,称为左单侧检验。

如果备择假设是总体均值大于 $\overline{X}_0$，拒绝区域仅在右侧，称为右单侧检验。
以上三种检验形式可用图 6-2 表示。

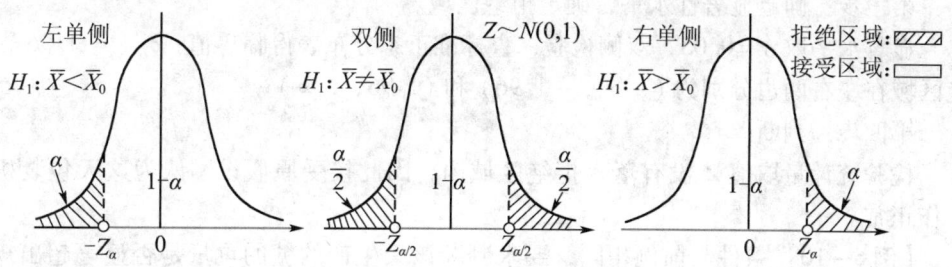

图 6-2 假设检验三种形式示意图

（四）假设检验的步骤

第一，根据题意，提出原假设 H_0 和备择假设 H_1（注意是单侧还是双侧检验）。

第二，构造检验统计量，并计算其取值。

第三，给定显著性水平 α，确定临界值（划分出拒绝区域和接受区域）。

第四，将检验统计量的值与临界值进行比较，作出接受还是拒绝原假设的统计决策。

三、总体平均数的检验

（一）总体标准差 σ 已知的情形

当总体的标准差或方差已知时，这时检验统计量服从标准正态分布。检验统计量是：

$$Z = \frac{\bar{x} - \overline{X}}{\sigma(X)/\sqrt{n}} \sim N(0,1) \qquad (6-5)$$

【例 6-9】某企业用一台包装机包装糖，标准重量为 500g。假设糖的重量服从正态分布，且有长期经验知道其标准差为 18g。某日开工后为检验包装机工作是否正常，随机抽取 9 包，称的净重如下（单位：g）：

    497 506 518 524 498 511 520 515 512

试判断这天机器工作是否正常（$\alpha = 0.05$）。

【解】计算样本平均重量 $\bar{x} = \dfrac{497 + 506 + 518 + 524 + 498 + 511 + 520 + 515 + 512}{9}$

$$= 511(g)$$

第一步：确定原假设与备择假设。

$$H_0: \overline{X} = 500(g), \; H_1: \overline{X} \neq 500(g)$$

第二步：构造检验统计量，并计算其取值。

总体服从正态分布则样本平均数也服从正态分布，总体的标准差已知，对样本平均数进行标准化并计算其取值：

$$Z = \frac{\bar{x} - \bar{X}}{\sigma/\sqrt{n}} = \frac{511 - 500}{18/\sqrt{9}} = 1.83$$

第三步：确定显著性水平，确定拒绝区域。

显著水平取 $\alpha = 0.05$，双侧检验，查标准正态分布表得临界值：$Z_{\alpha/2} = 1.96$，拒绝区域在左右两边分别为 $(-\infty, -1.96)$ 和 $(1.96, +\infty)$。

第四步：判断。

检验统计量取值 Z 没有落入拒绝区域内，因此接受原假设，认为这天包装机器工作正常。

【例 6-10】条件与前例相同，要求判断该天生产的糖的重量是否显著超出规定水平，则问题变成右单侧检验。注意：单侧检验中拒绝区域在一边，拒绝区域的面积为 α，则临界值 Z 的取值与双侧不同，此时 $F(Z) = 1 - 2\alpha$。

【解】第一步：确定原假设与备择假设。

$$H_0: \bar{X} \leqslant 500(g), H_1: \bar{X} > 500(g)$$

第二步：构造出检验统计量，并计算其取值。

$$Z = \frac{\bar{x} - \bar{X}}{\sigma/\sqrt{n}} = \frac{511 - 500}{18/\sqrt{9}} = 1.83$$

第三步：确定显著性水平，确定拒绝区域。

显著水平取 $\alpha = 0.05$，单侧检验，查标准正态分布表得临界值：$Z_\alpha = 1.645$，拒绝区域在右边为 $(1.645, +\infty)$

第四步：判断。

检验统计量 Z 的取值 $1.83 \in (1.645, +\infty)$，落入拒绝区域，拒绝原假设，接受备择假设，认为这天生产的产品重量远高于规定的水平。

(二) 总体标准差未知的情形

当总体的标准差或方差未知时，可相应地用样本的标准差与方差代替它们。但这时检验统计量不服从标准正态分布了。事实上这时的检验统计量是：

$$t = \frac{\bar{x} - \bar{X}}{S(x)/\sqrt{n}} \sim t(n-1) \qquad (6-6)$$

式中 S 是样本标准差，检验统计量服从的是自由度为 $n-1$ 的 t 分布。这里用 t 作为检验总体均值的统计量，称之为 t-检验统计量（t-test statistic）。但是，在大样本场合（样本容量 n 大于 30 时），t-统计量与标准正态分布统计量近似，通常用 Z 检验代替 t 检验。

【例 6-11】一种元件要求其平均使用寿命不得低于 1 000h，现在从这批元件中随机抽取 25 只，测得其平均使用寿命为 950h，样本标准差为 100h。假定这批元件总体服从正态分布，试在 0.05 的显著性水平下判定该批元件是否合格。

【解】第一步：确定原假设与备择假设。

$$H_0: \bar{X} \geqslant 1000(h), H_1: \bar{X} < 1000(h)$$

第二步：构造出检验统计量，并计算其取值。

总体服从正态分布，样本为小样本，且总体的标准差未知，对样本平均寿命进行标准化可得 t 分布，其取值：

$$t = \frac{\bar{x} - \bar{X}}{S(x)/\sqrt{n}} = \frac{950 - 1000}{100/\sqrt{25}} = -2.5$$

第三步：确定显著性水平，确定拒绝区域。

显著性水平取 $\alpha = 0.05$，单侧检验，查标准 t 分布表得临界值：$t_\alpha(25-1) = 1.71$，拒绝区域在左边，为 $(-\infty, -1.71)$。

第四步：判断。

检验统计量取值 $-2.5 \in (-\infty, -1.71)$，落入拒绝区域，拒绝原假设，接受备择假设，认为这批元件不合格。

我们不难发现，t - 检验与正态检验十分相似，不同之处只是在确定临界值时，查的分布表不同，而且，在大样本场合两者检验过程可完全相同。

四、总体成数的检验

样本成数是一个特殊的平均数，当样本容量较大，进行标准化时有，

$$Z = \frac{p - P}{\mu_P} = \frac{p - P}{\sqrt{\frac{P(1-P)}{n}}} \sim N(0,1) \quad (6-7)$$

式中，小写字母 p 为样本的成数，大写字母 P 为总体的成数。$Z \sim N(0,1)$，该统计量可以用作总体成数检验的检验统计量。

【例 6 - 12】某企业声明有 70% 以上的消费者对其产品质量满意。如果随机调查 600 名消费者，表示对该企业产品满意的有 430 人。试在显著性水平 $\alpha = 0.05$ 下，检验调查结果是否支持企业的自我声明。

【解】已知：$n = 600$，$n_1 = 430$，$p = 430/600 = 71.67\%$

第一步：确定原假设与备择假设。

$$H_0: P \leq 70\%, \quad H_1: P > 70\%$$

第二步：构造检验统计量，并计算其取值。

$$Z = \frac{p - P}{\sqrt{\frac{P(1-P)}{n}}} = \frac{0.7167 - 0.70}{\sqrt{\frac{0.7 \times (1 - 0.7)}{600}}} = 0.89$$

第三步：确定显著性水平，确定拒绝域。

显著性水平取 $\alpha = 0.05$，单侧检验，$F(Z_\alpha) = 1 - 2 \times 0.05 = 0.9$，查标准正态分布表得临界值：$Z_\alpha = 1.645$，拒绝区域在右边为 $(1.645, +\infty)$。

第四步：判断。

检验统计量取值 $0.89 \notin (1.645, +\infty)$，落入接受区域，接受原假设，不能支持该企业的声明，没有充分的理由说明有 70% 以上的消费者对其产品质量满意。

五、P 值检验

P 值检验是国际上流行的检验格式。该检验格式是通过计算 P 值,再将它与显著性水平 α 作比较,决定拒绝还是接受原假设。所谓 P 值就是拒绝原假设所需的最低显著性水平。P 值判断的原则是:如果 P 值小于给定的显著性水平 α,则拒绝原假设;否则,接受原假设。P 值检验无须针对不同的显著性水平,先查分布表确定临界值,然后才能进行检验判断。P 值检验可直接把计算机计算出来的 P 值与显著性水平进行比较,立刻做出统计决策。

P 值实际上是检验统计量超过(大于或小于)由样本数据所得数值的概率。因此,P 值与检验统计量的分布、是双侧检验还是单侧检验、是左侧检验还是右侧检验都有关系。

如 Z 检验统计量服从正态分布,可利用标准正态分布表计算 P 值。先看总体的均值检验的 P 值计算公式,以 Z_0 表示检验统计量的抽样数据,则 P 值的计算方法如表 6-5 所示。

表 6-5 总体平均数的 P-值检验法分类

假设类型		P 值	查表
双侧检验:	$H_0: \bar{X} = \bar{X}_0, H_0: \bar{X} \neq \bar{X}_0$	$2P(Z > |Z_0|)$	$1 - F(Z_0)$
右单侧检验	$H_0: \bar{X} \leq \bar{X}_0, H_0: \bar{X} > \bar{X}_0$	$P(Z > Z_0)$	$\frac{1}{2}[1 - F(Z_0)]$
左单侧检验	$H_0: \bar{X} \geq \bar{X}_0, H_0: \bar{X} < \bar{X}_0$	$P(Z < Z_0)$	$\frac{1}{2}[1 - F(Z_0)]$

总体成数检验的 p-值计算公式,与上述三式完全相同,只需将总体均值换成总体成数就行了。如果统计量服从 t 分布,则在计算 P 值时查 t 分布表即可。

【例 6-13】某国总统选举中,有位候选人几个月前的支持率是 60%。近期的一项调查,访问了 500 人,发现他的支持率变成了 55%。显著性水平取 0.05,试用 p-值方法,检验他的支持率是否有显著下降。

【解】已知:$P_0 = 60\%$,$n = 500$,$p = 55\%$,$\alpha = 0.05$。

第一步:确定原假设与备择假设。

$$H_0: P \geq 60\%, \quad H_1: P < 60\%$$

第二步:构造检验统计量,并计算其取值。

$$Z = \frac{p - P}{\sqrt{\frac{P(1-P)}{n}}} = \frac{0.55 - 0.60}{\sqrt{\frac{0.6 \times (1 - 0.6)}{500}}} = -2.28$$

第三步:计算 P 值。

单侧检验,查标准正态分布表得 $F(2.28) = 0.974$,$P(Z < -2.28) = \frac{1}{2}[1 - F(2.28)] = \frac{1}{2}(1 - 0.974) = 1.3\%$

第四步:判断。

$P = 1.3\% < 5\% = \alpha$,因此拒绝原假设,接受备择假设,认为他的支持率下降了。

本例中如果我们要求显著性水平为 $\alpha = 1\%$,有 $P = 1.3\% > 1\% = \alpha$,P 值大于显著性水平 α,接受原假设,没有充分的理由说明其支持率下降。

本章小结

(1) 抽样推断是在抽样调查的基础上,利用样本的指标(样本统计量)来推断总体相应数量特征(总体参数)的一种统计分析方法,其内容包括参数估计和假设检验两部分。

(2) 参数估计是用统计量取值来对总体参数进行估计的方法,其方法分点估计和区间估计两种。

(3) 进行参数估计的首要问题是要用优良估计量对总体参数进行估计,优良估计量的标准为无偏性、有效性和一致性。可以证明样本平均数 $\bar{x}$、样本成数 p、样本标准差 S,分别是总体平均数(均值)$\bar{X}$、总体成数 P、总体标准差 σ 的优良估计量。

(4) 区间估计是在一定概率保证程度下估计包含总体参数的一个值区域间,即根据样本统计量和抽样平均误差推断总体参数的可能范围。区间的大小反映了估计的精确性,概率的高度反映了估计的可靠性。

(5) 本章主要介绍了总体平均数(均值)$\bar{X}$ 和总体成数 P 的区间估计。

(6) 假设检验是一种重要统计推断分析方法,应用非常广泛。假设检验就是根据统计量的取值(也就是假设的实际误差)利用小概率原理来检验预先设立的假设是否可信的一种统计推断方法。

(7) 假设检验可能发生两类错误:一类是"纳伪",另一类是"弃真"。

(8) 假设检验的基本程序归纳为:"设立假设—统计量标准化—确定临界值—比较选择"四步。

(9) 假设检验分为双侧(边)检验和单侧(边)检验两种形式。

思考练习

一、名词解释

统计推断　统计量　区间估计　假设检验

二、思考题

（1）什么是统计推断？统计推断有哪些主要内容？
（2）什么是样本统计量？什么是总体参数？它们有什么区别和联系？
（3）参数估计有哪些主要的方法？
（4）参数估计的优良性的标准是什么？抽样平均数和抽样成数是否符合优良估计标准？
（5）用于统计推断时，样本方差 $s^2 = \dfrac{\sum(x-\bar{x})^2}{n-1}$ 的分母为什么是 $n-1$？
（6）什么是抽样平均误差？有哪些影响因素？
（7）如何理解样本必要单位数的意义？影响样本必要单位的大小的因素有哪些？
（8）解释假设检验中"原假设"和"备择假设"的含义。
（9）如何确定临界值？如何确定接受区域和拒绝区域？
（10）如何运用"小概率原理"来确定拒绝区域？
（11）Z 检验与 t 检验的应用条件有什么不同？
（12）如何区分双侧检验、单侧检验及单侧检验的方向？

三、填空题

（1）统计推断的主要内容是（　　　　　）和（　　　　　）。
（2）从性质上看，样本统计量是（　　　）量，而总体参数是（　　　）量。
（3）重置抽样的抽样平均误差一定（　　　）于不重置抽样的抽样平均误差。
（4）重置抽样的样本必要单位数一定（　　　）于不重置抽样的样本必要单位数。
（5）若原假设正确而拒绝了原假设，就会犯（　　　）的错误；若原假设不正确而接受了原假设，就会犯（　　　）的错误。
（6）对于（　　　）总体，（　　　）不知、又是（　　　）样本，要采用 t 检验。

四、单项选择题

（1）抽样调查必须遵循的基本原则是（　　）原则。
　　A. 随意　　　　B. 随机　　　　C. 可比性　　　　D. 准确性
（2）估计优良性的无偏性是指（　　　）。
　　A. $\bar{x} = X$　　B. $E(\bar{x}) = \bar{X}$　　C. $p = P$　　D. 均可以
（3）一致性是指当样本容量充分大时抽样指标（　　　）总体指标。
　　A. 小于　　　　B. 等于　　　　C. 大于　　　　D. 充分接近
（4）有效性是指优良估计量的方差（　　　）其他估计量的方差。
　　A. 小于　　　　B. 等于　　　　C. 大于　　　　D. 不确定
（5）能事先加以计算和控制的误差是（　　　）误差。
　　A. 抽样　　　　B. 登记　　　　C. 代表性　　　　D. 系统性

(6) 抽样平均误差是抽样平均数 $\bar{x}$（或抽样成数 p）的（　　）。
　　A. 平均数　　　B. 平均差　　　C. 标准差　　　D. 标准差系数

(7) 按水平法（几何平均法）计算的平均发展速度进行推算，应该满足：推算的（　　）。
　　A. 各期水平之和等于各期实际水平之和
　　B. 最末水平等于实际的最末水平
　　C. 定基发展速度等于实际定基发展速度
　　D. 各期增长量等于实际的逐期增长量

(8) 纯随机抽样下，要使抽样平均误差减少25%，则抽样单位数要增加（　　）%。
　　A. 25　　　B. 78　　　C. 1.78　　　D. −25

(9) 其他条件相同，抽取5%的样本，重置抽样的平均误差为不重置抽样平均误差的（　　）倍。
　　A. 1.03　　　B. 1.05　　　C. 0.97　　　D. 095

(10) 通常大样本是指样本容量（　　）的样本。
　　A. ＜10　　　B. ≤10　　　C. ＜30　　　D. ≥30

(11) 抽样成数 P 值越接近（　　），抽样成数的抽样平均误差越大。
　　A. 0　　　B. 0.5　　　C. 0.9　　　D. 1

(12) 对400名大学生抽取19%进行不重置抽样调查，优秀生比重为20%，若概率要求95.45%，则优秀生的比例的抽样极限误差为（　　）%。
　　A. 4.00　　　B. 4.13　　　C. 9.18　　　D. 8.26

(13) 只要是大样本，或者是小样本但是总体标准差已知，一般都是采用（　　）检验。
　　A. Z　　　B. t　　　C. χ^2　　　D. F

(14) 如果总体是正态的，总体方差未知，又是小样本，应采用（　　）检验。
　　A. Z　　　B. t　　　C. χ^2　　　D. F

五、多项选择题

(1) 从总体中可以抽取许多不同的样本，因此，（　　）。
　　A. 样本统计量是随机变量　　　B. 样本统计量是样本变量的函数
　　C. 总体参数是唯一确定的常量　　　D. 总体参数也是随机变量

(2) 抽样误差的实质是（　　）性误差。
　　A. 随机性　　　B. 代表性　　　C. 系统性　　　D. 不可消除

(3) 影响抽样误差大小的因素有（　　）。
　　A. 抽样方法　　　B. 抽样调查的形式
　　C. 总体标准差　　　D. 样本容量

(4) 抽样平均误差的含义是（　　）。
　　A. 样本指标与总体指标的平均误差程度　　　B. 样本指标的标准差

C. 计算抽样极限误差的衡量尺度　　　　D. 样本指标的平均数
（5）在统计推断中应用得到的指标有（　　　）。
　　A. 抽样实际误差　　　　　　　　　　B. 抽样平均误差
　　C. 抽样极限误差　　　　　　　　　　D. 概率度
（6）影响样本必要单位数的因素有（　　　）。
　　A. 总体标准差　　B. 极限误差　　C. 抽样方法　　D. 置信度
（7）计算抽样平均误差时，若缺乏总体资料（σ、p），可以用（　　　）资料代替。
　　A. 过去抽样调查的　　　　　　　　　B. 过去全面调查的
　　C. 实验性调查的　　　　　　　　　　D. 样本
（8）抽样的基本组织形式有纯随机抽样外还有（　　　）抽样。
　　A. 机械　　　　B. 分层　　　　C. 整群　　　　D. 阶段

六、计算题

（1）某工厂有 1 500 名工人，随机抽取 50 名工人作为样本，调查其工资水平，资料如下：

月工资（元）	工人数（人）	工资总额（元）
1 800	6	
2 000	10	
2 200	18	
2 500	14	
3 000	2	
合计	50	

①计算样本平均数和样本标准差，并推算抽样平均误差；
②以 95.45% 的概率保证，估计该厂工人的月平均工资和工资总额的区间。

（2）从麦当劳餐厅连续三个星期抽查 49 名顾客，调查顾客的平均消费额，得出样本平均消费额为 25.5 元。要求：
①假设总体标准差为 10.5 元，求抽样平均误差。
②以 95% 的概率保证，抽样极限误差是多少？
③估计总体消费额的置信区间。

（3）某加油站想了解司机在该站加油的习惯。一周内随机抽取了 100 名司机，得出如下结果：平均加油量等于 13.5 升，样本标准差为 3.2 升，有 19 人购买无铅汽油。试问：
①以 0.05 的显著性水平，是否有证据说明平均加油量 12 升？

②以 0.05 的显著性水平,是否有证据说明购买无铅汽油的司机少于 20%?

(4)某种漆的 9 个样品,其干燥时间(单位:h)分别为:

| 6.0 | 5.8 | 5.7 | 5.6 | 6.5 | 7.0 | 6.1 | 5.0 | 6.3 |

设干燥时间总体服从正态分布,现要求在下列情况下估计这种漆的平均干燥时间。

①根据经验知总体标准差为 0.6 小时;

②总体标准差未知。

(5)采用简单随机重置抽样从 2 000 件产品中抽查 200 件产品,其中合格产品 190 件,要求:

①计算该产品的合格品率及其抽样平均误差;

②以 95.45% 概率,对产品合格品率和产品合格数量进行区间估计;

③如果合格品率的极限误差为 2.31%,其概率保证程度是多少?

(6)某电子产品的使用寿命在 3 000 小时以下为次品,现在从 5 000 件产品中抽取 100 件,测得使用寿命分布如下:

使用寿命(小时) 分组	产品个数 (件)
3 000 以下	2
3 000~4 000	30
4 000~5 000	50
5 000 以上	18
合　计	100

①分别按重置抽样和不重置抽样计算该产品平均寿命的抽样平均误差;

②分别按重置抽样和不重置抽样计算该产品次品率的抽样平均误差;

③以 90% 的概率保证,对该产品的平均使用寿命进行区间估计;

④以 90% 的概率保证,对该产品的次品率进行区间估计。

(7)某医院欲估计一名医生花在每个病人身上的平均时间,根据以往经验看病时间的标准差为 6 分钟。若要求置信度为 95%,允许误差范围为 2 分钟。试问随机抽样中需要多大的样本?

(8)某公司新推出一种营养型豆奶,为了解该豆奶的受欢迎程度,并使置信度为 95%,估计误差不超过 5%,下列情况下,你建议样本容量为多少?

①初步估计 60% 的顾客喜欢此豆奶;

②没有任何顾客资料。

(9)为调查某地区人口总数,在该地区 150 000 户家庭中以不重置抽样方式随机抽取 30 户作为样本，家庭人口数数据资料如下：

5	6	3	3	2	3	3	3	4
4	3	2	6	4	3	5	4	5
3	3	1	2	5	3	4	2	4

①试以 95.45% 的概率保证程度，推断该地区人口总数；

②若要求人口总数的极限误差不超过 3 300 人，应至少抽取多少户作为样本？

（10）根据历史资料，某产品的使用寿命服从正态分布，现在从最近生产的一批产品中随机抽取 16 件，测得样本平均寿命为 1 080 小时。试在 0.05 显著性水平下检验这批产品的使用寿命与历史水平：

①是否有显著差异；

②是否有显著提高。

（11）某种彩电按规定无故障时间为 10 000 小时。厂家采取改进措施后，现在从新批量彩电中抽取 100 台，测得样本平均无故障时间为 10 150 小时，标准差为 500 小时，在显著性水平 0.01 下，判断该批彩电的无故障时间是否有显著提高。

（12）某市全部职工中，平常订阅某种报刊的占 40%。最近从订阅率来看似乎出现减少的迹象。随机抽取 200 户职工家庭进行调查，有 76 户家庭订阅该报刊，在显著性水平 0.05 下，检验该报刊的订阅率是否有显著降低。

（13）某钢铁厂的铁水含氮量服从正态分布 N（4.55，0.108²），现在测定了 9 炉铁水，其平均含氮量为 4.484。如果方差没有发生变化，可否认为现在生产的铁水的平均含氮量还是 4.55（$\alpha = 0.05$）？

（14）某糖厂用自动打包机打包，每包标准重量为 100 公斤。某天开工后测得 10 包重量如下：

| 99.3 | 98.7 | 100.5 | 101.2 | 98.3 | 99.7 | 99.5 | 102.3 | 100.2 | 100.0 |

若包重服从正态分布，试以 0.05 的显著性水平，检验当日打包机工作是否正常。

（15）某企业规定某产品的一级品率为 80%，今从某日生产的产品中随机抽取 100 件进行检验，测得其中 70 件为一级品。在显著性水平 0.05 之下，检验该厂产品的一级品率是否偏低。

第七章　相关与回归分析

【学习目标】
（1）深刻理解相关分析与回归分析的含义。
（2）理解相关系数的含义，掌握现象间存在相关关系的方法。
（3）熟练掌握一元线性回归模型参数估计、模型检验的方法和应用。
（4）了解多元线性回归模型和非线性回归模型的研究方法。

第一节　相关与回归分析的基本概念

一、变量之间的关系

在自然活动、经济活动以及社会活动中存在普遍的相互制约、相互依存的关系，而人们要更好地认识世界和改变世界，就需要对变量之间的关系进行分析，发现这些现象背后的规律。比如，在自然活动中，我们知道大气压与水的沸点存在着负向的关系；在企业的经营活动中，管理者需要分析各种促销措施与产品销售收入之间的关系，以实现销售利润的最大化；在社会活动中，个人对某个事物的态度往往与周围其他人的评价具有紧密的关系。人们通过实践和研究发现：这些现象之间的各种关系都可以通过一定的数量关系反映出来。相关关系和回归关系就是研究各种现象变量关系的两种重要的数量关系，它们对经济管理发挥着重要的指导作用。

现象之间的数量联系一般存在着两种不同的类型：一种是确定性的函数关系；另一种是统计相关关系。

（一）函数关系

函数关系是指变量之间存在着严格的、确定性的依存关系。具体来说，就是当一个（或几个）变量取确定的数值时，另一个变量取唯一确定的数值与之相对应，我们称变量间的这种关系为确定性的函数关系。例如，当商品的价格固定时，某种商品的销售收入 y 与该商品的销售量 x 之间就是一种函数关系，用函数式表示为：$y = a + bx$。

（二）相关关系

函数关系反映的是变量之间的一一对应关系。但在实际中，变量之间的关系并不完全是函数关系，例如，通过研究家庭收入和家庭消费的关系得到：一般地，收入高的家庭消费支出要比收入低的家庭高一些，但家庭的支出与收入之间并不存在一个确定性的函数关系，即给定一个收入，得到一个确定性的支出，因为影响家庭消费的因素除了收入之外，还有很多其他因素，如物价水平、预期收入、消费偏好、民族、地区等，正是这些众多影响因素的存在，才造成了变量之间关系的不确定性。因此，我们称客观现象（或变量）之间存在的既有一定关系但又不能唯一确定的数量关系为相关关系。其实，在经济生活中，更多地存在着不确定性的相关关系而不是函数关系，如人的身高与体重、教育水平与收入等。存在相关关系的两个变量，可能存在明确的"因"和"果"，即哪个变量影响了哪个变量，但也可能变量之间不存在明显的因果关系，甚至互为因果。

（三）函数关系与相关关系的联系

函数关系与相关关系反映了变量之间两种不同的数量关系，它们之间具有紧密的关系，二者既有区别，又有联系。

区别主要体现在：函数关系体现了变量之间严格的相互依存的关系，而相关关系则体现了变量间不严格的相互依存关系。另外，函数关系可以用数学分析的方法去研究，而研究相关关系必须借助于统计学的相关与回归分析方法来进行。

联系主要体现在：这两种关系并不存在严格的界限，变量间的函数关系和相关关系，在一定条件下是可以互相转化的。本来具有函数关系的变量，当存在观测误差时，其函数关系往往以相关关系的形式表现出来；对于具有相关关系的变量，如果我们对它们有了更深刻的规律性认识，并且能够把影响因变量变动的因素全部纳入方程，这时的相关关系也可能转化为函数关系。

二、相关关系的分类

现象的相关关系可以按不同的标志进行分类。下面以两个变量间的相关性予以阐述。

（一）按相关关系的程度划分

按相关关系的程度，可分为完全相关、不完全相关和不相关。如果两个变量之间存在着一一对应的关系，我们就称它为完全相关，也即函数关系。因此，可以说函数关系是相关关系的一个特例。如果两个变量之间不存在任何依存关系，各自独立变动互不影响，则为不相关或零相关。例如，通常认为股票价格的变动与气温的高低是不相关的。如果两个变量之间的关系介于完全相关和不相关之间，称为不完全相关，一般地，相关现象都是指这种不完全相关，它是相关分析研究的对象。

（二）按相关的方向划分

按相关的方向可分为正相关和负相关。当一个变量的数值由小变大，另一个变量的数值也相应地由小变大，这种相同方向变化的依存关系称为正相关关系。例如商品销售利润随着商品销售额的增加而提高，这就是正相关（direct correlation）。当一个变量的数值由小变大，而另一个变量的数值与之对应地由大变小，这种变量之间的逆向变动的依存关系称为负相关关系。例如商品流转的规模愈大，商品流通费用率则愈低，这就是负相关（negative correlation）。

（三）按相关的形式划分

按相关的形式可分为线性相关和非线性相关。当一个变量的数值由小变大时，另一个变量的数值呈现线性增减，二者的对应点在平面上呈直线形态，我们称为线性相关，也称直线相关（linear correlation）。例如，企业的销售额与销售数量通常呈线性相关关系。如果两个变量在相关变化中，各对应点的分布呈曲线形态，如抛物线、双曲线或对数曲线、指数曲线等，这种相关关系称为非线性相关，也称曲线相关（curvilinear correlation）。例如，人均消费水平与人均收入水平通常呈线性关系；产品的单位成本与产品产量之间的相关关系往往表现为一种非线性相关。又如，在农业生产中，施肥量在一定的合理范围内与亩产量呈线性相关关系，但随着施肥量的不合理增大，它们之间就不再呈线性相关关系，而转为非线性关系。

（四）按相关关系所涉及因素的多少划分

按相关关系涉及因素的多少可划分为单相关、复相关和偏相关。单相关（simple correlation）仅研究两个变量之间存在的关系，也称简单相关，这种相关关系为单相关或二元相关。如广告投入金额与销售数量的关系。

当研究多个变量之间的相互依存的关系时，则称这种相关关系为复相关（multiple correlation）或多元相关。例如，商品的需求与该商品的价格、消费者的收入水平等因素之间的相关关系便是复相关。

在复相关中，假定其他变量不变，仅研究其中两个变量的相关关系时，这种相关关系称为偏相关（partial correlation）。例如，假定人们的收入水平等因素不变，这时商品的需求与该商品价格的关系就是一种偏相关。

图 7–1 是只有两个变量时，各种相关形态的示意图。

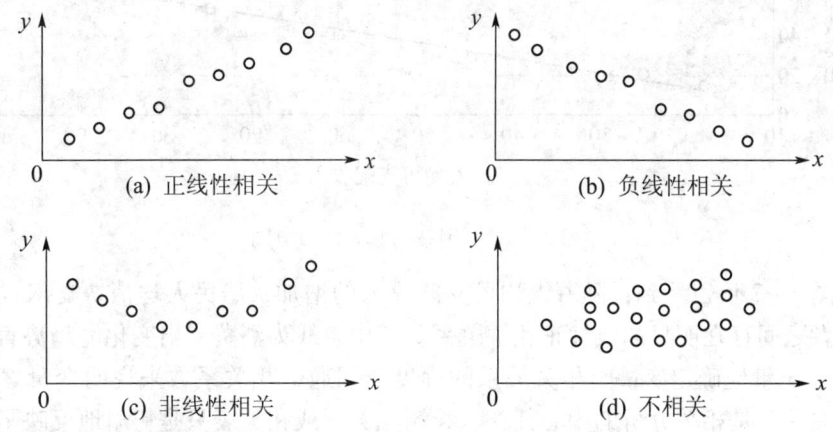

图 7–1　两个变量时的相关关系示意图

三、相关分析的主要内容

相关分析是研究具有相关关系的变量的变动方向和密切程度的统计分析方法。在相关关系中,一般不需要确定变量中哪个是自变量、哪个是因变量,变量之间的位置是对等的。

相关分析的基本内容主要包括两个方面:

(1)直观地判断变量之间是否存在相关关系及其相关关系的形态,一般通过绘制统计图来实现,这是相关分析的出发点。在判断变量间是否存在相关关系时,也需要结合研究者对该现象的理论知识、经验判断等。一般来说,对某个现象变量间的关系的判断,是先有定性的基本判断,然后才是通过绘图等方法。

下面通过一个实例来说明统计图的绘制和使用。

统计图又称散点图。散点图是以直角坐标系横轴表示变量 x,纵轴表示变量 y,将两个变量间相对应的变量值用坐标点的形式描绘出来,用来反映两变量之间相互依存关系的图形。

【例7-1】某地10户居民家庭年人均可支配收入和人均消费支出调查资料如表7-1所示。

表7-1　某地10户居民家庭年可支配收入和消费支出调查资料　　　单位:百元

人均消费支出	15	20	30	40	42	53	60	65	70	78
人均可支配收入	18	25	45	60	62	75	88	92	99	98

根据表7-1的资料绘制的相关图如图7-2所示。

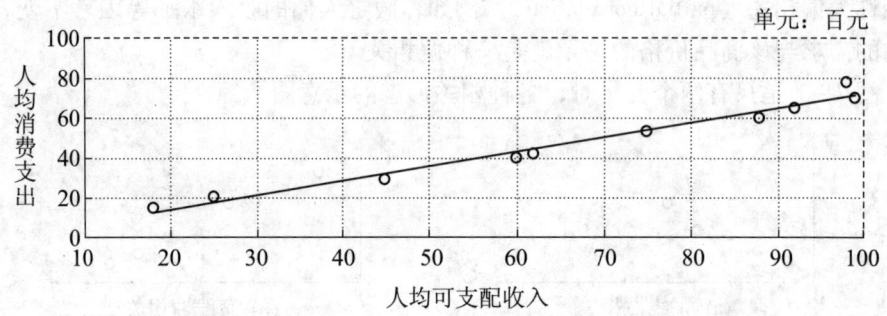

图7-2　消费与收入的散点图

从图7-2可以看到,随着人均可支配收入的增加,居民人均消费支出也相应增加,两者之间存在明显的线性正相关关系。图中直线为消费支出变化的趋势直线。

(2)定量地确定变量间相关关系的程度,即通过相关系数来说明变量之间的具体相关关系,是相关分析的中心任务。绘制相关图或相关表只是粗略地反映了变量之间的相关关系,若要精确地判断变量之间的相关系数,还是需要通过计算相关系数来判断。

四、回归与回归分析

"回归"是由英国著名生物学家兼统计学家高尔顿(Francis Galton,1822—1911)

在研究人类遗传问题时提出来的，他为了研究父代与子代身高的关系，搜集了1 078对父子的身高数据，发现这些数据的散点图大致呈直线状态，即总的趋势是：父亲的身高增加时，儿子的身高也倾向于增加。但是，高尔顿对数据进行了深入分析后发现了一个很有趣的现象：当父亲高于平均身高时，他们的儿子身高比他更高的概率要小于比他更矮的概率；父亲矮于平均身高时，他们的儿子身高比他更矮的概率要小于比他更高的概率。它反映了一个规律，即这两种身高父亲的儿子的身高，有向他们父辈的平均身高回归的趋势。对于这个一般结论的解释是：大自然具有一种约束力，使人类身高的分布相对稳定而不产生两极分化，这就是所谓的"回归效应"。

后来，人们把"回归"一词引入数学方法之中，渐渐地，它就失去了原来的含义。在数量分析方法中，"回归"泛指变量间的一般数量关系。在相关分析中，我们将反映现象间相关关系的直线或者曲线称为回归直线或回归曲线，将回归直线或回归曲线的方程称为回归方程。

回归分析是在相关分析的基础上，根据变量间的相关关系的形态，寻求一个数学模型（数学表达式），来近似地表达变量间的平均变化关系。其主要内容包括两个方面：确定现象变量之间相关关系的数学模型，即确定回归方程式；对拟合的回归方程式进行精确度检验。

回归分析中，变量分为自变量和因变量，按照自变量的数量，回归分析可分为简单回归和复回归。简单回归即一元回归，回归方程中只有两个变量，一个变量是自变量，另一个变量是因变量；复回归即多元回归，回归方程中一个变量是因变量，其他的变量都是自变量。

按照相关关系的形态，回归分析可分为线性回归和非线性回归。对具有线性相关关系的变量建立直线方程所作的回归分析称为线性回归；对具有曲线相关关系的变量建立曲线方程所作的回归分析称为曲线回归或非线性回归。

五、相关分析与回归分析的关系

相关分析和回归分析有着十分密切的关系，它们既有区别又有联系。

相关分析与回归分析的区别主要体现在以下两个方面：

（1）在相关分析中不必区分自变量和因变量，所有变量之间的关系都是对等的。例如，在线性单相关关系中，无论确定哪个变量为自变量或因变量，所求的相关系数都是相等的，是一个唯一的数值。而回归分析却不同，必须根据分析的需要确定哪个是自变量，哪个是因变量。如果自变量和因变量的划分不同，所求的回归方程也是不同的。假设变量 x 和变量 y 之间互为因果关系，那么 x 和 y 都可作自变量，可以得到两个方程：

$$y = f(x) \text{ 或 } x = f^{-1}(y)$$

（2）相关分析中所有的变量都是随机变量，而回归分析中因变量是随机变量，自变量是给定的数值。根据自变量给定的数值计算的因变量的值，是因变量的估计值。

通过相关与回归分析,虽然可以从数量上反映现象联系的密切程度并建立变量间变化的数学表达式,但是这并不能代替对现象内在联系的判断,也无法确定现象间的因果从属关系。现象内在联系的判断和因果关系的确定,必须以经济等学科的理论为指导,结合专业知识和实际经验进行分析研究才能实现。对没有内在联系的事物进行相关和回归分析,不但没有意义,反而会导致荒谬的结论。因此,在进行相关分析和回归分析时一定要坚持定性分析和定量分析相结合,在定性分析的基础上开展定量分析的原则。

相关分析与回归分析的联系主要体现在以下两个方面:

(1)相关分析的目的是要确定变量间是否存在相关关系,以及相关关系的密切程度。回归分析是要建立一个数学模型,来反映变量间的平均变化关系。它们研究的都是现象间的相互依存关系,研究的对象相同,只是研究的目的不同。

(2)相关分析是回归分析的前提和基础,回归分析是相关分析的深入和继续。对现象间的依存关系的研究,如果仅仅停留在相关分析之上,不深入进行回归分析,只能确定变量之间是否存在相关关系以及相关关系的密切程度,而不能进一步确定自变量在数量上发生变化时,因变量在数量上会发生什么样的相应变化。因此,需要在相关分析的基础上,进一步进行回归分析。通过回归分析将变量间的依存关系平均化,求出数学表达式,并根据回归方程对因变量的数值进行估计和推算。如果不考虑变量间是否存在相关关系以及相关的密切程度而盲目地进行回归分析,可能导致虚假回归。在此基础上建立的这种"回归方程"是没有任何实际意义的。由此可见,只有把回归分析和相关分析结合起来形成一个完整的分析过程,才能达到分析和研究的目的。

另外,需要特别指出的是,只有当变量之间存在着高度相关时,我们才进行回归分析,以寻求其相关的具体形式。如果变量间虽然具有一定的相关关系,但其相关性很弱,这样建立的回归方程就没有实际的意义了,用这样的回归方程进行推断和预测,其误差会很大。

第二节 简单线性相关分析

在利用相关表和相关图对变量间的相关关系进行初步判断后,进而要计算相关系数。相关系数是在线性相关条件下,用来说明两个随机变量(单相关)之间相关关系密切程度的统计分析指标。一般而言,英国统计学家皮尔逊提出来的积距相关系数(又称动差相关系数)是常用的相关系数,该系数是协方差与两变量标准差乘积的比值,是没有量纲的、标准化的协方差。

一、相关系数的计算

通常以 R 表示总体的相关系数,以 r 表示样本的相关系数。

$$R = \frac{\mathrm{Cov}(X,Y)}{\sqrt{\mathrm{Var}(X) \cdot \mathrm{Var}(Y)}}$$

式中,$\mathrm{Cov}(X,Y)$ 是变量 X 和 Y 的协方差;$\mathrm{Var}(X)$ 和 $\mathrm{Var}(Y)$ 分别为变量 X 和变量 Y 的方差。总体相关系数是反映总体变量之间线性相关程度的一种特征值,它是一个确定的数值,表现为一个常数。

样本相关系数的计算公式:

$$r = \frac{\sum (x_t - \bar{x})(y_t - \bar{y})}{\sqrt{\sum (x_t - \bar{x})^2 \cdot \sum (y_t - \bar{y})^2}} = \frac{\sigma_{xy}^2}{\sigma_x \sigma_y} \tag{7-1}$$

样本相关系数是根据样本观测值计算的,抽取的样本不同,样本相关系数的取值也会有所差异,样本相关系数是一个统计量。可以证明,样本相关系数 r 是总体相关系数 R 的一致估计量。

样本相关系数的公式还可以化为下列形式:

$$r = \frac{n \sum x_t y_t - \sum x_t \cdot \sum y_t}{\sqrt{n \sum x_t^2 - (\sum x_t)^2} \sqrt{n \sum y_t^2 - (\sum y_t)^2}} \tag{7-2}$$

二、相关系数的取值范围及判别标准

(1) r 的取值介于 -1 与 1 之间,即 $-1 \leq r \leq 1$。

(2) 当 $r = 0$ 时,说明变量 x 与 y 之间不存在线性相关关系。但它并不意味着 x 与 y 之间不存在其他类型的相关关系。

(3) 如果 $|r| = 1$,则表明 x 与 y 为完全线性相关。当 $r = 1$ 时,称为完全正相关;当 $r = -1$ 时,称为完全负相关。

(4) 当 $0 < |r| < 1$ 时,说明 x 与 y 之间存在着一定的线性相关关系。当 $1 \geq r > 0$ 时,y 值随着 x 增加而增加,此时称 x 与 y 为正相关;当 $-1 \leq r < 0$ 时,y 值随着 x 的增加而减少,此时称 x 与 y 为负相关。

【例 7 – 2】根据某行业 10 家企业的营销费用与销售额的资料(如表 7 – 2 所示),计算该样本的相关系数。

表 7 – 2　某行业企业营销费用与销售额的相关系数计算表

企业序号	营销费用 x(万元)	销售额 y(万元)	$(x - \bar{x})$	$(x - \bar{x})^2$	$(y - \bar{y})$	$(y - \bar{y})^2$	$(x - \bar{x}) \times (y - \bar{y})$
1	3	23	-15.7	246.49	-40.2	1 616.04	631.14
2	5	36	-13.7	187.69	-27.2	739.84	372.64

续表7-2

企业序号	营销费用 x（万元）	销售额 y（万元）	$(x-\bar{x})$	$(x-\bar{x})^2$	$(y-\bar{y})$	$(y-\bar{y})^2$	$(x-\bar{x}) \times (y-\bar{y})$
3	8	42	-10.7	114.49	-21.2	449.44	226.84
4	15	50	-3.7	13.69	-13.2	174.24	48.84
5	20	58	1.3	1.69	-5.2	27.04	-6.76
6	21	67	2.3	5.29	3.8	14.44	8.74
7	25	80	6.3	39.69	16.8	282.24	105.84
8	28	85	9.3	86.49	21.8	475.24	202.74
9	30	93	11.3	127.69	29.8	888.04	336.74
10	32	98	13.3	176.89	34.8	1 211.04	462.84
合计	187	632	0	1 000.10	0	5 877.60	2 389.60

已知：$n=10$，$\bar{y}=\dfrac{632}{10}=63.2$（万元），$\bar{x}=\dfrac{187}{10}=18.7$（万元），计算相关数据并填入上表。

计算相关系数：

$$r=\dfrac{\sum(x-\bar{x})(y-\bar{y})}{\sqrt{\sum(x-\bar{x})^2 \sum(y-\bar{y})^2}}=\dfrac{2\,389.6}{\sqrt{1\,000.1 \times 5\,877.6}}=0.985\,6$$

可见，营销费用与销售额呈现高度的正相关关系。

相关系数的这一公式计算比较简单，表上数据处理比较麻烦。但是，它提供了变量离差的分布，有利于了解变量间的相互关系。例7-2另一种处理方法如下：

表7-3 某行业企业营销费用与销售额相关系数计算表

企业序号	营销费用 x（万元）	销售额 y（万元）	x^2	y^2	xy
1	3	23	9	529	69
2	5	36	25	1 296	180
3	8	42	64	1 764	336
4	15	50	225	2 500	750
5	20	58	400	3 364	1 160
6	21	67	441	4 489	1 407
7	25	80	625	6 400	2 000

续表 7 – 3

企业序号	营销费用 x（万元）	销售额 y（万元）	x^2	y^2	xy
8	28	85	784	7 225	2 380
9	30	93	900	8 649	2 790
10	32	98	1 024	9 604	3 136
合 计	187	632	4 497	45 820	14 208

根据表上数据套用公式（7 – 2），有：

$$r = \frac{10 \times 14\,208 - 187 \times 632}{\sqrt{10 \times 4\,497 - 187^2}\sqrt{10 \times 45\,820 - 632^2}} = 0.985\,6$$

这一计算公式，表上数据处理较为简单，但是套用公式采用手算时比较复杂。

以上两种数据之间有着密切的关系，我们可以根据下列公式将它们互相转化，简化运算。

$$\begin{aligned}L_{xx} &= \sum (x - \bar{x})^2 = \sum x^2 - \frac{1}{n} \cdot \left(\sum x\right)^2 \\ L_{yy} &= \sum (y - \bar{y})^2 = \sum y^2 - \frac{1}{n} \cdot \left(\sum y\right)^2 \\ L_{xy} &= \sum (x - \bar{x})(y - \bar{y}) = \sum xy - \frac{1}{n} \cdot \sum x \sum y\end{aligned} \quad (7-3)$$

三、相关系数的检验

在实际分析研究中，总体相关系数 R 是未知的，一般都是利用样本的相关系数 r 作为总体相关系数的近似估计值，而 r 是根据样本数据计算出来的，受到抽样波动的影响，该系数往往带有一定的随机性。样本容量越小其可信程度就越差。因此需要对相关系数的显著性进行检验。

相关系数的检验可分为两类：一是对总体相关系数是否等于 0 进行检验；二是对总体相关系数是否等于某一个给定的不为 0 的确定数值进行检验。这里只介绍对总体相关系数 R 是否等于 0 的检验。

为了对样本相关系数 r 的显著性进行检验，在 X 与 Y 都服从正态分布，并且 $R = 0$ 的条件下（只有当 R 接近于 0，样本容量很大时，才能认为 r 是接近于正态分布的随机变量），可以采用 Fisher 提出的 t 检验来确定 r 的显著性，该检验既适用于大样本，也适用于小样本。其检验步骤如下：

首先，假设 $H_0 : R = 0 ; H_1 : R \neq 0$，

然后，计算相关系数 r 的 t 值：

$$t = \frac{|r|\sqrt{n-2}}{\sqrt{1 - r^2}}$$

最后，根据显著性水平 α 和自由度 $d_f = n-2$，查找 t 分布表得临界值 $t_{\alpha/2}(n-2)$。若 $|t| \geq t_{\alpha/2}$，表明 r 在统计上是显著的；若 $|t| \leq t_{\alpha/2}$，表明 r 在统计上是不显著的。

【例 7-3】对例 7-1 中的相关系数进行显著性检验（$n=10$，$r=0.986$）。

【解】设：$H_0: R = 0$；$H_1: R \neq 0$，

代值计算：
$$t = \frac{0.986 \times \sqrt{10-2}}{\sqrt{1-0.986^2}} = 16.73$$

查表可知：$\alpha = 5\%$，$t_{\alpha/2}(10-2) = 2.306$，上式中的 t 值远大于 2.306，拒绝原假设。因此，r 通过了显著性检验，即营销费用和销售额之间存在显著的线性相关关系。

第三节 一元线性回归分析

一元线性回归是回归分析的最基本的形式，即对一个自变量和一个因变量进行回归分析，通过它可以掌握回归分析的基本思想和方法，是进一步掌握多元回归分析的基础。一元线性回归分析的内容主要包括三部分：回归方程的建立；回归方程的参数估计；回归方程及系数的显著性检验。

一、一元线性回归模型的建立

一元线性回归模型是用于分析两个变量之间线性关系的数学方程，是回归分析中最简单的回归模型。

设在两个变量存在简单相关的条件下，总体变量 X、Y 的回归方程为：
$$Y = A + BX$$

在实际中，由于总体中包含的单位数目很多（统计研究对象的大量性），甚至是无限的，因此，要想掌握总体的全部数据是相当困难的。一般情况下，总体回归方程是未知的，需要利用样本的数据对它进行估计。

根据样本拟合的直线称为样本回归直线，其回归方程为：
$$\hat{y} = a + bx$$

样本回归方程中：a、b 是未知的参数，称为样本回归系数。样本回归方程中的 $\hat{y}$、a、b 是总体回归方程中因变量 Y 和总体回归系数 A、B 的估计值。

记样本观察数据 (x_t, y_t)，实际观察值 y_t 与估计值 $\hat{y}_t$ 之差为残差：$e_t = y_t - \hat{y}_t$，如图 7-3 所示。

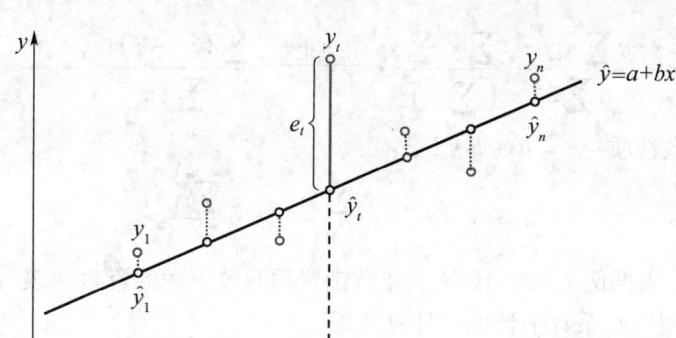

图 7-3 回归直线与残差示意图

二、一元线性回归模型的参数估计

回归方程参数估计的方法很多，可以采用以下选择标准：选择残差之总和最小的直线作为回归直线。由于残差可能为正，也可能为负，在计算总和时会相互抵消，无法判断残差和的大小。因此，我们选择以残差平方和最小为标准来进行参数估计。根据这一原则来确定未知参数的估计方法称为"最小二乘法"。记残差平方和为 Q：

$$Q = \sum e_t^2 = \sum (y_t - \hat{y}_t)^2$$

显然，Q 是 a、b 的函数：

$$Q(a,b) = \min_{a,b} \sum (y_t - a - bx_t)^2$$

上式成立的必要条件是：

$$\begin{cases} \dfrac{\partial Q(a,b)}{\partial a} = -2\sum (y_t - a - bx_t) = 0 \\ \dfrac{\partial Q(a,b)}{\partial b} = -2\sum (y_t - a - bx_t)x_t = 0 \end{cases}$$

整理后，得到二元线性方程组：

$$\begin{cases} n \cdot a + (\sum x_t) \cdot b = \sum y_t \\ (\sum x_t) \cdot a + (\sum x_t^2) \cdot b = \sum x_t y_t \end{cases}$$

有行列式：

$$D_a = \begin{vmatrix} n & \sum x_t \\ \sum x_t & \sum x_t^2 \end{vmatrix} = n\sum x_t^2 - (\sum x_t)^2$$

$$D_b = \begin{vmatrix} n & \sum y_t \\ \sum x_t & \sum x_t y_t \end{vmatrix} = n\sum x_t y_t - \sum x_t \sum y_t$$

可得：

$$b = \frac{n\sum x_t y_t - \sum x_t \sum y_t}{n\sum x_t^2 - (\sum x_t)^2} \text{ 或者化为 } \frac{\sum(x_t - \bar{x})(y_t - \bar{y})}{\sum(x_t - \bar{x})^2} \quad (7-4)$$

根据平均数性质：$\bar{y} = a + b \cdot \bar{x}$，有：

$$a = \bar{y} - b\bar{x} = \frac{\sum y_t}{n} - b \cdot \frac{\sum x_t}{n} \quad (7-5)$$

【例7-4】根据例7-2，10家企业营销费用与销售额的资料（表7-2和表7-3中数据）来说明回归系数估计值的计算过程。

n	$\sum x$	$\sum y$	$\sum(x-\bar{x})^2$	$\sum(y-\bar{y})^2$	$\sum(x-\bar{x})(y-\bar{y})$
10	187	632	1 000.1	5 877.6	2 389.6

【解1】利用表7-2的计算结果，根据表中数据计算为：

$$b = \frac{2\,389.6}{1\,000.1} = 2.389$$

$$a = \frac{632}{10} - 2.389 \times \frac{187}{10} = 18.53$$

n	$\sum x$	$\sum y$	$\sum x^2$	$\sum y^2$	$\sum xy$
10	187	632	4 497	45 820	14 208

【解2】利用表7-3的计算结果，根据表中数据计算分别为：

$$b = \frac{10 \times 14\,208 - 187 \times 632}{10 \times 4\,497 - 187^2} = 2.389$$

$$a = \frac{632}{10} - 2.389 \times \frac{187}{10} = 18.53$$

可以看出两种方法计算的参数结果一样。样本回归方程都为：

$$\hat{y}_t = 18.53 + 2.389x$$

2.389的经济意义为：营销费用每增加1元，销售额会增加2.389元；18.53的经济意义则是在营销费用为0的情况下，消费支出为18.53元。

建立了回归方程，便可以计算观察点的估计值，进而计算残差及残差平方和。

仍用例7-2资料，销售额估计值、残差及残差平方的计算如表7-4所示。

表7-4 销售额估计值、残差及残差平方计算表

企业序号	营销费用 x（万元）	销售额 y（万元）	$\hat{y}$	$y-\hat{y}$	$(y-\hat{y})^2$
1	3	23	25.693	-2.693	7.251
2	5	36	30.471	5.529	30.573
3	8	42	37.638	4.362	19.030
4	15	50	54.361	-4.361	19.016
5	20	58	66.306	-8.306	68.985
6	21	67	68.695	-1.695	2.872
7	25	80	78.251	1.749	3.060
8	28	85	85.418	-0.418	0.174
9	30	93	90.196	2.804	7.864
10	32	98	94.974	3.026	9.158
合计	187	632	632	0.0	167.983

根据以上资料和分析，绘制回归直线，见图7-4。

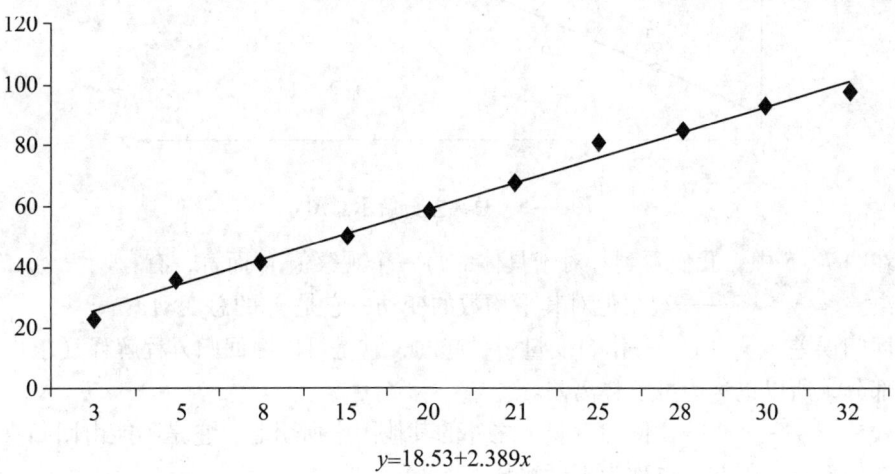

$y=18.53+2.389x$

图7-4 营销费用与销售额的回归直线

三、一元线性回归的统计检验

回归模型中的参数估计出来之后，还必须对其进行检验。如果通过检验发现模型有缺陷，则必须回到模型的设定阶段或参数估计阶段，重新选择因变量和自变量及其函数形式，或者对数据进行加工整理之后再次进行参数估计。回归模型的检验，一般分为拟合优度的评价和显著性检验。其中，显著性检验又包括两方面的内容：回归方

程的显著性和回归系数的显著性。

（一）拟合优度的评价

所谓拟合优度，是指样本观测值 x 和 y 的相关点散布在样本回归直线周围的紧密程度，越紧密，拟合优度越高。

样本的散点图可以反映样本点与回归直线的相对位置和分布的紧密程度，从而判断拟合优度。虽然可以从散点图上观察到回归直线对数据拟合的好坏，但是，它缺乏理论依据，也不够精确。因此，必须确立一个能够判断回归模型拟合程度优劣的指标，对其紧密程度定量而准确地加以说明。评价直线的拟合优度，一般可以通过可决系数和回归估计标准误差来判断。

1. 可决系数

为了理解可决系数，需要先从因变量 Y 的总离差平方和的分解谈起。如图 7-5 所示。

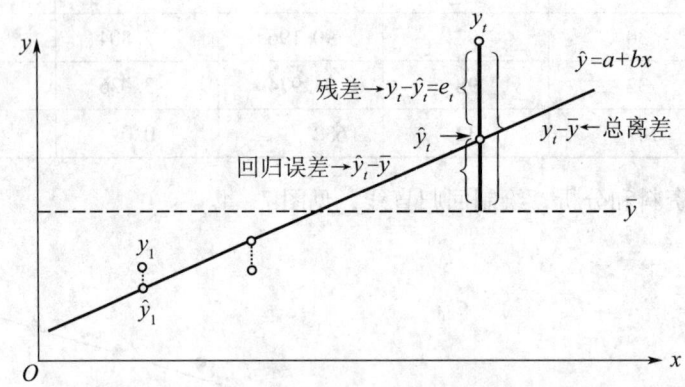

图 7-5　总离差分解示意图

在图 7-5 中，我们看到：对于具体的每一个观察值 y_t 而言，有：

离差 = $y_t - \bar{y}$ ——观察值对其平均数的变动，它是 y_t 的总变动；

回归误差 = $\hat{y}_t - \bar{y}$ ——由自变量 x 引起的，它是可以由回归方程解释（求出）的变动部分，所以也称为可解释离差。

残差 = $y_t - \hat{y}_t$ ——由除自变量 x 之外的其他因素所引起，它是不能由回归直线解释的变动部分，因此，也称为不可解释离差。

对于所有样本的观察值的总变动，不能用各个观察值的离差总和来表示（正、负离差可能相互抵消，使总和变小），但是可以用它们的离差平方和来表示，称为总离差平方和（SST）。相应地就有回归误差平方和（SSR）和残差平方和（SSE）。它们是：

$$\text{SST} = \sum (y_t - \bar{y})^2 \quad \text{SSR} = \sum (\hat{y}_t - \bar{y})^2 \quad \text{SSE} = \sum (y_t - \hat{y}_t)^2$$

而且，对于总离差平方和，有：

$$\text{SST} = \sum (y_t - \bar{y})^2 = \sum [(\hat{y}_t - \bar{y}) + (y_t - \hat{y}_t)]^2$$

$$= \sum (\hat{y}_t - \bar{y})^2 + \sum (y_t - \hat{y}_t)^2 + 2\sum (\hat{y}_t - \bar{y})(y_t - \hat{y}_t)$$

数学上可以证明：$2\sum (\hat{y}_t - \bar{y})(y_t - \hat{y}_t) \equiv 0$，所以，

$$\sum (y_t - \bar{y})^2 = \sum (\hat{y}_t - \bar{y})^2 + \sum (y_t - \hat{y}_t)^2 \qquad (7-6)$$

由此可见，总离差平方和可以分解成回归平方和与残差平方和两部分。即

$$SST = SSR + SSE$$

对于确定的样本，总离差平方和是一个常量，回归误差平方和越大，残差平方和就越小，说明实际观察值围绕回归直线就越紧密，用自变量来解释因变量的变动效果就越好，回归直线的拟合优度就越高。反之，说明不能用回归直线解释的变动部分就越大，实际观测值围绕回归直线就不紧密，回归直线的拟合优度就不高，用这样的直线来解释因变量的变动的效果就不好。因此，将回归误差平方和占总离差平方和的比例称为可决系数 r^2。

$$r^2 = \frac{\sum (\hat{y} - \bar{y})^2}{\sum (y - \bar{y})^2} = 1 - \frac{\sum (y - \hat{y})^2}{\sum (y - \bar{y})^2} \text{ 或 } r^2 = \frac{SSR}{SST} = 1 - \frac{SSE}{SST} \qquad (7-7)$$

可决系数 r^2 测量了拟定的回归直线对观测数据的拟合程度，若所有的观测值都落在了直线上，残差平方和为 0，此时，可决系数 $r^2 = 1$，完全拟合；相反，如果可决系数 $r^2 = 0$，此时可能需要重新考虑回归方程了。可见，可决系数 r^2 的范围在 0 和 1 之间，越接近于 1，拟合度越高；反之，拟合度越低。

【例 7-5】仍然根据例 7-2，10 家企业营销费用与销售额的资料（表 7-2 和表 7-3 中数据）来计算可决系数，进行拟合优度的评价。

【解】从表 7-2 和表 7-4 中数据知：

$\sum (y - \bar{y})^2$	$\sum (y - \hat{y})^2$
5 877.6	167.983

$$r^2 = 1 - \frac{167.983}{5\,877.6} = 97.14\%$$

可决系数为 97.14%，接近 1，表明在销售额 y 的总变动（总离差平方和）中，由营销费用 x 所引起的变动（回归误差平方和）占 97.14%，所占比例很大。由营销费用 x 之外的其他因素引起的变动（残差平方和）占 2.86%，所占比例很小。可见，回归直线的拟合优度很高。

在一元线性回归分析中，可决系数为相关系数的平方。因此，可决系数的取值范围为：

$$0 \leqslant r^2 \leqslant 1$$

2. 回归估计标准误差

实际值 y 与 $\hat{y}$ 之间的离差称为估计误差，回归估计标准误差是回归分析中的一个重要指标，它反映了回归模型的误差大小，是回归直线拟合优度的一个平均误差指

标，在对回归模型进行检验和利用回归方程预测推断时，都要用到这一重要参数。回归估计标准误差是实际值 y 与估计值 $\hat{y}$ 的平均离差，即观测值在回归直线周围的分散程度，它是利用样本的数据（因变量 y 的残差）计算的总体参数 σ 的统计量。数学上可以证明，它服从自由度为 $n-2$ 的 t 分布。其计算公式如下：

$$S_e = \sqrt{\frac{\sum e_t^2}{n-2}} = \sqrt{\frac{\sum (y_t - \hat{y}_t)^2}{n-2}} \sim t_{\alpha/2}(n-2) \qquad (7-8)$$

回归估计标准误差值越小，表示观测点越靠近回归直线，说明回归直线的拟合度越高；相反，越大表示观测点离回归直线越远，拟合度越低。

【例7-6】根据例7-2，10家企业营销费用与销售额的资料，计算回归估计标准误差 S_e。

【解】从表7-2和表7-4中数据知：

$$S_e = \sqrt{\frac{\sum (y - \hat{y})^2}{n-2}} = \sqrt{\frac{167.983}{10-2}} = 4.582(万元)$$

残差计算公式：

$$\sum e^2 = \sum (y - \hat{y})^2 = \sum y^2 - \hat{\beta}_1 \sum y - \hat{\beta}_2 \sum xy = (1 - r^2) \cdot L_{yy} \qquad (7-9)$$

（二）显著性检验

回归分析中的显著性检验包括两方面的内容：一是对参数的显著性检验；二是对整个回归方程的显著性检验。对于前者，通常采用 t 检验，而对于后者，则是在方差分析的基础上采用 F 检验。在一元线性回归模型中，由于只有一个解释变量 X，对 $b=0$ 的 t 检验与对整个方程的 F 检验是等价的。因此这里只介绍参数的显著性检验，对回归方程的显著性检验将在下一节中再作介绍。

建立回归方程之后，要检验自变量对因变量的影响程度是不是显著，即检验 b 是否等于0；对 a 也需要进行显著性检验，但是重要性不如 b。以下以 b 的显著性检验为例，介绍参数显著性检验的步骤。

(1) 设立假设：$H_0: b = 0$；$H_1: b \neq 0$

(2) 确定显著性水平 α，一般取 $\alpha_0 = 0.05$

(3) 计算检验统计量：$t = (b-0)/S_b \sim t_{\alpha/2}(n-2)$，其中：$S_b = S_e \Big/ \sqrt{\sum (x - \bar{x})^2}$

式中：n 为样本容量，$n-2$ 为自由度，S_b 为 b 的估计标准误差。

(4) 确定临界值：t 检验的临界值是由显著性水平和自由度决定的。本例为双侧检验，依据显著性水平和自由度，查 t 分布表确定临界值 $t_{\frac{\alpha}{2}}(n-2)$。

(5) 做出判断：如果 t 的绝对值大于临界值，就拒绝原假设，接受备择假设，认为参数显著；反之，如果 t 的绝对值小于临界值，则接受原假设，认为参数不显著。

【例7-7】根据例7-2，10家企业营销费用与销售额的资料（表7-2和表7-3中数据）对回归方程中的回归系数 β_2 进行显著性检验。显著性水平取5%。

$\sum(x-\bar{x})^2$	b	S_e
1 000.1	2.389	4.582

【解】设：$H_0: b = 0$；$H_1: b \neq 0$，

$$t = \frac{2.389}{4.582/\sqrt{1000.1}} = 16.489$$

$$\alpha = 0.05 \quad t_{\frac{\alpha}{2}}(10 - 2) = 2.306$$

$$|t| = 16.489 > 2.306 = t_{\frac{\alpha}{2}}$$

拒绝 H_0，接受 H_1，即认为营销费用对销售额的影响是显著的。

四、利用一元线性回归模型进行预测

回归分析的目的之一就是根据建立的回归方程进行预测和控制，在回归方程通过各种检验之后，就可以利用回归方程来对客观现象进行预测和控制了。根据回归方程进行预测包括点的预测和区间的预测。

（一）点预测

回归分析的点预测，是指在给定自变量 X 的取值情况下，根据回归方程计算出因变量 Y 的估计值，以此估计值作为因变量的预测值。设回归方程为

$$\hat{y} = a + bx$$

给定 X 的一个确定的值 X_0，代入回归方程可以求得 Y_0 的点预测值：

$$\hat{y}_0 = a + bX_0 \xrightarrow{预测} Y_0$$

依前例，已知营销费用 x 与销售额 y 的回归方程 $\hat{y} = 18.53 + 2.389x$，预测企业的营销费用为 40（万元）时的销售额。

$$x = 40(万元) \quad y = 18.53 + 2.389 \times 40 = 114.09(万元)$$

（二）区间预测

对于预测问题，除要给出预测值，有时还希望了解预测的精度，这就要进行区间预测。区间预测就是在一定概率的保证程度下，给出预测值的范围。也就是，对于给定的置信度水平 $1 - \alpha$，求出一个区间 $(\hat{y}_1, \hat{y}_2)$ 使得 X_0 所对应的 Y_0 的真值满足：

$$P(\hat{y}_1 < Y_0 < \hat{y}_2) = 1 - \alpha$$

这个区间的中心就取点估计的值 $(X_0, \hat{y}_0)$，它的半径应取多少呢？

半径取：

$$\Delta = t_{\alpha/2}(n-2) \cdot S_e \cdot \sqrt{1 + \frac{1}{n} + \frac{(X_0 - \bar{x})^2}{\sum(x - \bar{x})^2}} \tag{7-10}$$

式中：$S_e = \sqrt{\dfrac{\sum e_i^2}{n-2}}$ 为回归估计标准误差。

于是，预测区间为：

$$Y_0: (\hat{y}_0 - \Delta, \hat{y}_0 + \Delta) \tag{7-11}$$

当 n 足够大时，t 分布越来越接近标准的正态分布 $N(0,1)$，而 $\sqrt{1+\frac{1}{n}+\frac{(X_0-\bar{x})^2}{\sum(x-\bar{x})^2}} \to 1$。预测区间的半径就近似地写成：

$$\Delta = Z_{\alpha/2} \cdot S_e \quad (7-12)$$

【例 7-8】仍然以例 7-2 中 10 家企业营销费用与销售额的资料及所建立的回归方程，预测营销费用为 50（万元），计算置信度为 95% 的销售额的预测区间。

n	X_0	$\sum x$	$\sum(x-\bar{x})^2$	S_e	$t_{0.05/2}(10-2)$
10	50	187	1 000.1	4.582	2.306

【解】将 $X_0=50$ 代入样本回归方程，可得：

$$\hat{y} = 18.53 + 2.389 \times 50 = 137.98(万元)$$

$$\Delta = 2.306 \div 4.582 \times \sqrt{1+\frac{1}{10}+\frac{(50-187/10)^2}{1000.1}} \approx 15.24(万元)$$

因此，营销费用为 50（万元），置信度为 95% 时，消费支出的预测区间为：

$$Y_0:(137.98-15.24, 137.98+15.24) = (122.74, 153.22)(万元)$$

对于大样本，我们可以这样简化计算：

$$\Delta = Z_{0.05/2} \cdot S_e = 1.96 \times 4.582 = 8.98(万元)$$

预测区间为：$Y_0:(137.98-8.98, 137.98+8.98) = (128.00, 146.96)(万元)$

两种计算结果相差较大，是因为我们选用的样本不是大样本，样本容量小于 30，属于小样本所致。

第四节 多元线性回归分析

多元线性回归分析与一元线性回归分析具有很多相似之处，但也有不同，如前一节所述，在一元回归分析中，对参数的检验与方程的检验是等价的，但在多元回归中，两者是不同的，并且多个自变量之间还可能存在相互影响。不过，多元线性回归分析也主要包括三部分的内容：回归方程的建立、参数的估计以及显著性的检验。

一、多元线性回归模型及参数估计

一元线性回归分析研究的是一个因变量与一个自变量之间的关系，建立一元线性回归方程，用以预测和推算因变量的未来值。多元线性回归分析则是以多元线性回归模型研究多个自变量与一个因变量之间的相互关系，建立多元线性回归方程，用以预测或推算因变量的未来值。例如，商业企业的商品销售额受多个因素的影响，其中，居民人均收入水平和商品的销售价格是主要的影响因素，在这三个因素中，居民人均收入和商品的价格是自变量，而商品销售收入是因变量。我们可以此建立二元回归模型。假设居民人均收入为 x_1，商品价格为 x_2，它们与因变量商品销售收入 y 呈线性相关关系，则我们可以根据样本建立二元线性回归方程为：

$$\hat{y} = b_0 + b_1 x_1 + b_2 x_2$$

推而广之，假设有 m 个自变量 $x_1, x_2, \cdots, x_m$ 与一个因变量 y 之间呈线性相关关系，则我们可以依据样本建立 m 元线性回归方程：

$$\hat{y} = b_0 + b_1 x_1 + b_2 x_2 + \cdots + b_m x_m \tag{7-13}$$

式中：b_0 为常量，$b_1, b_2, \cdots, b_m$ 为回归系数，指 $x_i (i = 1, 2, \cdots, m)$ 每变动一个单位，引起 y 变化的平均增减值。

求解多元线性回归方程的基本原理与一元线性回归方程一样，只不过计算比较麻烦，一般地都是使用统计软件来计算。下面仅以二元线性回归分析为例说明其计算方法。

应用"最小二乘法"，求解二元线性回归方程（7-13），可得下列方程组：

$$\begin{cases} nb_0 + b_1 \sum x_1 + b_2 \sum x_2 = \sum y \\ b_0 \sum x_1 + b_1 \sum x_1^2 + b_2 \sum x_1 x_2 = \sum x_1 y \\ b_0 \sum x_2 + b_1 \sum x_1 x_2 + b_2 \sum x_2^2 = \sum x_2 y \end{cases}$$

解此方程组，可得二元线性回归方程的系数：

$$b_1 = \frac{L_{x_1 y} L_{x_2 x_2} - L_{x_2 y} L_{x_1 x_2}}{L_{x_1 x_1} L_{x_2 x_2} - (L_{x_1 x_2})^2}$$

$$b_2 = \frac{L_{x_2 y} L_{x_1 x_1} - L_{x_1 y} L_{x_1 x_2}}{L_{x_1 x_1} L_{x_2 x_2} - (L_{x_1 x_2})^2}$$

$$b_0 = \bar{y} - b_1 \bar{x}_1 - b_2 \bar{x}_2 = \frac{\sum y}{n} - b_1 \cdot \frac{\sum x_1}{n} - b_2 \cdot \frac{\sum x_2}{n}$$

其中：
$$L_{x_1 x_1} = \sum (x_1 - \bar{x}_1)^2 = \sum x_1^2 - \frac{1}{n}(\sum x_1)^2$$

$$L_{x_2 x_2} = \sum (x_2 - \bar{x}_2)^2 = \sum x_2^2 - \frac{1}{n}(\sum x_2)^2$$

$$L_{x_1 x_2} = \sum (x_1 - \bar{x}_1)(x_2 - \bar{x}_2) = \sum x_1 x_2 - \frac{1}{n} \sum x_1 \sum x_2$$

$$L_{x_1 y} = \sum (x_1 - \bar{x}_1)(y - \bar{y}) = \sum x_1 y - \frac{1}{n} \sum x_1 \sum y$$

$$L_{x_2 y} = \sum (x_2 - \bar{x}_2)(y - \bar{y}) = \sum x_2 y - \frac{1}{n} \sum x_1 \sum y$$

【例 7-9】根据商品流通学的理论，商品销售利润与人均销售额、商品流通费用率有密切关系，现收集到 10 家大型商店有关资料，按利润率的高低排序得相关表（如表 7-5 所示）。设人均销售额和流通费用率为自变量 x_1、x_2，销售利润率为因变量 y。

表7-5　10家商店人均销售额、流通费用率及利润率的相关表

商店	销售利润率（%） y	人均销售额（千元/人） x_1	流通费用率（%） x_2
1	7.1	7.4	3.4
2	7.3	7.0	3.1
3	7.9	7.5	3.2
4	8.0	7.8	3.0
5	8.1	8.7	2.5
6	8.8	8.5	2.4
7	9.0	9.4	2.5
8	9.2	10.0	2.2
9	9.6	11.8	2.0
10	9.8	12.1	1.7

【解】 从相关表上，可以看到人均销售额与利润率之间有较为明显的正相关性，流通费用率与利润率之间有较明显的负相关性。我们再绘制人均销售额 x_1 与销售利润率 y，流通费用率 x_2 与销售利润率 y 的单相关图（见图7-6）。

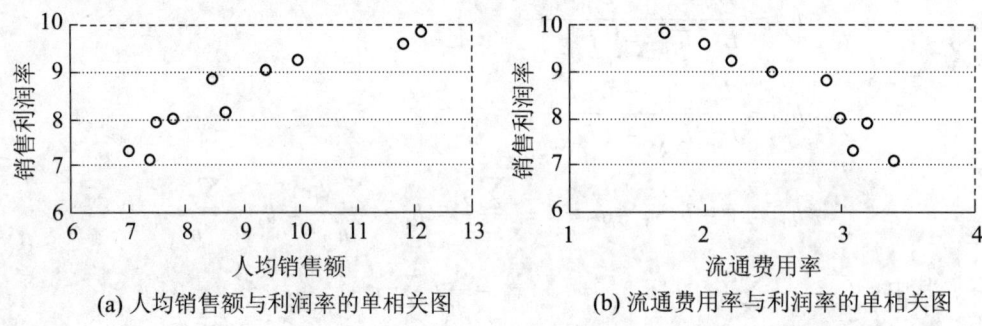

(a) 人均销售额与利润率的单相关图　　(b) 流通费用率与利润率的单相关图

图7-6　人均销售额与利润率、流通费用率与利润率单相关图

从相关图上我们也看到了它们之间：x_1 与 y 呈正相关，x_2 与 y 呈负相关的情形。经过初步判断可以拟建二元线性回归方程为：

$$\hat{y} = b_0 + b_1 x_1 + b_2 x_2$$

根据调查资料计算相关数据，见表7-6。

表7-6　人均销售额 x_1、流通费用率 x_2 和销售利润率 y 相关与回归分析计算表

y	x_1	x_2	x_1^2	$x_1 x_2$	x_2^2	$x_1 y$	$x_2 y$	$\hat{y}$
7.1	7.4	3.4	54.76	25.16	11.56	52.54	24.14	7.349 0
7.3	7.0	3.1	49.00	21.70	9.61	51.10	22.63	7.590 7

续表 7-6

y	x_1	x_2	x_1^2	$x_1 x_2$	x_2^2	$x_1 y$	$x_2 y$	$\hat{y}$
7.9	7.5	3.2	56.25	24.00	10.24	59.25	25.28	7.5766
8.0	7.8	3.0	60.84	23.40	9.00	62.40	24.00	7.8403
8.1	8.7	2.5	75.69	21.75	6.25	70.47	20.25	8.5267
8.8	8.5	2.4	72.25	20.40	5.76	74.80	21.12	8.5952
9.0	9.4	2.5	88.36	23.50	6.25	84.60	22.50	8.6535
9.2	10.0	2.2	100.00	22.00	4.84	92.00	20.24	9.0763
9.6	11.8	2.0	139.24	23.60	4.00	113.28	19.20	9.6117
9.8	12.1	1.7	146.41	20.57	2.89	118.58	16.66	9.9800
84.8	90.2	26.0	842.80	226.08	70.40	779.02	216.02	84.8

代入可以计算：$L_{x_1 x_1} = \sum x_1^2 - \frac{1}{n}(\sum x_1)^2 = 842.8 - \frac{1}{10} \times 90.2^2 = 29.196$，其他计算后列入下表：

n	$\sum x_1$	$\sum x_2$	$\sum y$	$L_{x_1 x_1}$	$L_{x_1 x_2}$	$L_{x_2 x_2}$	$L_{x_1 y}$	$L_{x_2 y}$
10	84.8	90.2	26.0	29.196	-8.44	2.8	14.124	-4.46

计算回归系数：

$$b_1 = \frac{L_{x_1 y} L_{x_2 x_2} - L_{x_2 y} L_{x_1 x_2}}{L_{x_1 x_1} L_{x_2 x_2} - (L_{x_1 x_2})^2} = \frac{14.124 \times 2.8 - (-4.46) \times (-8.44)}{29.196 \times 2.8 - (-8.44)^2} = \frac{1.9048}{10.5152}$$
$$= 0.181\,147\,291$$

$$b_2 = \frac{L_{x_2 y} L_{x_1 x_1} - L_{x_1 y} L_{x_1 x_2}}{L_{x_1 x_1} L_{x_2 x_2} - (L_{x_1 x_2})^2} = \frac{-4.46 \times 29.196 - 14.124 \times (-8.44)}{29.196 \times 2.8 - (-8.44)^2} = \frac{-11.0076}{10.5152}$$
$$= -1.046\,827\,45$$

$$b_0 = \frac{\sum y}{n} - b_1 \cdot \frac{\sum x_1}{n} - b_2 \cdot \frac{\sum x_2}{n} = \frac{84.8}{10} - 0.18115 \times \frac{90.2}{10} - (-1.04683) \times \frac{26}{10}$$
$$= 9.5678$$

因此，得到二元回归方程：$\hat{y} = 9.568 + 0.181 x_1 - 1.047 x_2$

回归方程说明的经济意义：在流通费用率固定不变条件下，人均销售额每增加1千元，销售利润率将增长 0.18%；在人均销售额固定不变条件下，流通费用率每降低 1%，销售利润率将提高 1.05%。表 7-6 中最右边的一列，是将观察点自变量的取值代入回归方程计算的因变量的估计值。

二、多元线性回归模型的检验

（一）回归方程的拟合优度评价

1. 复相关系数、复可决系数

在多变量的情况下，变量间的相关关系是很复杂的，多个自变量之间可能也会相互影响，因此，多元相关分析除了要计算单相关系数外，还要计算复相关系数、复可决系数等。

复相关系数是用来反映因变量 Y 与一组自变量 X_1，X_2，…，X_n 之间的线性相关程度的指标。样本复相关系数的定义式如下（为了区别于单相关系数，我们用 R 表示）：

$$R = \frac{\sum (y_t - \bar{y})(\hat{y}_t - \bar{y})}{\sqrt{\sum (y_t - \bar{y})^2 \sum (\hat{y}_t - \bar{y})^2}} \qquad (7-14)$$

在多元情况下，复相关系数的平方就是多元线性回归方程的可决系数。其计算公式如下：

$$R^2 = \frac{\sum (\hat{y} - \bar{y})^2}{\sum (y - \bar{y})^2} = 1 - \frac{\sum (y - \hat{y})^2}{\sum (y - \bar{y})^2} \qquad (7-15)$$

实际计算复相关系数时，也可先求出可决系数，然后再求可决系数的算术平方根。复相关系数与单相关系数不同的是，它不取负值，只取正值。

复可决系数是多元回归中的回归平方和占总平方和的比例，反映了回归方程中，因变量的变差中被估计的回归方程所解释的比例。复可决系数越大，因变量被解释的比例越高，方程拟合优度越好。需要注意的是：在多元回归模型中，自变量的数量将会影响因变量被解释的比例，自变量越多，被解释的比例越高，模型估计的误差越小。但不可因此随意增加自变量的个数，自变量的选择需要在一定的理论和实践基础之上。

【例 7-10】根据表 7-7 资料，计算销售利润率与人均销售额、流通费用率的复相关系数。

表 7-7 人均销售额 x_1、流通费用率 x_2 和销售利润率 y 相关与回归分析计算表

总离差		残差			回归误差		
y	$(y - \bar{y})^2$	$\hat{y}$	$y - \hat{y}$	$(y - \hat{y})^2$	$\hat{y} - \bar{y}$	$(\hat{y} - \bar{y})^2$	$(y - \bar{y})(\hat{y} - \bar{y})$
7.1	1.904 4	7.349 08	-0.249 08	0.062 04	-1.130 92	1.278 98	1.560 67
7.3	1.392 4	7.590 67	-0.290 67	0.084 49	-0.889 33	0.790 91	1.049 41
7.9	0.336 4	7.576 56	0.323 45	0.104 61	-0.903 44	0.816 20	0.524 00
8.0	0.230 4	7.840 27	0.159 73	0.025 51	-0.639 73	0.409 26	0.307 07
8.1	0.144 4	8.526 72	-0.426 71	0.182 09	0.046 72	0.002 18	-0.017 75

续表 7-7

总离差		残差			回归误差		
y	$(y-\bar{y})^2$	$\hat{y}$	$y-\hat{y}$	$(y-\hat{y})^2$	$\hat{y}-\bar{y}$	$(\hat{y}-\bar{y})^2$	$(y-\bar{y})(\hat{y}-\bar{y})$
8.8	0.102 4	8.595 17	0.204 83	0.041 96	0.115 16	0.013 26	0.036 85
9.0	0.270 4	8.653 51	0.346 48	0.120 05	0.173 52	0.030 11	0.090 23
9.2	0.518 4	9.076 26	0.123 74	0.015 31	0.596 26	0.355 52	0.429 30
9.6	1.254 4	9.611 69	-0.011 69	0.000 14	1.131 69	1.280 71	1.267 49
9.8	1.742 4	9.980 07	-0.180 08	0.032 43	1.500 07	2.250 24	1.980 10
84.8	7.896 0	84.8	0	0.668 63	0	7.227 37	7.227 37

计算复可决系数和复相关系数:

$$R^2 = 1 - \frac{\sum(y-\hat{y})^2}{\sum(y-\bar{y})^2} = 1 - \frac{0.668\,63}{7.896} = 0.915\,3 = 91.53\%$$

$$R = \sqrt{0.915\,320} = 0.956\,7$$

还可以采用下列算法计算:

$$R = \frac{\sum(y_t-\bar{y})(\hat{y}_t-\bar{y})}{\sqrt{\sum(y_t-\bar{y})^2 \sum(\hat{y}_t-\bar{y})^2}} = \frac{7.227\,37}{\sqrt{7.896 \times 7.227\,37}} = 0.956\,7$$

对于多元线性回归的总离差平方和同样可以分解为回归平方和和残差平方和两部分,这在前面例 7-5 的计算过程中已经看到:

$$\sum(y-\bar{y})^2 = \sum(\hat{y}-\bar{y})^2 + \sum(y-\hat{y})^2$$

$$7.896 = 7.227\,37 + 0.668\,63$$

与一元线性回归不同的是,在多元回归中,随着自变量个数的增加,由于总离差不会发生变化,但是回归平方和会增大,自然残差平方和就会缩小。由此可知,复可决系数和复相关系数的大小同自变量的个数有关,引入的自变量越多,R^2 的值就越大。有时,某个变量与因变量没有明显的关系,然而将它引入回归方程后,就增大了 R^2 的值,这样就造成 R^2 或 R 高估了变量间的相关程度。因此,有必要对 R^2 的值加以修正,这就是所说的修正后的可决系数,其计算公式为:

$$\tilde{R}^2 = 1 - \frac{n-1}{n-m-1}(1-R^2) \qquad (7-16)$$

式中,n 为样本容量,m 为自变量的个数。实际上 $(n-1)$ 和 $(n-m-1)$ 分别是总离差平方和与残差平方和的自由度。

因为 m 一般大于 1,故有修正的可决系数一定小于 R^2。一般情况下用修正的可决系数来评价方程的拟合优度比较合适,尤其是自变量的个数较多时。

例 7-10 中可决系数为 91.53%,样本容量为 10,回归方程中自变量 2 个,于是有:

$$\widetilde{R}^2 = 1 - \frac{10-1}{10-2-1} \cdot (1 - 0.9153) = 89.11\%$$

2. 偏相关系数

对多元线性相关问题，既可用复相关系数来反映因变量与多个自变量之间的相关程度，也可用简单相关系数来反映因变量与某个自变量之间的相关程度，由此判别哪些自变量对因变量的影响显著。然而随着自变量的增多，问题变得复杂起来。因为在自变量之间，很有可能存在着相关关系。当某一自变量对因变量产生影响时，另一个与之存在相关关系的自变量自然也要影响因变量。这样计算出来的简单相关系数或多或少都夹杂着其他变量的影响。为了准确真实地反映各个自变量对因变量影响的程度，就需要消除其他变量影响之后，再来计算它们的简单相关系数。这就是所谓的偏相关系数。

以下以二元线性回归为例对偏相关系数的计算做简单介绍。

y 与 x_1 的偏相关系数，就是消除变量 x_2 的影响后的 y 与 x_1 的相关系数。同样可以定义 y 与 x_2 的偏相关系数。偏相关系数的计算公式为：

$$r_{y1,2} = \frac{r_{y1} - r_{y2} \cdot r_{12}}{\sqrt{1 - r_{y2}^2} \cdot \sqrt{1 - r_{12}^2}} \quad r_{y2,1} = \frac{r_{y2} - r_{y1} \cdot r_{12}}{\sqrt{1 - r_{y1}^2} \cdot \sqrt{1 - r_{12}^2}} \quad (7-17)$$

这里的 r 都是简单相关系数，下标中的数字代表 x 的编号。

显然，消除其他变量影响之后的偏相关系数的取值比简单相关系数的值要小，但是反映问题却相对准确而真实。

偏相关系数有如表 7-8 所列的性质。

表 7-8 偏相关系数的性质

取值范围	$-1 \leqslant r_{y1,2} \leqslant 1$
$r_{y1,2} > 0$	表示 x_2 固定不变时，y 与 x_1 呈正线性相关
$r_{y1,2} < 0$	表示 x_2 固定不变时，y 与 x_1 呈负线性相关
$r_{y1,2} = \pm 1$	表示 x_2 固定不变时，y 与 x_1 呈完全相关
$r_{y1,2} = 0$	表示 x_2 固定不变时，y 与 x_1 无线性相关

在建立多元回归方程时往往要根据变量之间的相关程度，选择影响显著的变量作为自变量，而舍弃那些影响较小的变量，从而简化方程及其计算，也更容易把握现象的重点和本质。

3. 回归估计标准误差

多元回归的回归估计标准误差是反映回归方程拟合程度高低的一个重要指标，其计算公式为：

$$S_e = \sqrt{\frac{\sum e_t^2}{n-m-1}} = \sqrt{\frac{\sum (y - \hat{y})^2}{n-m-1}} \quad (7-18)$$

对于二元回归而言，回归估计标准误差的计算公式为：

$$S_e = \sqrt{\frac{\sum e_t^2}{n-3}} = \sqrt{\frac{\sum (y-\hat{y})^2}{n-3}} \qquad (7-19)$$

式中，$n-3$ 为 S_e 的自由度，且 $0 \le S_e \le 1$。

例 7-10 已经计算过利润率的残差平方和，下面来求估计标准误差。将表 7-7 中的数据代入公式，有：

$$S_e = \sqrt{\frac{\sum (y-\hat{y})^2}{n-3}} = \sqrt{\frac{0.66863}{10-3}} = 0.3091$$

（二）显著性检验

多元线性回归方程显著性检验也分为回归系数的显著性检验与回归方程的显著性检验。

1. 回归系数的显著性检验

多元回归分析进行这一检验的目的是为了检验各自变量对因变量的影响是否显著，以便对自变量的取舍做出更正确的判断。

多元回归模型中回归系数的检验同样采用 t 检验，其原理和基本步骤与一元回归模型中的 t 检验基本相同。回归系数显著性检验 t 统计量的计算公式为：

$$t_{b_j} = \frac{b_j}{S_{b_j}} \qquad (7-20)$$

式中 S_{b_j} 是回归系数 b_j 抽样分布的标准差。

原假设是 $H_0: b_j = 0$，因此 t 的绝对值越大，表明 b_j 为 0 的可能性越小，即表明相应的自变量 x_j 对因变量 y 的影响是显著的。

2. 回归方程的显著性检验

多元线性回归模型包含了多个回归系数，因此对于多元回归模型，除了要对单个回归系数进行显著性检验外，还要对整个回归模型进行显著性检验。由离差平方和的分解公式可知，回归模型的总离差平方和等于回归平方和与残差平方和之和。回归方程的线性关系是否显著，其实质就是判断回归平方和与残差平方和之比值的大小问题。由于回归平方和与残差平方和的数值会随观测值的样本容量和自变量个数的不同而变化，因此不宜直接比较，须在方差分析的基础上利用 F 检验进行分析。其具体的方法步骤归纳如下：

（1）假设总体回归方程不显著，即有：$H_0: b_1 = b_2 = \cdots = b_k = 0$。

（2）进行方差分析，列出回归方差分析表（见表 7-9）。

表 7-9 回归方程方差分析表

离差名称	平方和	自由度	方差
回归平方和	$SSE = \sum(\hat{Y}_t - \bar{Y})^2$	m	SSE/m
残差平方和	$SSR = \sum(Y_t - \hat{Y}_t)^2$	$n-m-1$	$SSR/(n-m-1)$
总离差平方和	$SST = \sum(Y_t - \bar{Y})^2$		

在表 7-9 中，回归平方和的取值受 $m+1$ 个回归系数估计值的影响，同时又要服从 $\sum \hat{Y}_t / n = \bar{Y}$ 的约束条件，因此其自由度是 $(m+1) - 1 = m$。残差平方和取决于 n 个因变量的观测值，同时又要服从 $m+1$ 个正规方程式的约束，因此其自由度是 $n - (m+1) = n - m - 1$。回归平方和与残差平方和各除以自身的自由度得到的是样本方差。

（3）根据方差分析的结果，求 F 统计量的值：

$$F = \frac{SSE/m}{SSR/(n-m-1)}$$

数学上可以证明，原假设成立的条件下，F 服从自由度为 m 和 $(n-m-1)$ 的 F 分布。

（4）根据自由度和给定的显著性水平 α，查 F 分布表中的理论临界值 F_α。

$F > F_\alpha$ 时，拒绝原假设，各自变量与因变量的线性回归关系显著。

$F < F_\alpha$ 时，接受原假设，各自变量与因变量的线性回归关系不显著，回归方程没有意义。

【例 7-11】根据例 7-10 的资料和所建立的回归方程，进行回归方程的显著性检验。

【解】回归方程的显著性检验：

根据前面计算的数据编制方差分析表（表 7-10）：

表 7-10　销售利润率方程方差分析表

离差名称	平　方　和	自由度	方　差
回归平方和	SSE = 7.227 37	2	7.227 37/2
残差平方和	SSR = 0.668 63	10 - 2 - 1	0.668 63/7
总离差平方和	SST = 7.896	$F_{0.01}(2,7)$	9.55

计算的 F 统计量：

$$F = \frac{SSE/m}{SSR/(n-m-1)} = \frac{7.227\ 37/2}{0.668\ 63/7} = 73.83 > 9.55 = F_\alpha$$

拒绝原假设，因此可以认为，该回归方程所描述的线性相关关系是比较显著的。

三、利用多元线性回归模型进行预测

在通过各种检验之后，多元线性回归模型可以用于预测与估计。多元线性回归预测与一元线性回归预测的原理是一致的，多元回归分析的点预测就是给定自变量 X 的取值情况下，根据回归方程计算出因变量 Y 估计值，以此估计值作为因变量的预测值。设回归方程为：

$$\hat{y} = b_0 + b_1 x_1 + \cdots + b_m x_m$$

给定 $X_0 = (X_{10}, X_{20}, \cdots, X_{M0})$，代入回归方程可以求得 Y_0 的点预测值：

$$\hat{y}_0 = b_0 + b_1 x_{10} + \cdots + b_m x_{m0} \xrightarrow{\text{预测}} Y_0$$

【例 7 - 12】 例 7 - 9 中所建立的回归方程通过了各种检验，试利用该方程预测某个商店人均销售额为 13（千元/人），流通费用率为 1.7% 时的销售利润率，并给出置信度为 95% 的预测区间。

【解】 将数据代入回归方程 $\hat{y} = 9.5678 + 0.1811 x_1 - 1.0468 x_2$，有：

$$\hat{y}_0 = 9.5678 + 0.1811 \times 13 - 1.0468 \times 1.7 = 10.14$$

即人均销售额为 13（千元/人），流通费用率为 1.7% 时销售利润率平均达到 10.14%。

第五节　非线性回归分析

在社会经济现象中，还存在着大量的非线性的曲线关系。比如，指数曲线、双曲线、抛物线、逻辑曲线等。对于这类问题，应根据曲线的不同类型，选择相应的曲线回归方程来研究变量间的相互依存关系。在实际分析中，有许多非线性的回归方程往往可以通过变量代换，将其化为线性回归问题来求解。

例如，对于双曲线方程可以采用"倒数代换"：$X' = 1/X$

$$Y = a + \frac{b}{X} \xrightarrow{X' = \frac{1}{X}} Y = a + b \cdot X' \tag{7-21}$$

对于幂函数方程可以采用"对数代换"，对幂函数 $Y = a \cdot X^b$ 两边取对数：

$$\ln Y = \ln a + b \cdot \ln X \xrightarrow{Y' = \ln Y \quad X' = \ln X} Y' = a' + bX' \tag{7-22}$$

对于多项式方程，如 $Y = b_0 + b_1 X + b_2 X^2$ 等形式的方程，设 $X' = X^2$，

$$Y = b_0 + b_1 X + b_2 X^2 \xrightarrow{X' = X^2} Y = b_0 + b_1 X + b_2 X' \tag{7-23}$$

这里所说的变换方法简单易行很实用，有时候还要综合多种变换方法灵活地加以应用。

如对于逻辑曲线：

$$Y = \frac{L}{1 + ae^{-bX}} \xrightarrow{\text{倒数变换}} \frac{1}{Y} = \frac{1 + ae^{-bX}}{L} \xrightarrow{\text{移项}} \left(\frac{L}{Y} - 1\right) = ae^{-bX}$$

$$\left(\frac{L}{Y} - 1\right) = ae^{-bX} \xrightarrow{\text{两边取对数}} \ln\left(\frac{L}{Y} - 1\right) = \ln a - bX$$

$$\ln\left(\frac{L}{Y} - 1\right) = \ln a - bX \xrightarrow{Y' = \ln\left(\frac{L}{Y} - 1\right) \quad a' = \ln a \quad b' = -b} Y' = a' + b'X \tag{7-24}$$

下面通过一个实例说明其用法。

【例 7 - 13】 某集团下属 8 个分公司的销售额和流通费用率的资料如表 7 - 11 所示。

表7-11　销售额与流通费用率相关表

公司	销售额 （百万元）	流通费用率 （%）
1	4.0	6.5
2	4.5	4.7
3	6.0	3.4
4	7.5	2.5
5	9.2	2.3
6	10.3	2.2
7	12.0	2.0
8	12.8	2.0

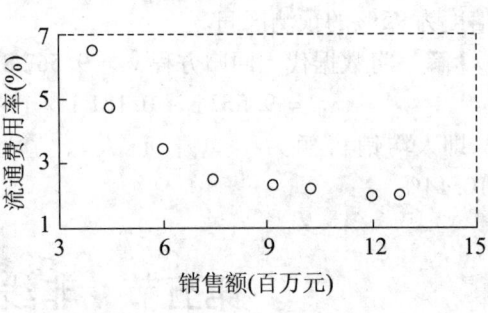

图7-7　销售额与流通费用率相关图

【解】由绘制销售额与流通费用率的相关图（图7-7）可见，两个变量之间呈现出双曲线形式的相关关系。图中反映销售额逐渐增大，而流通费用率反而不断下降。开始下降速度较快，随着销售额的增大，流通费用率下降的速度减缓并趋于稳定。这种情况一般可配合双曲线模型。

设：销售额为自变量 x，流通费用率为因变量 y，其回归方程为：

$$\hat{y} = a + \frac{b}{x} \xrightarrow{x' = \frac{1}{x}} \hat{y} = a + b \cdot x'$$

下面计算相关数据列于表7-12。

表7-12　销售额 x 与流通费用率 y 相关与回归分析计算表

公司	x （百万元）	y %	$x' = \dfrac{1}{x}$	$x' \cdot y$	$(x')^2$	y^2	y 的估计值 $\hat{y} = a + b/x$
1	4.0	6.5	0.250 00	1.625 00	0.062 50	42.250	5.793 87
2	4.5	4.7	0.222 22	1.044 44	0.049 38	22.090	5.124 04
3	6.0	3.4	0.166 67	0.566 67	0.027 78	11.560	3.784 37
4	7.5	2.5	0.133 33	0.333 33	0.017 78	6.250 0	2.980 57
5	9.2	2.3	0.108 70	0.250 00	0.011 81	5.290 0	2.386 46
6	10.3	2.2	0.097 09	0.213 59	0.009 43	4.840 0	2.106 54
7	12.0	2.0	0.083 33	0.166 67	0.006 94	4.000 0	1.774 87
8	12.8	2.0	0.078 13	0.156 25	0.006 10	4.000 0	1.649 28
合计	66.3	25.6	1.139 46	4.355 95	0.191 73	100.28	25.6

$$L_{xx} = 0.191\ 726\ 935\ 57 - \frac{1}{8} \times 1.139\ 463\ 586\ 4^2 = 0.029\ 429\ 777$$

$$L_{yy} = 100.28 - \frac{1}{8} \times 25.6^2 = 18.36$$

$$L_{xy} = 4.355\,953\,344\,1 - \frac{1}{8} \times 1.139\,463\,586\,4 \times 100.28 = 0.709\,669\,868$$

计算回归系数:

$$b = \frac{0.709\,669\,868}{0.029\,429\,777} = 24.114\,007\,25$$

$$a = \frac{25.6}{8} - 24.114\,007\,25 \times \frac{1.139\,463\,586\,4}{8} = -0.234\,621\,48$$

回归方程为:$\hat{y} = -0.234\,6 + 24.11 x'$ 即 $\hat{y} = -0.234\,6 + \frac{24.11}{x}$

计算相关系数:$r = 0.965\,4$,可决系数:$r^2 = 93.21\%$,估计标准误差:$S_e = 0.455\,9\%$
(注:以上计算的每一步均由计算机算出,精确到 11 位有效数字,表中为便于观看仅保留小数点后 5 位。)

【例 7 – 14】根据表 7 – 13 有关 A 商品销售量等资料,用幂函数形式拟合商品销售量函数。然后利用回归方程,预测居民人均收入为 2 000 元、商品单价为 50 元时该商品的销售量。

【解】设:销售量为因变量 y,居民人均收入和商品价格分别为自变量 x_1、x_2,幂函数形式的销量函数:$\hat{y} = a \cdot x_1^{b_1} x_2^{b_2}$。

表 7 – 13 销售额情况统计表

年次	x_1	x_2	y
	百元	十元	千件
1	5	2	10
2	8	2	15
3	9	5	13
4	9	4	14
5	10	4	18
6	12	3	24
7	13	5	19
8	15	4	23

表 7 – 14 销售量等资料对数换算表

$x'_1 = \ln x_1$	$x'_2 = \ln x_2$	$y' = \ln y$
1.604 9	0.693 1	2.302 6
2.079 4	0.693 1	2.708 1
2.197 2	1.604 9	2.564 9
2.197 2	1.386 3	2.639 1
2.302 6	1.386 3	2.890 4
2.484 9	1.098 6	3.178 1
2.564 9	1.609 4	2.944 4
2.708 1	1.386 3	3.135 5

利用对数变换(表 7 – 14),可得以下线性回归函数:

$$\hat{y} = a' + b'_1 \cdot x'_1 + b'_2 \cdot x'_2$$

式中,$y' = \ln \hat{y}$, $a' = \ln a$, $b'_1 = b_1$, $b'_2 = b_2$, $x'_1 = \ln x_1$, $x'_2 = \ln x_2$。

对 x_1 和 x_2 求自然对数,填入表 7 – 14。

利用马克威统计分析软件根据上表数据,可以得到以下结果:

$$y' = 0.856\,398 + 1.042\,3 x'_1 - 0.344\,3 x'_2$$

$$R = 0.969\,4 \qquad R^2 = 93.94\% \qquad S_e = 0.086\,8$$

因为，$a = e^{0.856\,398} = 2.354\,663\,9$，所以与 $\hat{y} = a \cdot x_1^{b_1} x_2^{b_2}$ 相对应的幂函数形式的样本回归方程为：

$$\hat{y} = 2.354\,7 \cdot x_1^{1.042\,3} \cdot x_2^{-0.344\,3}$$

可见，居民收入的需求弹性为 1.04，价格的需求弹性约为 -0.34。也就是说，在其他条件不变的情况下，居民人均收入每增加 1% 会使 A 商品的需求增加 1.04%，价格每提高 1% 会使 A 商品需求减少 0.34%。另外，复相关系数和可决系数均接近 +1，可见方程的拟合优度很高，方程的拟合效果好。

将给出的居民人均收入 2 000 元和商品单价 50 元代入回归方程，可得：

$$\hat{y} = 2.354\,7 \cdot x_1^{1.042\,3} \cdot x_2^{-0.344\,3} = 2.354\,7 \times 20^{1.042\,3} \times 5^{-0.344\,3} = 30.71(万件)$$

将居民收入 2 000 元和 A 商品单价 50 元，代入对数式方程，可得：

$$y' = 0.856\,398 + 1.042\,3 \times \ln 20 - 0.344\,3 \times \ln 5 = 3.424\,72$$

然后再取反对数，可得

$$\hat{y} = e^{3.424\,72} = 30.71(万件)$$

两种计算的结果是一致的。但当需要进行区间预测时，采用后一种方式比较方便。

本章小结

(1) 客观现象之间往往是相互作用、相互制约的。这种关系可以归纳为两种类型：函数关系和相关关系。相关关系反映的是现象间在数量上存在的一种非严格对应的具有不确定性的依存关系。

(2) 相关关系有不同的分类，如：单相关和复相关、正相关和负相关、线性相关和非线性相关。重要的是单相关和线性相关问题，它是研究其他类型相关的基础。

(3) 相关关系可以通过相关表、相关图和相关系数来描述和揭示。相关系数是揭示相关关系的最重要、最常用的指标。它是两个变量的协方差与这两个变量的标准差的积的比，它的大小（绝对值）反映了相关关系的强弱，它的符号反映了相关关系的方向，其取值范围：$-1 \leqslant r \leqslant 1$。

(4) 相关分析是回归分析的基础和前提，而回归分析是相关分析的继续和深入。

(5) 回归分析是在相关分析的基础上，根据变量间的相关形态建立一个数学模型（回归方程）来反映变量间的平均变化的数量依存关系。

(6) 回归方程中的参数主要通过最小二乘法来求解。一元线性回归方程 $\hat{Y} = a + bX$：

$$\begin{cases} b = \dfrac{n\sum xy - \sum x \sum y}{n\sum x^2 - (\sum x)^2} = \dfrac{L_{xy}}{L_{xx}} \\ a = \bar{y} - b\bar{x} \end{cases}$$

（7）对于回归方程的优劣可以通过拟合优度或显著性检验来衡量。

（8）建立回归方程的目的在于解决实际问题，利用回归方程进行预测是一个重要的方面。回归预测分为点预测和区间预测两种。

思考练习

一、名词解释

相关关系　相关分析　相关系数　回归分析　回归方程　回归系数　回归估计标准误差　拟合优度　回归预测

二、思考题

（1）什么是相关关系？它与函数关系有何区别？

（2）什么是相关分析和回归分析？它们有什么区别与联系？举几个函数关系和相关关系的例子。

（3）如何通过绘制散点图的方式来反映变量之间的相关形式和相关程度？

（4）什么是正相关和负相关？什么是线性相关和非线性相关？

（5）一元回归方程 $\hat{Y} = a + bX$ 中，怎样求回归系数 a 和 b？它们的几何意义和经济意义如何？

（6）最小二乘法的基本原理是什么？

（7）总离差平方和分解式的内容和含义是什么？

（8）如何对回归方程进行拟合优度的评价？

（9）如何利用回归方程进行预测？其预测方法有哪些？

（10）什么是标准多元线性回归模型？它与一元线性回归模型有什么联系和区别？

（11）什么是修正的可决系数？为什么要对可决系数进行修正？

（12）什么是复相关系数和偏相关系数？它们与单相关系数有什么联系和区别？

三、填空题

（1）相关关系按相关程度可分为（　　）相关、（　　）相关和（　　）相关。

（2）在相关关系中，当某个变量的数值由小变大，另一个变量的数值相应地（　　），这种相关关系称为正相关；负相关则是一个变量的数值由小变大，另一个则（　　）。

（3）相关关系的取值范围：（　　）。

（4）相关系数是用于反映具有相关关系的两变量间相关关系的（　　）和（　　）的统计指标。

(5) 回归分析要确定哪个是自变量哪个是因变量,在这一点上是和(　　)不相同的。

(6) 用来说明回归方程代表性高低的统计指标是(　　　　　),计算公式为:(　　　　　)。

四、单项选择题

(1) 如果回归方程 $\hat{Y} = a + bX$ 中的系数 $b = 0$,那么相关系数 $r = ($　　$)$。
　　A. -1　　　　B. 0　　　　C. 1　　　　D. 不确定

(2) 相关系数的取值范围是(　　)。
　　A. $0 \leq r \leq 1$　　B. $-1 \leq r \leq 1$　　C. $-1 \leq r \leq 0$　　D. 一切实数

(3) 如果 $r = 0.95$,说明两变量间具有相关性。下面哪一种说法是不正确的(　　)。
　　A. 线性相关　　B. 非线性相关　　C. 高度相关　　D. 正相关

(4) 如果相关系数为负,说明两变量间的变动趋势具有(　　)的特点。
　　A. 同增　　B. 一增一减　　C. 同减　　D. Y 小于 X 变动

(5) 采用最小二乘法求回归直线时,要满足(　　)最小。
　　A. $\sum(\bar{Y} - \hat{Y})^2$　　　　　　　B. $\sum(Y - \bar{Y})^2$
　　C. $\sum(Y - \hat{Y})^2$　　　　　　　D. $\sum(Y - \hat{Y})$

(6) 可决系数 R^2 是用来说明回归方程的(　　)。
　　A. 相关性　　B. 显著性　　C. 拟合优度　　D. 有效性

五、多项选择题

(1) 下列属于相关关系的是(　　)。
　　A. 身高与体重　　B. 收入与储蓄　　C. 价格与销售额　　D. 纬度与天气

(2) 如果两个变量完全线性相关,相关系数可能取(　　)。
　　A. -1　　　　B. 0　　　　C. 1　　　　D. 无法确定

(3) 下列属于测定两变量间是否具有相关关系的方法有(　　)。
　　A. 进行定性分析　　B. 绘制相关表　　C. 绘制相关图　　D. 建立回归方程

(4) 相关系数 r 和回归系数 b,它们(　　)。
　　A. 符号相同　　B. 相异　　C. 可相互推算　　D. 不可互算

六、判断题

(1) 如果两变量的相关系数为 0,只是表明它们之间不具备线性相关关系。
(　　)

(2) 只要两变量间具有相关关系,就一定要建立回归方程进行回归分析。
(　　)

(3) 当 $R^2 = 90\%$ 时，说明残差平方和只占总离差平方和的 10%，方程拟合程度高。 （   ）

(4) 回归估计标准误差 $\sqrt{\dfrac{\sum(y-\hat{y})^2}{n-2}}$，它是一个统计量，服从自由度为 $n-2$ 的 t 分布。 （   ）

(5) 利用回归方程可以进行点预测和区间预测。 （   ）

七、计算题

(1) 为研究数学考试成绩和统计学考试成绩之间的关系，现从某校学生中随机抽取 10 人进行调查，结果如下表：

学生编号	1	2	3	4	5	6	7	8	9	10
数学成绩（分）	60	68	76	76	79	80	83	86	90	96
统计学成绩（分）	54	67	78	81	63	90	81	81	91	96

①绘制散点图，判定数学成绩和统计学成绩之间的相关形态；
②计算数学成绩和统计学成绩之间的相关系数。

(2) 设销售收入 X 为自变量，销售成本 Y 为因变量。现在根据某百货公司 12 个月的有关资料，计算出以下数据：

$$\overline{X} = 647.88 \quad \overline{Y} = 549.8 \quad \sum(X-\overline{X})^2 = 425\,053.73$$

$$\sum(Y-\overline{Y})^2 = 262\,855.25 \quad \sum(X-\overline{X})(Y-\overline{Y}) = 334\,229.09$$

①建立一元线性回归方程，解释回归方程中回归系数的经济意义；
②计算相关系数和可决系数，对变量间的相关性和方程的拟合性进行评价；
③预计下一年 1 月份销售额为 800 万元，对销售成本进行点估计；
④计算回归估计标准误差；
⑤置信度为 95%，利用拟合的回归方程对一月份销售成本进行区间预测。

(3) 银行为了解居民收入和储蓄的关系，对月收入在 500~2 000 元的 100 位居民进行了调查。设月收入为 x（元），储蓄金额为 y（元），资料经初步整理和计算，结果如下：

$$\sum x = 1\,239 \quad \sum y = 879 \quad \sum xy = 11\,430 \quad \sum x^2 = 17\,322 \quad \sum y^2 = 7\,905$$

①建立回归直线方程，解释相关系数 b 的经济意义。
②计算相关系数和可决系数，对变量间的相关性和方程的拟合程度进行评价。
③计算回归估计标准误差。
④若月收入为 1 500 元，估计储蓄金额为多少。
⑤在置信度为 90% 之下，利用以上资料对储蓄金额进行区间预测。

(4) 现有 10 家同类企业的生产性固定资产价值和工业总产值的资料如下表

所示：

企业编号	生产性固定资产（万元）x	工业总产值（万元）y
1	318	524
2	910	1 019
3	200	638
4	409	815
5	415	913
6	502	926
7	314	605
8	1 210	1 516
9	1 022	1 219
10	1 225	1 624
合计		

①求回归直线方程。
②计算相关系数和可决系数。
③估计生产性固定资产为 1 100 万元时企业的总产值为多少。

第八章 统计指数

【学习目标】
(1) 理解统计指数的含义和分类；
(2) 掌握综合指数和平均指数的编制方法和应用；
(3) 掌握和应用指数体系进行总量指标和平均指标的两因素分析方法。

第一节 统计指数的概念与分类

一、统计指数的概念

统计指数是一种相对数形式的分析指标，常常用它来反映社会经济现象的变动情况。例如，产品产量指数反映产品产出的增减变动情况，物价指数说明市场商品价格的波动状态，股价指数反映股市行情的走势，等等。

统计指数通常用百分数表示，其含义是：把基期水平作为百分之百，报告期水平相对于基期水平而言是百分之多少，以此反映现象的变动情况。例如，某年全国的零售物价指数为110%，这就表示：当年全国零售商品的价格水平相当于基准年份价格水平的110%，或者说，当年的零售商品价格相对于基期上涨了10%。

统计指数有广义和狭义之分。广义的统计指数用以说明社会经济现象数量变动或差异程度的相对数，这样看来所有的相对数都可以称为统计指数。如动态相对数（发展速度、增长速度）指不同时间的现象水平的对比，说明现象在时间上的变动情况；比较相对数指不同空间（国家、地区、部门、单位等）现象水平的对比，说明现象间所存在的差异程度和不均衡程度；计划完成程度相对数指现象的实际完成水平与计划（规划或目标）水平的对比，用以考核计划的完成情况。例如 2013 年某地区国内生产价值为 11.69 万亿元（报告期水平），2012 年为 10.24 万亿元（基期水平），两数相比 11.67/10.24 = 113.9%，说明该地区 2013 年的国内生产价值是 2012 年的 113.9%，增长了 13.9%。这个相对数（动态相对数），就可以看作是广义的统计指数。

狭义的统计指数是指一种特殊的相对数，专指总指数。它是用来反映不能直接相加的多种事物组成的复杂现象总体的综合变动程度的相对数。复杂现象总体是指总体中各单位的标志值或单位数都不能直接相加的现象总体。例如，我国某年居民消费价格总指数为 101.2%，它说明居民消费价格总体上涨了 1.2%。社会上销售的商品成千上万，提供的服务林林总总，它们的实用价值和计量单位各不相同，不能将它们的单价或者数量简单地相加求其指数，反映居民消费的总体变动。但是，利用总指数独有的计算方法就可以解决这个问题。统计中所说的指数，通常是指狭义的指数——总指数。

统计指数具有下列主要性质：

（1）综合性——指数是将复杂现象总体的事物加以综合对比，以反映总体在不同时间、不同空间上的总变动，而不是仅仅研究其中某个别事物的变动。指数的综合性特点是形成指数分析理论和方法体系的基础。

（2）相对性——指数是以相对数的形式来反映复杂现象总体在不同时间、不同空间数量上的相对变动关系。

（3）代表性——一方面，指数是一个综合对比指标，反映了总体中各构成要素的平均变动水平，它是总体中各个个别事物变动的代表值。另一方面，反映复杂现象总体的变动往往不可能包罗万象，只能选择有代表性的事物进行研究，借以综合反映现象总体的变动。

二、统计指数的分类

（一）按指数化指标的性质分类

按指数化指标的性质不同，可以将统计指数分为数量指标指数与质量指标指数。

数量指标指数是反映数量指标（即现象总体规模）综合变动程度的相对数。例如：产品产量指数、商品销售量指数、工人人数指数等。

质量指标指数是反映质量指标（即总体质量和效果）综合变动程度的相对数。例如：商品价格指数、产品成本指数、工人劳动生产率指数等。

还有一种指数，如商品销售额指数、产品总成本指数或总产值指数等，应该说它们也属于数量指标指数（销售额、总成本、总产值等都是数量指标），但它们反映的总量具有价值量特征，属于价值总量。我们通常不把它们归入数量指标指数，而是把它们单独分为一类——价值指数（价值总量指标指数的简称）。在指数因素分析时，往往是将价值指数分解为数量指标指数和质量指标指数的积来进行研究的。一般情况下，价值指标至少有两个构成要素，其中一个是数量指标，另一个是质量指标。例如，销售量×销售价格＝销售额，销售量是数量指标，销售价格是质量指标，而销售额就是价值指标。在计算销售量指数和销售价格指数时，都要通过价值指标指数来计算。由此可见，数量指标指数和质量指标指数之间具有相互联系、相互依赖的关系，这种关系是因素分析的基础。

（二）按研究对象的范围分类

按研究对象的范围不同，可以将统计指数分为个体指数与总指数。

个体指数是反映单一现象或个别项目变动情况的指数。如，市场上某种商品的价格指数或销售量指数。个体指数的实质就是一般意义的相对数，前面所说的动态相对数、比较相对数和计划完成相对数都可以看成是个体指数。

总指数是反映复杂现象总体的数量综合（平均）变动情况的相对数。然而，在复杂现象总体中往往个别现象的数量不能直接相加或不能简单综合对比,因此,总指数与个体指数的区别在于不仅考察范围不同,而且计算方法也不相同。

介于个别现象和总体现象之间,我们有时还要说明某一组或某一类现象的变动情况,此时就要计算组指数或类指数。类指数是由某一类相同事物中的个体指数加权平均得到。个体指数和类指数是相对的,小类指数相对中类指数是个体指数。类指数和总指数都是综合指数,编制方法相同,只是计算的范围不同而已。

【例8-1】假设市场上五种商品的销售价格和销售量资料如表8-1所示。表中记商品价格为"p",销售量为"q";下标"0"表示基期,下标"1"表示计算期(或报告期)。

表8-1 商品销售量与销售价格资料表

商品类别	计量单位	销售量		价格(元)		销售额(万元)		个体指数(%)	
		基期 q_0	报告期 q_1	基期 p_0	报告期 p_1	基期 q_0p_0	报告期 q_1p_1	销售量 q_1/q_0	价格 p_1/p_0
A	百公斤	2 600	3 000	350.0	400.0	91.0	120.0	115.38	114.29
B	公斤	85 000	98 000	28.0	30.0	238.0	294.0	150.76	107.14
C	500克	10 000	15 000	0.8	1.0	1.0	1.2	150.00	80.00
D	件	24 000	23 000	100.0	130.0	240.0	299.0	95.83	130.00
E	台	510	610	1500.0	1400.0	76.5	85.4	119.61	93.33
合计	—					646.5	799.6	—	—

显然,上表中列出的五种商品所构成的总体是一个复杂现象总体,它们的销售量或价格都不能直接相加。这五种商品基期和报告期的销售额,可以根据上表的资料求得,而且各商品的销售额可以相加,其和表示所有商品的销售总额。

我们可以依据以上资料编制各个商品的个体指数和所有商品的总指数。个体指数反映各个商品销售量或价格的变动情况,只要将报告期与基期的销售量或价格资料直接对比,就可以求得。上表中右边两栏就是五种商品的个体指数,从表中可以看出各个商品的销售量和价格的变动情况。数量指标和质量指标的个体指数分别记为:k_q 和 k_p,其公式记为:

$$k_q = \frac{q_1}{q_0}, \quad k_p = \frac{p_1}{p_0} \quad (8-1)$$

如果我们所要考察的不是个别商品,而是全部商品的销售量和价格的变动情况,就要编制所有商品的"销售量总指数"和"价格总指数"。由于五种商品的销售量或价格都不能直接相加(相加后没有实际的经济含义),因此不能采用类似个体指数的求法先相加再对比来求总指数,需要制定和运用专门的总指数的编制方法。这在下节讲述。

销售额是价值指标，五种商品的销售额可以相加，那么，我们就可以计算所有商品销售额的指数，它反映了所有商品销售总额所发生的变动情况。

$$销售额指数：\frac{\sum q_1 p_1}{\sum q_0 p_0} = \frac{799.6}{645.6} = 123.85\%$$

通常把销售额指数作为价值指数，一般地，价值指数（本例就是销售额指数）考察范围与总指数一致，都是反映总体现象的变动情况，但计算方法和性质与个体指数相同（都采用一般相对数的求法）。因此，价值指数既可以视为总指数，也可以视为个体指数，这要根据在指数分析中，它与其他指数之间的关系来定。

（三）按指数的时间状态分类

按指数的时间状态不同，可以将统计指数分为动态指数与静态指数两类。

动态指数又称时间指数，它是将不同时间上的同类现象水平进行对比，反映现象在时间上的变化过程和程度。常见的物价指数、股票价格指数、工业生产指数等，都属于动态指数。统计指数原本就是指动态指数，它是最重要的指数。而引入静态指数概念则是我们可以应用动态指数分析原理和方法，对非动态的现象进行分析和研究，因此静态指数是动态指数的推广。

静态指数包括空间指数和计划完成情况指数两种。空间指数是将不同空间（如不同国家、地区、企业、部门等）的同类现象水平进行比较的结果，反映现象在空间上的差异程度。例如：地区间的价格比较指数、国际对比的购买力评价指数和人均GDP指数，等等。计划完成情况指数则是将某种现象的实际水平与计划目标对比的结果，反映计划的执行情况或完成与未完成的程度，如产品成本计划完成情况指数。

（四）按对比的基期分类

按对比的基期不同，统计指数可以分为定基指数和环比指数。定基指数是指在指数数列中，都以某一固定的时期作为基期计算的指数，用来说明现象在较长时期内的变动情况。环比指数是指在指数数列中，都以相邻前期作为基期计算的指数，用来说明现象在相邻两期中的变动情况。

对于总指数，按照指数编制的方法，还有综合指数与平均指数的分类，以及简单指数与加权指数的分类。综合指数和平均指数的编制方法是总指数的基本编制方法，在下面我们详细研究。

三、总指数编制的两个基本方式

总指数的编制有两种基本思路。

一是先将指数化指标的值相加，然后进行对比，来求总指数。然而，前面我们已经看到复杂现象总体的标志值不能直接相加。追溯其原因，就是不同商品的销售量或价格不具有"同度量"的特点，它们属于不同度量的现象。如何来解决这个问题呢？首先必须解决"同度量"问题，即将不能直接相加的现象，转化为相同度量的可以相加的现象，先相加起来，再对比求其总指数。这将在后面的综合指数的编制中加以解决。

二是先求出各个个别现象的个体指数,然后求个体指数的平均数,用这个平均数作为复杂现象的总指数。历史上最早采用的就是求个体指数的简单平均数,也就是简单平均指数。然而,在复杂现象总体中各个个体对总体变动的影响程度是不相同的,有的影响大,有的影响小,如果直接采用简单平均法就不能反映它们重要性程度的差异,不能满足分析的需要。为此,必须选择适当的"权数",计算个体指数的加权的平均数,也就是编制加权平均指数。这将在后面的平均指数的编制中加以解决。

第二节 综合指数

一、综合指数的概念及编制原理

综合指数是总指数的基本形式,也是指数因素分析的主要应用和工具。

综合指数的编制原理是将不能直接相加的指数化指标,转化为可以相加的价值指标,价值指标进行对比求其指数,来反映指数化指标的总体变动情况。因此,综合指数的编制首先是根据指数分析的要求,将某个价值指标分解为两个因素指标的积,其中一个是指数化指标,另一个称为同度量因素。在求指数时,指数化指标发生变化,应该分别取报告期和基期不同的数值;然而,同度量因素却不应该变动,应该将其固定下来,消除同度量因素变动的影响。其次,根据指数化指标和同度量的数值,计算不同时间的价值指标的总额。最后,不同时间的价值总额对比求出总指数,这一总指数恰好反映了指数化指标的变动情况,它就是我们要求的指数化指标的总指数。

例如:商品销售额可以分解为商品销售量与商品价格的积。显然,对于复杂现象总体有:

$$\sum(商品销售量 \times 商品价格) = \sum 商品销售额$$

在研究商品销售量变动时,销售量是指数化指标,商品价格就是同度量因素,它们的积——商品销售额就是同度量指标,同度量指标商品销售额就可以相加了。在求指数时,分子项和分母项中指数化指标(销售量)应分别取报告期和基期的数值,而作为同度量因素的商品价格就应该固定下来,不发生变化。分子项和分母项中的商品价格应该取同一时间的数值。这样,我们用两个不同时间的价值指标(销售总额)来对比、计算的指数,就能反映指数化指标(销售量)的变动情况。

$$\underset{\substack{\uparrow \qquad\qquad \uparrow \\ \text{指数化指标} \quad \text{同度量因素}}}{\sum(商品销售量 \times 商品价格)} = \underset{\substack{\uparrow \\ \text{同度量指标}}}{\sum(商品销售额)}$$

在研究商品价格变动时,价格是指数化指标,销售量是同度量因素,商品销售额是同度量指标。在求指数时,指数化指标(价格)分别取报告期和基期的数值。而销售量应该固定下来,取同一时间的数值,不发生变化。这样,我们用两个不同时间的价值指标(销售总额)来对比、计算的指数,就能反映指数化指标(价格)的变动情况。

$$\underbrace{\sum(\underbrace{商品销售量}_{同度量因素} \times \underbrace{商品价格}_{指数化指标})}_{} = \underbrace{\sum 商品销售额}_{同度量指标}$$

同度量因素不但起到了把不同度量的指数化指标转化为同度量的价值指标的作用,又起到了加权的作用,所以也称为权数。因此,严格地讲,综合指数应称为加权综合指数。

在计算综合指数时,同度量因素的水平要固定下来,不发生变化,那么到底要固定在哪里呢?根据分析的需要我们可以将同度量因素固定在基期水平或者固定在报告期水平,当然也可以固定在某一特定时期的水平。由于同度量因素水平固定的时期不同,综合指数表现出各种不同的形式。这在后面的内容中很快就会看到。

二、拉氏指数

拉式指数是最重要的加权综合指数之一。拉式价格指数是由德国经济统计学家拉斯佩雷斯(E. Laspeyres)在1864年提出的,他在计算一组商品价格的综合指数时,把同度量因素商品的销售量固定在基期水平。拉氏指数将同度量因素固定在基期水平之上,故又称为"基期加权综合指数"。用字母 L 表示拉氏指数,相应的数量指标指数和质量指标指数的公式分别为:

$$L_q = \frac{\sum q_1 p_0}{\sum q_0 p_0}, \quad L_p = \frac{\sum q_0 p_1}{\sum q_0 p_0} \qquad (8-2)$$

【例 8-2】利用例 8-1 中五种商品的销售资料(见表 8-2),计算销售量拉氏指数和价格拉氏指数。

表 8-2 商品销售量和价格资料及销售额计算表

商品类别	计量单位	销售量		价格(元)		销售额(万元)			
		基期	报告期	基期	报告期	基期	假定		报告期
		q_0	q_1	p_0	p_1	$q_0 p_0$	$q_1 p_0$	$q_0 p_1$	$q_1 p_1$
A	百公斤	2 600	3 000	350.0	400.0	91.0	105.0	104.0	120.0
B	公斤	85 000	98 000	28.0	30.0	238.0	274.4	255.0	294.0
C	500 克	10 000	15 000	1.0	0.8	1.0	1.5	0.8	1.2
D	件	24 000	23 000	100.0	130.0	240.0	230.0	312.0	299.0
E	台	510	610	1 500.0	1 400.0	76.5	91.5	71.4	85.4
合计		—	—	—	—	646.5	702.4	743.2	799.6

表中五种商品的销售量和价格是我们掌握的资料，右边的销售额栏中基期和报告期的销售额是根据销量和价格资料计算的实际数据。其中还有两项"假定的销售额"是根据某一期的销售量和另一期的价格计算的销售额，它们不是客观存在的数据，是为了满足分析的需要"虚拟"的数据。表中左边是资料栏，右边是计算栏，下方"合计"栏中的数字往往就是我们分析所用的数据。

【解】根据拉氏指数计算公式，得：

$$拉氏销量指数：L_q = \frac{\sum q_1 p_0}{\sum q_0 p_0} = \frac{702.4}{646.5} = 108.65\%$$

$$拉氏价格指数：L_p = \frac{\sum q_0 p_1}{\sum q_0 p_0} = \frac{743.2}{646.5} = 114.96\%$$

计算结果表明，所有商品的销售量拉氏总指数为 108.65%，价格拉氏总指数为 114.96%，也就是报告期相对基期而言，五种商品的销售量平均增长了 8.65%，五种商品的价格平均上涨了 14.96%。

其分子项与分母项相减的绝对额：

$$\sum q_1 p_0 - \sum q_0 p_0 = 702.4 - 646.5 = 55.9(万元)$$

$$\sum q_0 p_1 - \sum q_0 p_0 = 743.2 - 646.5 = 96.7(万元)$$

这说明，由于销售量增长 8.65%，使五种商品的销售额增加了 55.9 万元；由于价格上涨了 14.96%，使五种商品的销售额增加了 96.7 万元。

可见，利用指数分析方法，可以反映现象的变动方向和变化的程度，还可以反映现象在绝对量上的变化。我们可以利用指数从相对变化和绝对变化两方面对研究对象进行较为全面的分析。

三、帕氏指数

与拉氏指数一样，帕氏指数也是最重要的加权综合指数之一。帕氏价格指数是在 1874 年由德国另一位经济统计学家帕舍（H. Paasche）提出的，他在计算一组商品价格的综合指数时，把同度量因素商品的销售量固定在报告期水平。帕氏指数将同度量因素固定在报告期水平之上，故又称为"报告期加权综合指数"。将帕氏指数简记为 P，相应的数量指标指数和质量指标指数的公式分别为：

$$P_q = \frac{\sum q_1 p_1}{\sum q_0 p_1}, \quad P_p = \frac{\sum q_1 p_1}{\sum q_1 p_0} \tag{8-3}$$

【例 8-3】仍然以例 8-2 中五种商品的销售资料（见表 8-2）来计算帕式形式的价格指数和销售量指数。

$\sum q_0p_0$	$\sum q_1p_0$	$\sum q_0p_1$	$\sum q_1p_1$
646.5	702.4	743.2	799.6

【解】依据帕氏指数计算公式，得：

$$帕氏销量指数：P_q = \frac{\sum q_1p_1}{\sum q_0p_1} = \frac{799.6}{743.2} = 107.59\%$$

$$帕氏价格指数：P_p = \frac{\sum q_1p_1}{\sum q_1p_0} = \frac{799.6}{702.4} = 113.84\%$$

计算结果表明，所有商品的销售量帕氏总指数为 107.59%，价格帕氏总指数为 113.84%。报告期相对基期而言，五种商品的销售量平均增长了 7.59%；五种商品的价格平均上涨了 13.84%。

其分子项与分母项相减的绝对额：

$$\sum q_1p_1 - \sum q_0p_1 = 799.6 - 743.2 = 56.4（万元）$$

$$\sum q_1p_1 - \sum q_1p_0 = 799.6 - 702.4 = 97.2（万元）$$

这说明，由于销售量增长 7.59%，使五种商品的销售额增加了 56.4 万元；由于价格上涨 13.84%，使销售额增加了 97.2 万元。

综合指数不仅提供了编制总指数的方法，它还为综合反映社会经济现象发展状况的统计分析方法奠定了基础。这就是今天被广泛应用的指数因素分析方法。

在编制综合指数时，同度量因素起到了转化的作用，同时它也是指数的"权数"。拉氏指数将权数固定在基期，帕氏指数将权数固定在报告期。由此，这两种综合指数在分析上有不同的特点。以物价指数为例，拉氏物价指数反映的是当销售量（权数）固定在基期时价格变动的程度，帕氏物价指数反映的是当销售量（权数）保持在报告期时价格变动的程度。可见，拉氏价格指数和帕氏价格指数都反映了价格的变动程度，但拉氏价格指数是脱离目前（报告期实际）的消费结构和水平，来观察价格的变动的；而帕氏价格指数在反映价格变动情况时，已经包含了消费结构和水平变化，不再是单纯价格因素的变动了。

对于同一资料，采用拉氏指数或帕氏指数，其计算结果一般是不相同的。为了使计算的指数具有可比性，同时便于在指数因素分析中保持因素之间的平衡关系，习惯上作出如下约定：在不明确指定按拉氏还是按帕氏计算指数时，数量指标指数按拉氏指数计算，质量指标指数按帕氏指数计算。也就是，计算数量指标指数时，（质量指标的）同度量因素固定在基期；计算质量指标指数时，（数量指标的）同度量因素固定在报告期。

四、综合指数的其他形式

综合指数编制的关键就是确定同度量因素，选择同度量因素不仅要解决对不同度量现象的综合，还要有能够解释现象的经济意义。除已经介绍的拉氏指数和帕氏指数外，具有一定影响的综合指数有：

（一）马歇尔－艾奇沃斯指数

该指数是由英国经济学家马歇尔提出，他以基期和报告期的实物平均量作为同度量因素，建立马氏综合物价指数。后来被英国统计学家艾奇沃斯加以推广，形成了马－艾指数。

$$E_q = \frac{\sum q_1 \times \frac{p_0 + p_1}{2}}{\sum q_0 \times \frac{p_0 + p_1}{2}} = \frac{\sum q_1(p_0 + p_1)}{\sum q_0(p_0 + p_1)}$$

$$E_p = \frac{\sum \frac{q_0 + q_1}{2} \times p_1}{\sum \frac{q_0 + q_1}{2} \times p_0} = \frac{\sum (q_0 + q_1)p_1}{\sum (q_0 + q_1)p_0}$$

马－艾指数的结果介于拉氏指数和帕氏指数之间，从数值上看，它所选取同度量因素的水平既不偏向基期也不偏向报告期，属于"不偏不倚"的中庸公式。

（二）理想指数（费雪指数）

该指数由美国经济学家费雪在1911年提出，方法是求拉氏指数和帕氏指数的几何平均数。

$$F_q = \sqrt{L_q \times P_q} = \sqrt{\frac{\sum q_1 p_0}{\sum q_0 p_0} \times \frac{\sum q_1 p_1}{\sum q_0 p_1}}$$

$$F_p = \sqrt{L_p \times P_p} = \sqrt{\frac{\sum q_0 p_1}{\sum q_0 p_0} \times \frac{\sum q_1 p_1}{\sum q_1 p_0}}$$

显然，两个理想指数的乘积即为价值指数：

$$F_q \times F_p = \sqrt{\frac{\sum q_1 p_0}{\sum q_0 p_0} \times \frac{\sum q_1 p_1}{\sum q_0 p_1}} \times \sqrt{\frac{\sum q_0 p_1}{\sum q_0 p_0} \times \frac{\sum q_1 p_1}{\sum q_1 p_0}} = \frac{\sum q_1 p_1}{\sum q_0 p_0} = F_{qp}$$

理想指数和马－艾指数一样，"不偏不倚"，但是，这两种指数都缺乏明确的经济意义，且所需的资料较多。因此，不少统计学家对这种不重视经济内容的公式提出过异议。

【例8-4】以例8-2中五种商品的销售资料来分别计算马－艾指数和理想指数的价格指数。

$\sum q_0 p_0$	$\sum q_1 p_0$	$\sum q_0 p_1$	$\sum q_1 p_1$
646.5	702.4	743.2	799.6

【解】 $E_p = \dfrac{\sum (q_0 + q_1)p_1}{\sum (q_0 + q_1)p_0} = \dfrac{\sum q_0 p_1 + \sum q_1 p_1}{\sum q_0 p_0 + \sum q_1 p_0} = \dfrac{743.2 + 799.6}{646.5 + 702.4} = 114.37\%$

$F_p = \sqrt{\dfrac{\sum q_0 p_1}{\sum q_0 p_0} \times \dfrac{\sum q_1 p_1}{\sum q_1 p_0}} = \sqrt{\dfrac{743.2}{646.5} \times \dfrac{799.6}{702.4}} = 114.39\%$

第三节 平均指数

一、平均指数的概念及编制原理

平均指数是总指数的另一种基本形式，它是个体指数的加权的平均数。常用的平均指数的计算形式有两种：加权算术平均指数和加权调和平均指数。

平均指数的编制原理是先求复杂总体各个事物的个体指数，然后求个体指数的平均数，这个平均数就是我们要求的总指数。

二、算术平均指数

当我们掌握复杂总体中各个别事物的个体指数，以及基期价值总量指标时，可以编制算术平均指数。算术平均指数的实质就是以个体指数为变量，以基期的价值指标为权数，计算个体指数加权的算术平均数。因此，严格地说，算术平均指数应称为基期价值加权算术平均指数。其计算公式为：

设：个体数量指数 $k_q = \dfrac{q_1}{q_0}$，个体质量指数 $k_p = \dfrac{p_1}{p_0}$，权数为 $q_0 p_0$。

数量指标的算术平均指数为：

$$A_q = \dfrac{\sum k_q (q_0 p_0)}{\sum q_0 p_0} = \dfrac{\sum \dfrac{q_1}{q_0}(q_0 p_0)}{\sum q_0 p_0} \tag{8-4}$$

质量指标的算术平均指数为：

$$A_p = \dfrac{\sum k_p (q_0 p_0)}{\sum q_0 p_0} = \dfrac{\sum \dfrac{p_1}{p_0}(q_0 p_0)}{\sum q_0 p_0} \tag{8-5}$$

【例 8-5】依据例 8-2 中五种商品的销售资料（见表 8-3），采用基期价值加权的算术平均公式分别编制价格指数和销售量指数。

表 8-3 商品个体指数及销售额资料表

商品类别	个体指数(%)		销售额(万元)		
	销售量	价格	基期	假定	
	$k_q = q_1/q_0$	$k_p = p_1/p_0$	$q_0 p_0$	$k_q(q_0 p_0) = q_1 p_0$	$k_p(q_0 p_0) = q_0 p_1$
A	115.38	114.29	91.0	105.0	104.0
B	150.76	108.14	238.0	274.4	255.0
C	150.00	80.00	1.0	1.5	0.8
D	95.83	130.00	240.0	230.0	312.0
E	119.61	93.33	76.5	91.5	71.4
合计	—	—	646.5	702.4	743.2

【解】利用算术平均指数计算公式得：

$$A_q = \frac{\sum k_q(q_0 p_0)}{\sum q_0 p_0} = \frac{702.4}{646.5} = 108.65\%, \quad A_p = \frac{\sum k_p(q_0 p_0)}{\sum q_0 p_0} = \frac{743.2}{646.5} = 114.96\%$$

不难看出，算术平均指数的计算结果与前面拉氏指数给出的结果完全相同。事实上，当个体指数与价值权数之间存在一一对应关系时，基期加权的算术平均指数恒等于拉氏指数，即有：

$$A_q = \frac{\sum k_q(q_0 p_0)}{\sum q_0 p_0} = \frac{\sum \frac{q_1}{q_0}(q_0 p_0)}{\sum q_0 p_0} = \frac{\sum q_1 p_0}{\sum q_0 p_0} = L_q$$

$$A_p = \frac{\sum k_p(q_0 p_0)}{\sum q_0 p_0} = \frac{\sum \frac{p_1}{p_0}(q_0 p_0)}{\sum q_0 p_0} = \frac{\sum q_0 p_1}{\sum q_0 p_0} = L_p$$

(8-6)

在这种情形下，平均指数可以看成是综合指数的一种变形。

在指数编制的实践中，由于通常都要运用指标选样方法和附加权数资料来简化指数编制工作，此时个体指数与权数之间并不存在严格的一一对应关系，上述关系就难以成立了。因此，平均指数仍然是一种相对独立的总指数编制方法，在这种特殊情况下，才是综合指数的变形。

算术平均指数不仅可以用绝对数（价值）加权，也可以用相对数（价值比重）加权，而且，采用相对权数具有更多的优越性。以价格指数为例，其计算公式为：

$$A_p = \frac{\sum \frac{p_1}{p_0}(q_0 p_0)}{\sum q_0 p_0} = \sum \left(\frac{p_1}{p_0} \cdot \frac{q_0 p_0}{\sum q_0 p_0}\right) = \sum \left(\frac{p_1}{p_0} \cdot W_0\right)$$

(8-7)

式中：$W_0 = \frac{q_0 p_0}{\sum q_0 p_0}$。

为了简化指数编制工作，实践中常常将相对权数固定下来，连续使用若干个指数编制时期。仍以价格指数为例，其公式就变为：

$$A_p = \sum \left(\frac{p_1}{p_0} \cdot w_c\right) \quad (8-8)$$

式中，w_c 为固定下来的相对权数，它可以用小数表示，也可以用百分数表示，我们称这一指数为"固定加权算术平均指数"。

三、调和平均指数

当我们掌握各个别事物的个体指数，以及报告期价值总量指标时，可以编制调和平均指数。调和平均指数的实质就是以个体指数为变量，以报告期的价值指标为权数，计算个体指数加权的调和平均数。因此，严格地说，调和平均指数应称为报告期加权调和平均指数。

设：个体数量指数 $k_q = \frac{q_1}{q_0}$，个体质量指数 $k_p = \frac{p_1}{p_0}$，权数为 $q_1 p_1$。

数量指标的调和平均指数为：

$$H_q = \frac{\sum q_1 p_1}{\sum \frac{1}{k_q}(q_1 p_1)} = \frac{\sum q_1 p_1}{\sum \frac{q_0}{q_1}(q_1 p_1)} \quad (8-9)$$

质量指标的调和平均指数为：

$$H_p = \frac{\sum q_1 p_1}{\sum \frac{1}{k_p}(q_1 p_1)} = \frac{\sum q_1 p_1}{\sum \frac{p_0}{p_1}(q_1 p_1)} \quad (8-10)$$

【例 8-6】依据例 8-2 中五种商品的销售资料（见表 8-4），采用报告期价值加权的调和平均公式分别编制价格指数和销售量指数。

表 8-4　商品个体指数及销售额资料表

商品类别	个体指数（%）		销售额（万元）		
	销售量	价格	报告期	假定	
	$k_q = q_1/q_0$	$k_p = p_1/p_0$	$q_1 p_1$	$(q_1 p_1)/k_q = q_0 p_1$	$(q_1 p_1)/k_p = q_1 p_0$
A	115.38	114.29	120.0	104.0	105.0
B	150.76	107.14	294.0	255.0	274.4
C	150.00	80.00	1.2	0.8	1.5
D	95.83	130.00	299.0	312.0	230.0
E	119.61	93.33	85.4	71.4	91.5
合计	—	—	799.6	743.2	702.4

【解】 利用调和平均指数计算得：

$$H_q = \frac{\sum q_1 p_1}{\sum \frac{1}{k_q}(q_1 p_1)} = \frac{799.6}{743.2} = 107.59\%$$

$$H_p = \frac{\sum q_1 p_1}{\sum \frac{1}{k_p}(q_1 p_1)} = \frac{799.6}{702.4} = 113.84\%$$

显然，这些计算结果与前面帕氏指数给出的结果完全相同。容易证明，当个体指数与价值权数之间存在一一对应关系时，计算期加权的调和平均指数恒等于帕氏指数，即有：

$$H_q = \frac{\sum q_1 p_1}{\sum \frac{1}{k_q}(q_1 p_1)} = \frac{\sum q_1 p_1}{\sum \frac{q_0}{q_1}(q_1 p_1)} = \frac{\sum q_1 p_1}{\sum q_0 p_1} = P_q$$

$$H_p = \frac{\sum q_1 p_1}{\sum \frac{1}{k_p}(q_1 p_1)} = \frac{\sum q_1 p_1}{\sum \frac{p_0}{p_1}(q_1 p_1)} = \frac{\sum q_1 p_1}{\sum q_1 p_0} = P_p$$

(8-11)

在这种情形下，调和平均指数也可以看成是帕氏综合指数的一种变形。

在编制统计指数时，我们可以根据所掌握的资料和数据，正确地选择总指数的形式。

已知资料	指数形式
q_0, q_1, p_0, p_1	综合指数
$k_q, k_p, q_0 p_0$	算术平均指数
$k_q, k_p, q_1 p_1$	调和平均指数

【例8-7】 某企业2006年和2007年有关产品产量、产品价格和总产值的资料如表8-5所示。试求产品产量和产品价格的总指数。

表8-5 某企业产品产量、价格和总产值资料表

产品	产量比上年增长（%）	价格比上年增长（%）	总产值（万元）	
			2006年	2008年
A	10	-5	100.0	104.5
B	-5	15	120.0	131.1
C	10	10	250.0	302.5
合计			470.0	538.1

【分析】 在统计实践中，数量指标（产量）的总指数取拉氏指数，质量指标（价格）的指数取帕氏指数。从上表的资料可知，根据产量和价格的增长率，可以求出

各产品产量和价格的个体指数。知道了个体指数,总指数应按平均指数来求。基期和报告期的总产值资料已知,现在的关键就是求假定的总产值 q_1p_0。假定的总产值可以通过下列两种方法求得:

$$q_1p_0 = (q_0p_0) \times k_q \qquad q_1p_0 = \frac{(q_1p_1)}{k_p}$$

【解】根据以上分析,计算相关数据,填入表8-6:

表8-6 某企业产品产量、价格和总产值资料表

产品	产量(%)		价格(%)		总产值(万元)		
	增长率	个体指数	增长率	个体指数	2006年	假定	2008年
	$q_1/q_0 - 1$	q_1/q_0	$p_1/p_0 - 1$	p_1/p_0	q_0p_0	q_1p_0	q_1p_1
A	10	110	-5	95	100.0	110.0	104.5
B	-5	95	15	115	120.0	114.0	131.1
C	10	110	10	110	250.0	275.0	302.5
合计	—	—	—	—	470.0	499.0	538.1

产品产量的总指数:$\dfrac{\sum q_1p_0}{\sum q_0p_0} = \dfrac{499.0}{470.0} = 106.17\%$

产品价格的总指数:$\dfrac{\sum q_1p_1}{\sum q_1p_0} = \dfrac{538.1}{499.0} = 107.84\%$

第四节 指数体系与因素分析

一、指数体系的概念及其作用

(一)指数体系的概念

指数体系有广义和狭义之分。广义的指数体系是指经济上有联系的若干个统计指数构成的整体。广义的指数体系包含多少个指数,由研究问题的需要而定。这里主要讨论狭义的指数体系。

狭义的指数体系是指经济上有一定的联系,数量上能够形成相等关系的三个或三个以上的指数所构成的整体。例如:

商品销售额指数 = 商品销售量指数 × 商品价格指数

上面等式中的三个指数就构成了一个指数体系。等式左边是总变动指数,等式右边是两个影响因素指标的指数,称因素指数。可见,总变动指数等于所有影响因素指数的乘积。

类似的例子还有很多：

产品总成本指数 = 产品产量指数 × 单位产品成本指数；

原材料消耗额指数 = 产品产量指数 × 单位原材料消耗量指数 × 原材料价格指数；

工业总产值指数 = 产品产量指数 × 产品价格指数。

（二）指数体系的作用

指数体系的作用主要表现在两个方面：

（1）利用指数体系进行"因素分析"，从相对变化和绝对变化两方面分析各因素对复杂社会经济现象总变动的影响。

（2）利用指数体系进行指数间的相互推算，即根据有关现象的变动程度来推算其他现象的变动程度。

二、指数因素分析方法

指数因素分析方法应用非常广泛，它不但能对总体现象进行分析，也能对简单现象进行分析。对总体现象进行分析时，要建立总指数构成的指数体系，分析起来较为复杂。下面我们分总量指标的因素分析和平均指标的因素分析来讲述。简单现象的因素分析是通过个体指数构成的指数体系来进行的，分析起来较为简单和直观。本节重点讨论的是复杂现象的因素分析。

三、总量指标的因素分析

总量指标的因素分析，可以分为两因素分析和多因素分析两种。先谈两因素分析，然后将其原理和方法推广到多因素分析中去。

（一）两因素分析

复杂现象的因素分析，要用综合指数来建立指数体系。两因素分析时，如：

$$\text{销售额指数} = \text{销售量指数} \times \text{销售价格指数}$$

此时销售量指数和销售价格指数是取拉氏指数还是取帕氏指数？不难发现，都取拉氏指数或者都取帕氏指数，不能建立指数体系，因为它们的积不等于销售额指数，不能建立等量关系式。即

$$L_q \cdot L_p = \frac{\sum q_1 p_0}{\sum q_0 p_0} \times \frac{\sum q_0 p_1}{\sum q_0 p_0} \neq \frac{\sum q_1 p_1}{\sum q_0 p_0} = V$$

$$P_q \cdot P_p = \frac{\sum q_1 p_1}{\sum q_0 p_1} \times \frac{\sum q_1 p_1}{\sum q_1 p_0} \neq \frac{\sum q_1 p_1}{\sum q_0 p_0} = V$$

如果采用下列方式，就可以建立恒等关系式了。

（1）数量指标（销售量）取拉氏指数，质量指标（价格）取帕氏指数。

$$L_q \cdot P_p = \frac{\sum q_1 p_0}{\sum q_0 p_0} \times \frac{\sum q_1 p_1}{\sum q_1 p_0} = \frac{\sum q_1 p_1}{\sum q_0 p_0} = V$$

(2) 数量指标（销售量）取帕氏指数，质量指标（价格）取拉氏指数。

$$P_q \cdot L_p = \frac{\sum q_1 p_1}{\sum q_0 p_1} \times \frac{\sum q_0 p_1}{\sum q_0 p_0} = \frac{\sum q_1 p_1}{\sum q_0 p_0} = V$$

一般地，我们采用第一种方式来建立指数体系。这样建立的指数体系的意义是将总变动（价值）指数分解为拉氏数量指标指数和帕氏质量指标指数之乘积。

$$V = L_q \cdot P_p$$

$$\frac{\sum q_1 p_1}{\sum q_0 p_0} = \frac{\sum q_1 p_0}{\sum q_0 p_0} \times \frac{\sum q_1 p_1}{\sum q_1 p_0} \tag{8-12}$$

我们知道，现象的总变动是由于所有影响因素的变动共同造成的。为了分析各个因素对总变动影响的方向和影响的程度，自然要按一定的顺序让某一因素变动，让其他的因素不发生变动，依次逐个进行计算分析。按照以上指数体系的公式，其顺序为：数量指标变化在先，质量指标变化在后。销售额从基期的水平变化到假定的水平，再从假定的水平变化到报告期水平。现象的变化就分成这样两个阶段。

$$\sum q_0 p_0 \xrightarrow{q\,变化} \sum q_1 p_0 \xrightarrow{p\,变化} \sum q_1 p_1$$

相对变动方面，假定的销售额和基期的销售额对比，反映销售量的变动对销售额的影响，其指数正好是销售量的拉氏指数；报告期销售额与假定的销售额对比，反映销售价格的变动对销售额的影响，其指数正好是销售价格的帕氏指数，显然，它们的乘积等于销售额指数（见图8-1）。

$$显然有：\frac{\sum q_1 p_1}{\sum q_0 p_0} = \frac{\sum q_1 p_0}{\sum q_0 p_0} \times \frac{\sum q_1 p_1}{\sum q_1 p_0}$$

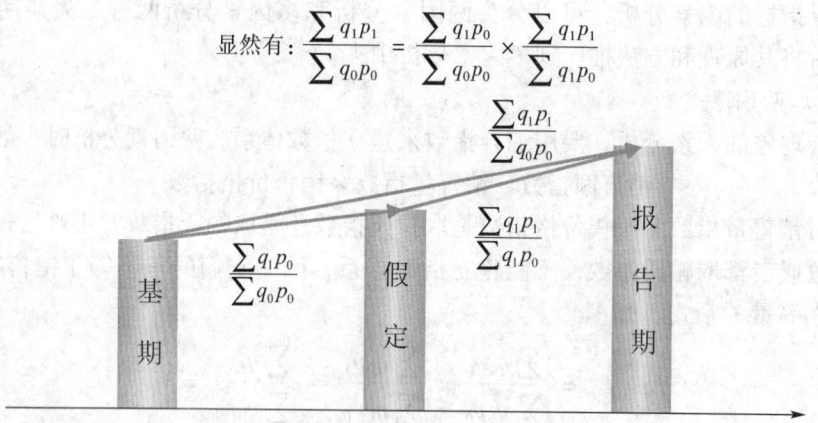

图8-1 总量指标因素分析——相对变动关系图

绝对变动方面，假定的销售额和基期的销售额之差，就是销售量变动引起销售额的增减；报告期销售额与假定的销售额之差，就是销售价格变动引起销售额的增减。显然，它们之和等于销售额的实际增减额（见图8-2）。

显然有：$\sum q_1p_1 - \sum q_0p_0 = (\sum q_1p_0 - \sum q_0p_0) + (\sum q_1p_1 - \sum q_1p_0)$

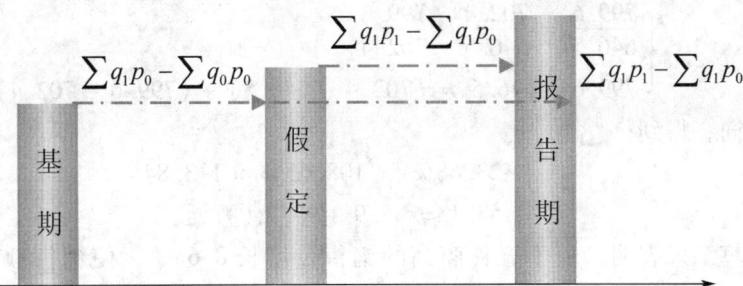

$\sum q_0p_0 \xrightarrow{q_0 \to q_1} \sum q_1p_0 \xrightarrow{p_0 \to p_1} \sum q_1p_1$

图 8 – 2　总量指标因素分析——绝对变动关系图

于是，总量指标的两因素分析的指数体系为：

$$\begin{cases} \dfrac{\sum q_1p_1}{\sum q_0p_0} = \dfrac{\sum q_1p_0}{\sum q_0p_0} \times \dfrac{\sum q_1p_1}{\sum q_1p_0} \\ \sum q_1p_1 - \sum q_0p_0 = (\sum q_1p_0 - \sum q_0p_0) + (\sum q_1p_1 - \sum q_1p_0) \end{cases} \qquad (8-13)$$

现将总量指标因素分析的基本程序归纳如表 8 – 7 所示：

表 8 – 7　总量指标因素分析的基本程序

1. 资料处理	（表上）计算三个总量指标—— $\sum q_0p_0$、$\sum q_1p_0$、$\sum q_1p_1$	
2. 建立体系	$\begin{cases} \dfrac{\sum q_1p_1}{\sum q_0p_0} = \dfrac{\sum q_1p_0}{\sum q_0p_0} \times \dfrac{\sum q_1p_1}{\sum q_1p_0} \\ \sum q_1p_1 - \sum q_0p_0 = (\sum q_1p_0 - \sum q_0p_0) + (\sum q_1p_1 - \sum q_1p_0) \end{cases}$	并化简
3. 分析结论	从相对变化和绝对变化两方面分析各因素对总量指标变动的影响	

【例 8 – 8】试对表 8 – 8 中的全部五类商品的销售额变动进行因素分析。

表 8 – 8　商品销售量、价格资料及销售额计算表

商品类别	计量单位	销售量		价　格（元）		销售额（万元）		
		基期	报告期	基期	报告期	基期	假定	报告期
		q_0	q_1	p_0	p_1	q_0p_0	q_1p_0	q_1p_1
A	百公斤	2 600	3 000	350.0	400.0	91.0	105.0	120.0
B	公斤	85 000	98 000	28.0	30.0	238.0	274.4	294.0
C	500 克	10 000	15 000	1.0	0.8	1.0	1.5	1.2
D	件	24 000	23 000	100.0	130.0	240.0	230.0	299.0
E	台	510	610	1 500.0	1 400.0	76.5	91.5	85.4
合计	—	—	—	—	—	646.5	702.4	799.6

【解】 建立指数体系：

$$\begin{cases} \dfrac{799.6}{646.5} = \dfrac{702.4}{646.5} \times \dfrac{799.6}{702.4} \\ 799.6 - 646.5 = (702.4 - 646.5) + (799.6 - 702.4) \end{cases}$$

化简，得到：

$$\begin{cases} 123.68\% = 108.65\% \times 113.84\% \\ 153.1 = 55.9 + 97.2 \text{（万元）} \end{cases}$$

计算结果表明，由于五种商品的销售量增长 8.65%，使销售额增加了 55.9 万元；而由于价格上涨 13.84%，使销售额增加了 97.2 万元，两因素共同影响，使销售额增长 23.68%，销售额增加了 153.1 万元。

可以将指数因素分析的结论列表如下：

	销售额	销售量	价格
指数（%）	123.68	108.65	113.84
增幅（%）	23.68	8.65	13.84
增减额*（万元）	153.1	55.9	97.2

* 增减额——影响因素变动带来销售额的增减。

（二）多因素分析

上面讨论的是两因素分析，即将总体现象分解为对其产生影响的两个因素，分别分析这两个因素对总体现象的影响程度。如果将总体现象的影响因素进一步细分，分解为两个以上的影响因素，分别测定各个影响因素的变动程度和影响作用，这种分析方法称为多因素分析法。在进行多因素分析时，为了满足可比性的要求，必须确定各因素的排列顺序。因素排列的规则：先数量指标后质量指标，相邻两项的乘积应有明确的经济意义。一般情况下，也可采用逐级分解的办法，可以达到因素排序的唯一性。

例如：对"产品原材料成本"，先将它分解为：

产品原材料成本 = 原材料消耗量 × 原材料单价

然后，将"原材料消耗量"分解为：

原材料消耗量 = 产品产量 × 原材料单耗量

这时，"产品原材料成本"就分解成三因素的形式了：

产品原材料成本 = 产品产量 × 原材料单耗量 × 原材料单价

又如，"销售利润额"的分解：

产品销售利润 = 产品销售量 × 单位产品销售利润

= 产品销售量 × 产品销售价格 × 销售利润率

对于上面两个指标的因素分解，大家可以用"排序规则"检验一下，它们都是遵循规则的。

将因素排序后，下面讨论如何建立多因素的指数体系。设指标 N 分解为三个因

素指标 a、b、c 的积：

$$N = a \times b \times c$$

假设总体现象是按照下列顺序从基期水平逐步变化到报告期水平：

$$\sum a_0 b_0 c_0 \xrightarrow{a \text{变化}} \sum a_1 b_0 c_0 \xrightarrow{b \text{变化}} \sum a_1 b_1 c_0 \xrightarrow{c \text{变化}} \sum a_1 b_1 c_1$$

于是，可以得到指数体系为：

$$\begin{cases} \dfrac{\sum a_1 b_1 c_1}{\sum a_0 b_0 c_0} = \dfrac{\sum a_1 b_0 c_0}{\sum a_0 b_0 c_0} \times \dfrac{\sum a_1 b_1 c_0}{\sum a_1 b_0 c_0} \times \dfrac{\sum a_1 b_1 c_1}{\sum a_1 b_1 c_0} \\ \sum a_1 b_1 c_1 - \sum a_0 b_0 c_0 = \left(\sum a_1 b_0 c_0 - \sum a_0 b_0 c_0 \right) + \left(\sum a_1 b_1 c_0 - \sum a_1 b_0 c_0 \right) + \\ \left(\sum a_1 b_1 c_1 - \sum a_1 b_1 c_0 \right) \end{cases}$$

(8-14)

【例 8-9】某企业有关资料如表 8-9 所示，试对该企业原材料成本的变动进行因素分析。

表 8-9　产品产量、原材料单耗量、原材料价格资料表

产品	产品产量（件）		原材料单耗量（件）		原材料价格（万元）	
	上月	本月	上月	本月	上月	本月
甲	15	16	10	8	5.0	5.5
乙	25	30	20	18	1.0	1.2

原材料成本有如下关系：

　　　　产品原材料成本 = 产品产量 × 原材料单耗量 × 原材料价格

列表计算产品原材料成本（见表 8-10）：

表 8-10　产品原材料成本计算表

产品	产量（件）		单耗（件）		单价（万元）		产品原材料成本（万元）			
	上月	本月	上月	本月	上月	本月	上月	假定		本月
	a_0	a_1	b_0	b_1	c_0	c_1	$a_0 b_0 c_0$	$a_1 b_0 c_0$	$a_1 b_1 c_0$	$a_1 b_1 c_1$
甲	15	16	10	8	5.0	5.5	750	800	640	704
乙	25	30	20	18	1.0	1.2	500	600	540	648
合计	—	—	—	—	—	—	1 250	1 400	1 180	1 352

【解】建立指数体系：

$$\begin{cases} \dfrac{1\,352}{1\,250} = \dfrac{1\,400}{1\,250} \times \dfrac{1\,180}{1\,400} \times \dfrac{1\,352}{1\,180} \\ 1\,352 - 1\,250 = (1\,400 - 1\,250) + (1\,180 - 1\,400) + (1\,352 - 1\,180) \end{cases}$$

化简得：

$$\begin{cases} 108.16\% = 112.00\% \times 84.29\% \times 114.58\% \\ 102 = 150 + (-220) + 172(万元) \end{cases}$$

该企业产品原材料成本的因素分析结论为:

	产品原材料成本	产 量	原材料单耗	原材料单价
指 数（%）	108.16	112.00	84.29	114.58
增 幅（%）	8.16	12.00	-15.71	14.58
增减额（万元）	102	150	-220	172

计算结果表明，由于产品产量增长12%，使得产品原材料成本增加150万元；产品原材料单耗量下降15.71%，使得产品原材料成本减少220万元；原材料价格上涨了14.58%，使得产品原材料成本增加172万元；三因素共同影响，使得该企业产品原材料成本增长了8.16%，成本增加了102万元。

对于更多因素的分析，大家可以采用上述方法，类推地加以应用。

四、平均指标的因素分析

（一）平均指标指数及其指数体系

将两个不同时期的平均数对比得到的相对数，称为平均指标指数。

在总体分组条件下，平均数的变动受两个因素的影响：一是各组变量值水平；二是总体的结构，各组单位数占总体单位总数的比重（即分布数列的频率）。

$$\bar{x} = \frac{\sum fx}{\sum f} = \sum \left(x \cdot \frac{f}{\sum f} \right)$$

对于平均指标的因素分析，假设其变动过程如下：

$$\frac{\sum f_0 x_0}{\sum f_0} \xrightarrow{f 变化} \frac{\sum f_1 x_0}{\sum f_1} \xrightarrow{x 变化} \frac{\sum f_1 x_1}{\sum f_1}$$

（基期）　　（假定）　　　（报告期）

即先考察总体结构变化的影响，然后考察各组水平变化的影响。在此，可以得到三个重要的平均指标指数：

1. 结构影响指数

$$I_{结构} = \frac{\sum f_1 x_0}{\sum f_1} \bigg/ \frac{\sum f_0 x_0}{\sum f_0} = \frac{\bar{x}_{假}}{\bar{x}_0} \quad (8-15)$$

该指数将各组水平固定在基期，反映总体结构变化对平均指标的影响程度。

2. 固定构成指数

$$I_{固定} = \frac{\sum f_1 x_1}{\sum f_1} \bigg/ \frac{\sum f_1 x_0}{\sum f_1} = \frac{\bar{x}_1}{\bar{x}_{假}} \quad (8-16)$$

该指数将总体结构固定在报告期水平，反映各组水平变化对平均指标的影响程度。

3. 可变构成指数

$$I_{可变} = \frac{\sum f_1 x_1}{\sum f_1} \Big/ \frac{\sum f_0 x_0}{\sum f_0} = \frac{\bar{x}_1}{\bar{x}_0} \qquad (8-17)$$

该指数反映结构和水平两个因素共同变化对平均指标的影响程度。

显然，可变构成指数等于结构影响指数与固定构成指数的乘积，即

$$I_{可变} = I_{结构} \times I_{固定} \qquad (8-18)$$

平均指标因素分析的指数体系为

$$\begin{cases} \dfrac{\sum f_1 x_1}{\sum f_1} \Big/ \dfrac{\sum f_0 x_0}{\sum f_0} = \dfrac{\sum f_1 x_0}{\sum f_1} \Big/ \dfrac{\sum f_0 x_0}{\sum f_0} \times \dfrac{\sum f_1 x_1}{\sum f_1} \Big/ \dfrac{\sum f_1 x_0}{\sum f_1} \\ \dfrac{\sum f_1 x_1}{\sum f_1} - \dfrac{\sum f_0 x_0}{\sum f_0} = \left(\dfrac{\sum f_1 x_0}{\sum f_1} - \dfrac{\sum f_0 x_0}{\sum f_0} \right) + \left(\dfrac{\sum f_1 x_1}{\sum f_1} - \dfrac{\sum f_1 x_0}{\sum f_1} \right) \end{cases} \qquad (8-19)$$

或者简记为：

$$\begin{cases} \dfrac{\bar{x}_1}{\bar{x}_0} = \dfrac{\bar{x}_{假}}{\bar{x}_0} \times \dfrac{\bar{x}_1}{\bar{x}_{假}} \\ \bar{x}_1 - \bar{x}_0 = (\bar{x}_{假} - \bar{x}_0) + (\bar{x}_1 - \bar{x}_{假}) \end{cases} \qquad (8-20)$$

进行平均指标的因素分析时，根据资料求出标志总量和单位总量，然后，求出三个平均数。用这三个平均数去建立指数体系，进行分析，其分析程序与总量指标的因素分析一样。

现将平均指标因素分析的基本程序归纳如下：

第一步，资料处理：（表上）计算五个指标—— $\sum f_0$, $\sum f_1$ 和 $\sum f_0 x_0$, $\sum f_1 x_0$, $\sum f_1 x_1$。

第二步，计算平均数：$\bar{x}_0 = \dfrac{\sum f_0 x_0}{\sum f_0}$，$\bar{x}_{假} = \dfrac{\sum f_1 x_0}{\sum f_1}$，$\bar{x}_1 = \dfrac{\sum f_1 x_1}{\sum f_1}$。

第三步，建立体系：$\begin{cases} \dfrac{\bar{x}_1}{\bar{x}_0} = \dfrac{\bar{x}_{假}}{\bar{x}_0} \times \dfrac{\bar{x}_1}{\bar{x}_{假}} \\ \bar{x}_1 - \bar{x}_0 = (\bar{x}_{假} - \bar{x}_0) + (\bar{x}_1 - \bar{x}_{假}) \end{cases}$ 并化简。

第四步，分析结论：从相对和绝对变化两方面分析各因素对总平均数的影响。

【例 8-10】某公司有两个分厂，各分厂职工人数 f 和年平均工资 x 资料如表 8-11 所示。对该公司总平均工资的变动进行因素分析。

表 8–11 某公司职工工资变动分析表

分厂	职工人数（人）		年平均工资（万元）		工资总额（万元）		
	基期	报告期	基期	报告期	基期	假定	报告期
	f_0	f_1	x_0	x_1	$f_0 x_0$	$f_1 x_0$	$f_1 x_1$
一	150	200	2.0	2.5	300	400	500
二	250	300	2.4	2.8	600	720	840
合计	400	500	2.25*	2.68*	900	1 120	1 340

* 为下面计算后填入。

【解】 利用表中资料，首先计算有关的平均数：

$$\bar{x}_0 = \frac{\sum f_0 x_0}{\sum f_0} = \frac{900}{400} = 2.25(万元/人)$$

$$\bar{x}_1 = \frac{\sum f_1 x_1}{\sum f_1} = \frac{1\,340}{500} = 2.68(万元/人)$$

$$\bar{x}_{假} = \frac{\sum f_1 x_0}{\sum f_1} = \frac{1120}{500} = 2.24(万元/人)$$

于是，有：

$$\begin{cases} \dfrac{2.68}{2.25} = \dfrac{2.24}{2.25} \times \dfrac{2.68}{2.24} \\ 2.68 - 2.25 = (2.24 - 2.25) + (2.68 - 2.24) \end{cases}$$

化简，得到：

$$\begin{cases} 119.11\% = 99.56\% \times 119.64\% \\ 0.43 = -0.01 + 0.44(万元) \end{cases}$$

计算结果表明，由于员工构成的变化，使该公司平均工资降低了 0.44%，即人均减少 100 元；而各分厂工资水平的提高，使该公司平均工资提高 19.64%，即人均增加 4 400 元；两者共同影响，该公司职工的平均工资增长了 19.11%，即人均增加了 4 300 元。

计算结论亦可表示为：

	平均工资	结构影响	水平影响
指数（%）	119.11	99.56	119.64
增幅（%）	19.11	-0.44	19.64
增减额（元）	4 300	-100	4 400

※ （二）平均指标指数应用的推广

平均指标的因素分析可以推广到标志总量的因素分析上去。根据平均数的性质，标志总量等于单位总量与平均数的积：

$$\sum xf = \left(\sum f\right) \cdot \bar{x}_t$$

于是，假设标志总量按下列顺序变化：

$$\sum x_0 f_0 = \sum f_0 \cdot \bar{x}_0 \xrightarrow{\sum f 变化} \sum f_1 \cdot \bar{x}_0 \xrightarrow{\bar{x} 变化} \sum f_1 \cdot \bar{x}_1 = \sum x_1 f_1$$

由此建立标志总量两因素分析的指数体系：

$$\begin{cases} \dfrac{\sum x_1 f_1}{\sum x_0 f_0} = \dfrac{\sum f_1}{\sum f_0} \cdot \dfrac{\bar{x}_1}{\bar{x}_0} \\ \sum x_1 f_1 - \sum x_0 f_0 = \left(\sum f_1 - \sum f_0\right) \cdot \bar{x}_0 + \sum f_1 (\bar{x}_1 - \bar{x}_0) \end{cases} \quad (8-21)$$

根据平均指标指数的关系：$I_{可变} = I_{结构} \times I_{固定}$，从上式可以演变出三因素指数体系：

$$\begin{cases} \dfrac{\sum x_1 f_1}{\sum x_0 f_0} = \dfrac{\sum f_1}{\sum f_0} \cdot \left(\dfrac{\bar{x}_{假}}{\bar{x}_0} \cdot \dfrac{\bar{x}_1}{\bar{x}_{假}}\right) \\ \sum x_1 f_1 - \sum x_0 f_0 = \left(\sum f_1 - \sum f_0\right) \cdot \bar{x}_0 + \sum f_1 \cdot (\bar{x}_{假} - \bar{x}_0) + \left(\sum f_1 x_1 - \sum f_1 x_0\right) \end{cases}$$

$$(8-22)$$

【例 8-11】已知某油田 3 个油井的工人数 f 和人均产量 x 的资料如表 8-12 所示。试对油田原油总产量的变动进行因素分析（三因素分析）。

表 8-12 某油田工人数及其劳动生产率情况表

油井	工人数（人）		人均产量（吨/人）		原油总产量（吨）		
	基期	报告期	基期	报告期	基期	假定	报告期
	f_0	f_1	x_0	x_1	$f_0 x_0$	$f_1 x_0$	$f_1 x_1$
1#	150	190	200	202	30 000	38 000	38 380
2#	160	170	180	185	28 800	30 600	31 450
3#	180	150	160	168	28 800	24 000	25 200
合计	490	510	178.776	186.333	87 600	92 600	95 030

【解】依据表中资料，计算有关的平均数：

$$\bar{x}_0 = \frac{\sum f_0 x_0}{\sum f_0} = \frac{87\ 600}{490} = 178.776 (吨/人)$$

$$\bar{x}_1 = \frac{\sum f_1 x_1}{\sum f_1} = \frac{95\ 030}{510} = 186.333 (吨/人)$$

$$\bar{x}_{假} = \frac{\sum f_1 x_0}{\sum f_1} = \frac{92\ 600}{510} = 181.569 (吨/人)$$

建立原油总产量三因素分析的指数体系：

$$\begin{cases} \dfrac{95\,030}{87\,600} = \dfrac{510}{490} \times \left(\dfrac{181.569}{178.776} \times \dfrac{186.333}{181.569}\right) \\ 95\,030 - 87\,600 = (510 - 490) \times 178.776 + 510 \times (181.569 - 178.776) + (95\,030 - 92\,600) \end{cases}$$

化简,得到:

$$\begin{cases} 108.48\% = 104.08\% \times (101.56\% \times 102.62\%) \\ 7\,430 = 3\,576 + (1\,424 + 2430)(吨) \end{cases}$$

计算结果表明,由于工人总数增加了 4.08%,使原油总产量增加了 3 576 吨;由于各矿井工人结构的调整,使油田劳动生产率(人均产量)提高了 1.56%,增加原油产量 1 424 吨;又由于各矿井采取有关管理措施,使劳动生产率提高 2.62%,增加原油产量 2 430 吨。以上各种因素共同影响,使油田原油总产量增长 8.48%,即增产 7 430 吨。

第五节 其他常用指数

在社会经济活动中,不论是综合指数还是平均指数,都应用得非常广泛,特别是平均指数应用更为普遍。以下介绍我国宏观经济核算中几种常用的指数。

一、工业生产指数

工业生产指数是反映工业产品产量综合变动趋势和程度的相对数。工业生产指数是衡量一个国家或地区经济增长水平的重要指标之一。

我国工业生产指数是通过计算各种工业产品的不变价格产值来加以编制的,基本程序是:

分别制定各种工业产品不变价格标准,记为 p_c:

(1) 逐项计算各种工业产品的不变价格产值,然后相加得到全部工业产品不变价格总产值;

(2) 不同时期的不变价格总产值对比,得到相应时期的工业生产指数,该指数为固定加权综合指数的形式。其公式为:

$$I_q = \frac{\sum q_t p_c}{\sum q_0 p_c} (定基) \text{ 或 } I_q = \frac{\sum q_t p_c}{\sum q_{t-1} p_c} (环比) \quad (8-23)$$

由于工业生产指数中的价格是固定的,因此,可以选择不同的基期,编制环比的和定基的指数数列。环比指数数列可用于观察各个不同时期的工业产品或产值的变动情况,定基指数数列用于观察工业产量或产值在较长时期内的发展变化趋势。同时,还可进行环比指数和定基指数之间的换算。

然而,在市场经济条件下,要在整个工业生产领域内运用不变价格计算完整的产值资料,还面临许多实际问题,因此,随着我国市场化进程的深入,工业生产指数的编制方法仍有待改进和完善。

在国外，较为普遍地采用平均指数的形式来编制工业生产指数，计算公式为：

$$I_q = \frac{\sum i_q(q_0 p_0)}{\sum q_0 p_0} \qquad (8-24)$$

式中：i_q 为各种工业产品的个体产量指数，$q_0 p_0$ 为相应产品的基期增加值。编制这种工业产品指数是为了说明工业增加值中物量因素的综合变动程度，其分析意义与一般的工业生产指数的意义有所不同。

在实际中，为了简化指数的编制工作，常常以各种工业品的产值比重为权数，并且将这种比重权数相对固定下来，连续地编制各个时期的工业生产指数，这种指数实质上是"固定加权算术平均指数"。

$$I_q = \sum i_q \cdot w, \quad w = \frac{q_0 p_0}{\sum q_0 p_0} \qquad (8-25)$$

二、产品成本指数

产品成本指数是概括地反映企业生产的各种产品的单位成本水平综合变动程度的相对数，是企业内部进行成本管理的一项重要指标，通常采用帕氏指数的形式进行编制。

$$I_p = \frac{\sum q_1 p_1}{\sum q_1 p_0}$$

式中，q 为各种产品的产量，p 为各个产品的单位成本。

$\sum q_1 p_1 - \sum q_1 p_0$ 为由于单位成本的降低（或提高），报告期产品成本总额的节约（或超支）额。

在对成本水平进行计划管理的情况下，可以编制成本计算完成指数来考核成本计划的完成情况，一般也采用帕氏指数的形式：

$$I_p = \frac{\sum q_1 p_1}{\sum q_1 p_n}$$

式中：p_n 为计划期规定的产品单位成本水平。

如果在计划中同时规定了计划产量，考核成本计划完成情况时，则采用拉氏指数形式编制：

$$I_p = \frac{\sum q_n p_1}{\sum q_n p_n}$$

式中：q_n 为计划规定的各产品的产品水平。这样编制指数可以在兼顾产品计划的前提下来考核成本计划的完成情况，即可避免由于片面追求成本计划的完成而忽视了产量计划。

三、农副产品收购价格指数

农副产品收购价格指数是反映国家收购农副产品的价格综合变动趋势和程度的相对数,它是研究农副产品收购价格变动对农民收入、财政收支等的影响,计算工农业产品综合比价指数的依据。在高度重视三农问题的今天,农副产品收购价格指数对于研究农村、农民、农业问题有着重大的意义。

由于农副产品收购季节性强,时间比较集中,产品品种较少,因此,年终能够较快地收集到各类农副产品实际收购金额和各种代表规格品收购价格的资料,从而可以报告期农副产品实际金额为权数,对各类代表规格品价格的个体指数按加权调和平均法计算农副产品收购价格指数。

我国是从11类农副产品中选择若干种主要产品,以它们的报告期收购额作为权数,加权调和平均得到各类别的农副产品收购价格指数和农副产品收购价格总指数。其公式如下:

$$I_p = \frac{\sum q_1 p_1}{\sum \frac{1}{i_p}(q_1 p_1)} \tag{8-26}$$

四、股票价格指数

股票价格的波动和走向是反映经济状况的重要标志,也是影响投资人的决策和行为的重要因素之一。股票价格指数可以衡量整个股票市场价格变动的基本趋势,人们形象地称之为市场经济的"晴雨表"。股票价格指数一般由证券交易所、金融服务机构、咨询研究机构和新闻单位编制和发布。编制步骤如下:

(1) 根据上市公司的行业分布、经济实力、资信等级等因素,选取适当数量有代表性的股票作为编制指数的样本;
(2) 按期在股票市场上采集样本股票的价格;
(3) 利用科学方法和先进的手段计算出指数值;
(4) 通过新闻媒体向公众公布。

股票价格指数的编制方法多种多样,各有所长,其方法主要有以下几种。

(一) 总和法

总和法是指将报告期股价总和与基期股价总和直接对比计算股价指数。

$$总和股价指数 = \frac{\sum p_1}{\sum p_0} \tag{8-27}$$

其中:p_1,p_0 分别为报告期和基期各样本股票的价格。

美国道琼斯指数就是按这种方法编制的。该指数目前入编股票为65种,其中30种工业股、20种交通运输股、15种公用事业股。

(二) 简单平均法

简单平均法是对所有样本股票的个体股价指数进行简单算术平均,求得总体股价指数。

$$简单平均股价指数 = \frac{1}{n}\sum\frac{p_1}{p_0} \qquad (8-28)$$

该指数能灵敏地反映股价的短期波动。英国"经济学家杂志普通股股价指数"就是采用这种方法编制的。

（三）加权综合法

加权综合法是以样本股票的发行量或交易量为同度量因素来计算的股价指数，有：

$$基期加权综合股价指数 = \frac{\sum q_0 p_1}{\sum q_0 p_0} \quad （拉氏公式） \qquad (8-29)$$

$$报告期加权综合股价指数 = \frac{\sum q_1 p_1}{\sum q_1 p_0} \quad （帕氏公式） \qquad (8-30)$$

其中，p_1、p_0 分别为报告期、基期股票价格；q_1、q_0 分别为报告期、基期发行量或交易量。

以发行量加权的综合股价指数称为"市价总指数"；以交易量加权的综合股价指数称为"成交总额指数"。下面介绍几种常见的股票价格。

1. 道琼斯指数

道琼斯指数是美国历史上最古老的一种股票价格指数。1884年查尔斯根据11种具有代表性的铁路公司的股票，采用简单算术平均法编制而成。后来股票种类不断增多，到1938年增至65种，其中30种工业股票，20种交通运输股票和15种公共事业股票，编制方法也改为平均修正法。该股指的基期定为1928年10月1日，设其基期的平均数为100。假设现在道琼斯指数为2 000点，表示现在股票的平均价格是1928年10月1日的20倍。如果说今天的道琼斯指数比昨天的2 000点增加了20点，就表明今天股票的平均价格比昨天上涨了1%。道琼斯指数的采样股票数目较少，多为热门股，故缺乏广泛的代表性，而且没有考虑权数，这样会导致少数流动性较小的股票价格发生大幅度的波动时对平均数产生的影响较大。

2. 标准普尔混合指数

标准普尔混合指数是由美国最大证券研究机构标准普尔公司编制的股票价格指数。从1923年开始编制，采选了230种股票，到1957年扩大到500种股票，分成95种组合。其中，最重要的四种组合是工业股票组、铁路股票组、公共事业股票组和500种股票混合组。从1976年7月1日起，改为40种工业股票、20种运输业股票、40种公共事业类股票和40种金融业股票。几十年来，无论股票怎样更迭，始终采用500种股票进行计算。该股票价格指数以1941年至1993年的抽样股票的平均市价为基期价格，以上是股票数为权数，按基期加权进行计算。标准普尔混合指数具有较强的代表性和广泛的影响力。

3. 纳斯达克指数

创建于 1971 年 2 月 8 日的纳斯达克（NASDAQ）电子交易股市，现已成为全球最大的证券交易市场，上市公司已有 5000 多家。纳斯达克指数的编制始于 1985 年 1 月，对所有在纳斯达克交易的股票价格，以资本量为权数加权平均计算得出。纳斯达克的上市公司涵盖所有的高新技术行业，包括软件和计算机、电信、生物技术、零售和批发贸易等。微软就是通过纳斯达克上市并获得成功的。

4. 香港恒生指数

香港恒生指数是由香港恒生银行编制的，故称恒生指数。其编制方法和道琼斯指数差不多，它不是以全部上市股票，而是选择 33 种有代表性的股票来计算的，其中包括银行、地产、航运、运输等行业，其基期为 1964 年 7 月 31 日。

5. 上证综合指数

上海证券交易所股票价格综合指数是上海证券交易所于 1991 年 7 月 15 日开始编制和公布的，它以 1990 年 12 月 19 日为基期，基期值为 100，以全部上市股票为样本，以股票发行量为权数进行编制：

$$本日股价指数 = \frac{本日股票总市值}{基期股票总市值} \times 基期指数(100)$$

随着上市股票品种的逐步丰富，上证交易所在此综合指数的基础上，从 1992 年 2 月起分别公布了 A 股指数和 B 股指数，1993 年 5 月 3 日起还公布了工业、商业、地产、公用事业和综合五大类分类股价指数。

6. 上证 30 指数

上证 30 指数是由上海证券交易所编制，其样本股票取自上证交易所上市的 A 股股票中最具代表性的 30 种股票，以流通股数为权数的加权综合股价指数，取 1996 年 1 月至 3 月的平均流通股市值为指数的基期价值，并定为 1 000 点。

7. 深圳综合指数

深圳证券交易所股票价格综合指数是由深圳证交所于 1991 年 4 月 4 日开始编制并公布的。它以 1991 年 4 月 3 日为基期，基期值为 100，采用基期的总股本为权数计算编制。该指数以所有上市股票为样本，当有新股上市时，在上市后的第二天纳入样本计算。若采样股的结构发生变化，则改用变动日为新基日，并以新基日计算，同时，用连锁的方法将计算得到的指数溯源至原有基日，以保持指数的连续性。

$$本日即时指数 = \frac{本日现时总市值}{上一营业日总市值} \times 上一营业日收市指数$$

8. 深圳成分股指数

深圳成分股指数是深圳证券交易所从 1995 年 1 月 3 日开始编制，于同年 2 月 20 日实时对外发布。该指数是通过对所有上市公司进行考察，按一定标准选出一定数量具有代表性的公司编制而成的，采用成分的可流通股数作为权数进行编制，其基期日定为 1994 年 7 月 20 日，基期日指数定为 1 000 点。

五、居民消费价格指数

居民消费价格指数（CPI）是度量消费商品及服务项目价格水平随着时间而变动的相对数，反映居民家庭购买的消费品及服务价格水平的变动情况。它是宏观经济分析和决策、价格总水平监测和调控以及国民经济核算的重要指标。其按年度计算的变动率通常用来作为反映通货膨胀（或紧缩）程度的指标。

我国从 2001 年起采用国际通用做法，逐月编制并公布以 2000 年价格水平为基期的居民消费价格定基指数，作为反映我国通货膨胀或紧缩程度的主要指标。由国家统计局城市社会经济调查总队负责，采用分层抽样调查确定样本指数，并以样本推断总体。

其省级调查方案的主要内容如下：（以福建省 2008 年定期报表为例）

1. 调查内容及分类

调查范围为全省城乡居民购买并用于日常生活消费的商品和服务项目。按用途划分为：食品、烟酒及用品、衣着、家庭设备用品即维修服务费、医疗保健和个人用品、交通和通信、娱乐教育文化用品及服务、居住。根据全国城乡近 11 万户居民家庭消费支出调查资料中消费额较大的项目以及居民消费习惯，确定了 263 个基本分类。

2. 选择代表性商品和规格品

选择代表性商品的原则：与人民生活关系密切、消费量较大、市场供应稳定；价格变动趋势和程度有较强的代表性；规格品差异大；选中工业消费品须为合格品，产品包装上有注册商标、产地、规格等级等标识的商品。目前全省共抽选出 601 个代表规格品。

3. 调查市县和调查点的选择

调查市县：按照大中小兼顾及地区分布合理的原则，采用化类选择法抽选价格调查市县和调查点。基本方法：将辖区内城市（或县）以年平均工资（人均纯收入）排序，再将常住人口数累计起来，然后按所需调查城市（县）的数量进行等距抽样。全省共选出福州市辖区、厦门市等 10 个市和建瓯市、仙游县等 8 个县及县级市作为省级价格调查汇总县市。

调查点：将各类商店、农贸市场、服务网点按人均销售额、成交额和经营规模排序，再分别将销售额、成交额和经营规模累计起来，然后按所需调查点的数量进行等距抽样。

4. 价格调查和平均价格的计算方法

价格调查原则：同一规格商品的价格必须同质可比；当商品的挂牌价与实际成交价不一致时，调查采集实际成交价格；对与居民生活密切相关、价格变动比较频繁的商品每月调查六次（1、6、11、16、21、25 日），内容包括：大米、猪肉、牛肉、羊肉、鸡、鸭、鲜蛋、水产品、鲜菜、鲜瓜果等 10 个基本分类商品；由中央、省、地方政府制定价格及相对稳定的商品、服务项目，每月 23～25 日采样一次，月内有调价的按日加权计算月平均价;一般商品每月采样2次,采价时间为每月5日和20日。

价格调查方法:定人、定点、定时直接调查。

代表规格品的平均价格采用简单平均法。

5. 基期和报告期

首轮基期为2000年,本轮基期为2005年,每五年更换一次基期。

报告期为月度。

6. 权数资料来源

居民消费价格指数的权数,是反映调查商品或服务项目价格变动在总指数形成中影响程度的指标,根据居民家庭用于各种商品或服务的开支在所有消费商品或服务总开支中所占比重来计算,并辅以典型调查进行补充和完善,基本分类及以上类别的计算权数,一年内固定不变。

价格指数的计算基本方法:

采用固定权数(即固定消费量结构)的平均指数公式:

$$I_p = \sum i_p \cdot w, \quad w = \frac{q_0 p_0}{\sum q_0 p_0} \quad (8-31)$$

式中,i_p是个体商品价格指数时,用于计算小类指数;i_p是小(中)类指数时,用于计算中(大)类指数。

编制固定权数指数应注意的问题:

(1) 适当选择对比的基准期,一般不应距报告期太远。因此,我国从2001年起,以2000年的价格水平为基础,以后每5年要更换一次基期。

(2) 随着社会进步,新旧产品的替代以及好新的消费倾向的产生,代表品也要经常进行调整。

(3) 由于地域不同,居民消费的商品也会不同,即使同一商品,其消费比重也不会完全相同,因此,要重视各地的价格指数的区别。

本章小结

(1) 指数分析法是应用十分广泛的统计分析方法,它已被应用于社会经济的各个领域。通过本章的学习,我们能明确统计指数的含义和分类,掌握综合指数和平均指数的编制方法,并能熟练地利用指数体系进行因素分析。

(2) 统计指数是一种特殊的相对数。指数不仅能用来反映不能直接相加的复杂现象总体数量上的综合变动,还能分析现象总体变动中各因素的影响和通过指数数列进行长期发展变化分析。

(3) 综合指数的编制首先要解决复杂现象不能直接相加的问题,为此要引入同度量因素指标,使不同使用价值的现象(产品或商品)转换为价值形态,在此转换中同度量因素指标必须固定不变,仅研究指数化指标的变动程度。通常编制数量指标综合指数采用拉氏指数形式，而编制质量指标综合指数则采用帕氏指数形式。

（4）平均指数是总指数的另一种重要形式，它是通过个体指数采用加权平均求得，有加权算术平均指数和加权调和平均指数两种，在一定条件下综合指数与平均指数有对应的关系。

（5）指数体系是进行指数因素分析的基础，因素分析是借助指数体系来分析现象总变动中各个影响因素变动的影响程度。因素分析包括相对变动分析和绝对变动分析，分别构成两个等量关系式。因素分析可分为总量指标因素分析和平均指标因素分析两种，还可分为两因素分析和多因素分析，其中两因素分析是基础。

（6）平均指标指数是将两个不同时期的总体平均数对比所形成的指数。平均指标因素分析可以看成是综合指数因素分析的推广，平均指标因素分析使用的指数体系为：

$$可变构成指数 = 结构影响指数 \times 固定构成指数$$

思考练习

一、名词解释

统计指数　数量指标指数　质量指标指数　同度量因素　综合指数　平均指数　指数体系　因素分析　可变构成指数　结构影响指数　固定构成指数

二、思考题

（1）什么是统计指数？统计指数具有哪些基本性质？
（2）如何编制拉氏指数和帕氏指数？
（3）如何编制算术平均指数和调和平均指数？
（4）综合指数与平均指数有何关系？其条件是什么？
（5）平均指标指数有哪几个？它们之间具有什么关系？
（6）什么是指数体系？如何建立总量指标因素分析的指数体系？如何进行平均指标的因素分析？
（7）总量指标的因素分析和平均指标因素分析的基本程序有哪些不同？

三、填空题

（1）统计指数按所反映的范围可分为（　　）指数和（　　）指数；按所反映的内容可分为（　　）指数和（　　）指数。
（2）总指数的编制形式有（　　）指数和（　　）指数。
（3）编制质量指标指数常用（　　）期（　　）指标做同度量因素，编制数量指标指数时用（　　）期（　　）指标做同度量因素。

（4）平均指数由（　　）加权平均求得，计算形式有（　　）指数和（　　）指数两种。

（5）指数体系的数量对等关系有两个，一是现象总变动指数等于各因素指数的（　　），二是现象的绝对增减量等于各因素变动引起的绝对增减量的（　　）。

四、单项选择题

（1）选择（　　）是编制综合指数的关键。
　　A. 基期　　　　B. 报告期　　　　C. 同度量因素　　　　D. 计量单位

（2）按2010年不变价格编制的2014年工业总产值指数为130%，说明（　　）增长了30%。
　　A. 产量　　　　　　　　　　　　B. 产量变动产值
　　C. 价格　　　　　　　　　　　　D. 价格变动产值

（3）今年与去年相比，某公司的商品销售量增长10%，价格平均下降10%，则商品销售额（　　）。
　　A. 不变　　　　B. 上升　　　　C. 下降　　　　D. 不确定

（4）某产品单位成本的可变构成指数为104%，结构影响指数为98%，则固定构成指数为（　　）%。
　　A. 106.12　　　　B. 101.92　　　　C. 102　　　　D. 92.6

（5）今年与去年相比，某类产品的销售量平均增长了20%，价格平均增长了10%，今年的销售额为1 320万元，则因销售量的增长，使得销售增加了（　　）万元。
　　A. 100　　　　B. 200　　　　C. 320　　　　D. 300

五、多项选择题

（1）某商品基期售出100吨，报告期售出120吨，其指数为120%，该指数为（　　）指数。
　　A. 个体　　　　B. 总　　　　C. 数量指标　　　　D. 质量指标

（2）下列指数中属于数量指标指数的有（　　）。
　　A. 商品价格　　B. 单位面积产量　　C. 职工人数　　D. 商品销售量

（3）根据市场上五种商品的有关资料，进行因素分析，其计算结果如下表：

	商品销售额	商品销量	商品价格
指数（%）	115.5	110.0	105.0
增减额（万元）	50	30	20

下列描述正确的是：报告期与基期相比，总体来说（　　）。
　　A. 销售量增长了10%
　　B. 销售量的变动使销售额增长10%

C. 销售价格增长了 50%
D. 销售价格的变动使销售额增长 5%
E. 销售量的变动使销售额增加了 30 万元
F. 销售价格变动使销售额增加了 30 万元
G. 销量和价格的变动使销售量一共增加了 50 万元

六、计算分析题

(1) 某市场上四种蔬菜的销售资料如下：

品 种	销 量（千克）		价 格（元）		销 售 额（元）		
	基 期	报告期	基 期	报告期	基 期	假 定	报告期
白 菜	550	600	1.60	1.80			
土 豆	220	300	2.00	1.90			
萝 卜	320	350	1.00	0.90			
番 茄	245	200	2.40	3.00			
合 计	1 335	1 450	—	—			

①根据综合指数编制规则，将上表所缺空格填齐；
②用拉氏公式编制四种蔬菜的销量总指数和价格总指数；
③用帕氏公式编制四种蔬菜的销量总指数和价格总指数；
④建立适当的指数体系，对蔬菜销售额的变动进行因素分析。

(2) 若给出上题中四种蔬菜的资料如下：

品 种	个体价格指数 %	销 售 额（元）		
		基 期	假 定	报告期
白 菜	112.50	880		1 008
土 豆	95.00	440		570
萝 卜	90.00	320		315
番 茄	125.00	588		600
合 计	—	2 228		2 565

①编制四种蔬菜的算术平均指数；
②编制四种蔬菜的调和平均指数；
③把它们与上题计算的拉氏指数和帕氏指数进行比较，看看有何种关系？什么条件下才会有这种关系？

(3) 某企业生产的三种产品的资料如下:

产品	计量单位	产量		出厂价(元)		产值(元)		
		基期	报告期	基期	报告期	基期	假定	报告期
甲	吨	500	650	75.0	71.5			
乙	件	1 000	1 050	2.5	2.0			
丙	把	850	900	1.4	1.2			
合 计	—	—	—	—	—			

①计算产值总指数和产值增减额;
②计算产量总指数和由于产量变动而使产值增减的金额;
③计算出厂价总指数和由于出厂价变动而使产值增减的金额;
④说明三者之间的关系。

(4) 某水果店三种水果的销售资料如下:

水果品名	销量(百千克)		价格(元)		个体指数		销售额(百元)	
	上年	本年	上年	本年				
芦 柑	80	96	500	550				
香 蕉	140	150	250	280				
苹 果	100	100	400	450				
合 计								

①计算三种水果的销售量和价格的个体指数;
②计算三种水果的销售额总指数;
③计算三种水果的销售量总指数和销售价格总指数;
④分析销售量变动和销售价格变动对销售额影响的绝对额。

(5) 某地区2005年农副产品收购总额为1 360亿元,2006年比上年的收购总额增长了12%,农副产品价格指数为105%;试考虑2006年与2005年相比较:
①农副产品收购总额增长了百分之几? 农民共增加多少收入?
②农副产品收购量增加了百分之几? 农民增加了多少收入?
③由于农副产品收购价格提高了5%,农民又增加了多少收入?
④验证以上三者之间的关系。

(6) 某企业生产的三种产品的有关资料如下：

产品	产量增长率 %	产量个体指数 %	总成本（万元）		
			基期	假定	报告期
甲	25		20.0		24.0
乙	40		45.0		48.5
丙	40		35.0		48.0
合计	—		100.0		120.5

①根据资料计算相关指标填入上表；
②计算产品产量总指数及由于产量增长而增加的总成本；
③计算单位成本总指数及由于单位成本变动而增减的总成本。

(7) 某商场的销售资料如下：

商品	价格降低率 %	价格个体指数 %	销售额（万元）		
			基期	假定	报告期
甲	10		117		110
乙	5		150		130
丙	15		187		160
合计	—		454		400

①根据上表资料计算相关指标填入上表；
②计算商品销售量总指数及由于销量变化而增减的销售额；
③计算商品价格总指数及由于价格变动而增减的销售额。

(8) 某城市三个市场上同一商品的有关资料如下：

市场	销售量/公斤		价格（元）		销售额（元）		
	基期	报告期	基期	报告期	基期	假定	报告期
A	740	560	2.50	3.00			
B	670	710	2.40	2.80			
C	550	820	2.20	2.40			
合计	1 960	2 090					

①编制该商品平均价格的可变构成指数、结构影响指数和固定构成指数；
②建立指数体系，从相对数的角度进行平均价格变动的因素分析。
③进一步综合分析销售量变动和价格变动对该商品销售额的影响。
（9）某企业职工人数和劳动生产率资料如下：

工人类别	工人人数（人）		人均产量（件/人）		总 产 量（件）		
	基 期	报告期	基 期	报告期	基 期	假 定	报告期
Ⅰ	100	120	80	85			
Ⅱ	100	105	100	105			
Ⅲ	100	100	120	110			
合 计	300	325					

①计算人均产量的可变构成指数、结构影响指数和固定构成指数；
②对人均产量进行因素分析；
③对总产量进行因素分析（以工人人数和人均产量进行两因素分析）。

第九章 时间数列分析

【学习目标】
(1) 理解时间数列的概念、分类、编制原则；正确区分时期序列和时点序列；
(2) 能对时间数列进行水平分析和速度分析，并对各类指标进行相互推算；
(3) 理解序时平均数的含义，熟练掌握序时平均数的计算；
(4) 掌握时间序列长期趋势测定的方法；
(5) 了解季节变动和循环波动对时间序列影响大小的测定。

第一节 时间数列概述

一、时间数列的概念和作用

客观现象常随时间的推移而变化，并表现出一定的动态规律性，如我国 GDP 的发展趋势。要正确全面认识社会经济现象，不仅要从静态上研究现象的数量特征与相互关系，而且要从事物的运动中探索其发展变化的过程及规律性，并为预测未来、规划发展提供科学依据。对客观现象的动态分析，在统计上我们是利用时间数列的理论来进行的。

将同类统计指标在不同时间上的数值，按时间先后的顺序排列，形成的统计数列，称为时间数列，也称时间序列，简称数列。编制和分析时间数列，就是为了从动态上研究现象的数量方面及其发展变化的规律性，它有助于了解过去的活动规律，评价当前现象，预测未来，是社会经济统计的重要分析方法。

时间数列的构成要素有两个：一是现象所属的时间。时间单位可以是年、季、月、日等。同一时间数列的时间单位一般要一致，这样在比较分析时无须考虑时间单位不同指标数值的换算。二是与时间所对应的指标值。时间数列的指标可以是总量指标，也可以是相对指标或平均指标。指标的性质不同是决定时间数列类型的依据。表 9－1 列举的是时间相同指标不同的四个时间数列（全国 2011—2015 年若干经济指标资料）。

表 9-1　2011—2015 年全国若干国民经济指标资料

指　标	年　份				
	2011	2012	2013	2014	2015
生产总值（亿元）	489 301	540 367	595 244	643 974	689 052
年末总人口（万人）	134 735	135 404	136 072	136 782	137 462
城镇失业人数比率（%）	4.1	4.1	4.1	4.1	4.1
城镇就业人员平均工资（元）	41 799	46 769	51 483	56 360	62 029

资料来源：中华人民共和国统计局. 中国统计年鉴-2015 [M]. 北京：中国统计出版社，2015.

在表 9-1 中，列出了 2011—2015 年 5 个年份资料的所属时间，并有全国生产总值、年末总人口数、城镇失业人数比率和城镇就业人员平均工资四项指标各年的具体数值，由此构成了四个时间数列，反映了全国生产总值、人口数及工资额的逐年变化情况。

在动态分析过程中，动态数列是计算动态分析指标、运用动态分析方法的基础。

时间数列对于了解事物发展的过程以及规律具有重要的指导意义，并且有助于对事物的未来发展趋势进行有效的预测，综上，时间数列的作用主要体现在以下四个方面：

（1）时间数列可以反映客观现象发展变化的过程和历史状态。例如，通过对改革开放 30 多年的 GDP 指标数列进行分析，可以得出我国 30 多年的高速发展历史状态。

（2）利用时间数列可以揭示客观现象发展变化的速度、状态、结果和趋势，从而反映现象的动态变化规律。同样，GDP 的发展数列也反映了经济发展的速度正逐步放缓的趋势。

（3）根据时间数列反映现象的动态变动规律，进而对现象未来发展状况进行预测，为管理和决策提供依据。

（4）将相互联系的时间数列进行对比，可以研究现象之间的联系。例如，将近十年的我国房地产市场的时间数列与所在地区的 GDP 时间数列进行对比分析，可以了解房地产市场与我国经济发展的关系。

二、时间数列的种类

时间数列有多种类型，区分时间数列的类型，是进行时间数列分析的基础。不同的时间数列分析指标的计算方法（公式）是不同的，因此在分析时间数列前，先要对时间数列的类型进行区分。时间数列按其指标表现形式的不同，分为绝对数时间数列、相对数时间数列和平均数时间数列三种类型，如图 9-1 所示。

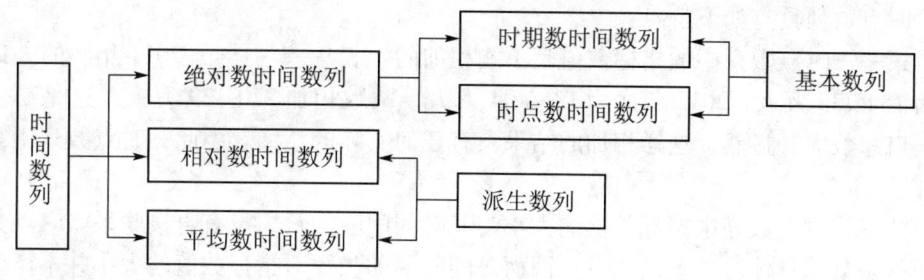

图 9-1 时间数列的分类

绝对数数列（时期数数列和时点数数列）是基本的时间数列，而相对数数列和平均数数列是由绝对数数列派生出来的数列。绝对数数列是本节的主要内容。

（一）绝对数时间数列

时间序列中的各个指标数值如果都是绝对数，也就是总量指标，则为绝对数时间数列。因为总量指标分为时期指标和时点指标，所以，绝对数数列又分为时期数列和时点数列。表 9-1 中全国的生产总值就是时期数列，年底人口数就是时点数列。这两个数列都是绝对数数列。

1. 时期数列

时期数列中排列的指标数值是时期指标，它反映在一定时期内事物发展变化的总量，即现象发展变化的结果，通过时期数列可以动态地观察事物发展变化的过程。

时期数列具有如下特点：

第一，数列中若干连续项指标值可以相加，其和表示现象在若干期内发展的总量。例如，表 9-1 中 2011 年和 2012 年的生产总值相加，则是全国这两年的生产总值。如果连续 5 年的生产总值相加，则是全国五年的生产总值，意义十分明确。时期数列具有可加性。

第二，数列中指标值的大小直接受各时期长短的影响。一般地，时期越长，指标数值越大；反之，时期越短，指标数值就越小。如某国家一年的 GDP 必然大于该年内一个月或一个季度的 GDP。

第三，时期数列的指标数值一般是通过连续性调查而得。时期数列的指标数值反映的是现象在该时期内发展的累计总量，因此，必须对发生在这段时间内的变化量连续记录登记。例如，某企业某月生产量，就是这个月每天生产量连续记录后累加而得。每天的生产量就是这天各个班次生产量连续记录后的总和。

2. 时点数列

时点数列中排列的指标数值是时点指标，反映现象在某一时点上的总量，即现象发展变化在某一时点（瞬间）的水平。通过时点数列，可以从现象发展变化过程中各个瞬间静态的状态，而得出现象发展的状态。如表 9-1 中年末人口数的数列，就说明在各年年末这一时点上全国人口数总量。时点数列的时间不是指时期，而是指"间隔"，表 9-1 中的时点数列的间隔为 1 年。

时点数列具有如下特点：

第一，时点数列中的指标数值是不能相加的。表9-1中全国2011年底的人口总数为134 735万人，2012年底为135 404万人，两数相加270 139万人，这是哪一年的人口总数呢？显然，这样相加的结果没有任何实际的意义。因此，时点数列不具可加性。

第二，时点数列中指标数值的大小与其时间间隔的长短没有直接联系。时点数列反映的是某一具体时点上的总量，因而时间间隔的长短对指标数值的大小并不产生直接的影响。例如，2008年底珠三角地区的农民工人数，就比年中时该地区的农民工人数少（当年受世界金融海啸的影响，该地区大量民工被迫返乡）。又如，商品的库存是时点指标，一般销售淡季商品的库存较高，在旺季经过促销商品库存会降低，商品库存的这种轮回，不受时间间隔长短的影响。

第三，时点数列的指标数值通常采用在一定时点上进行的一次性调查取得。时点指标反映的是现象在一定时点上的数量状况，要取得该时点的资料，只需进行一次性调查即可，不必进行连续登记。

（二）相对数时间数列

相对数数列中排列的指标数值是相对数，它反映不同指标之间对比关系的发展变化过程。表9-1中城镇失业人口比率就是相对数时间数列。相对指标是由两个相互联系的总量指标对比形成的，同样，相对数数列是由两个绝对数数列对比计算产生的数列。因此，称相对数数列为派生数列。这两个绝对数数列可能是两个时期数列（如第三产业占国内生产总值比重的时间数列），也可能是两个时点数列（城镇人口比重的时间数列），还可能是一个时期数列和一个时点数列（商品流转次数的时间数列）。由于相对数数列各期计算相对指标的基期水平不同，因此，相对数数列的各项指标数值不可直接相加，也就是说相对数数列不具可加性。

（三）平均数时间数列

平均数数列中排列的指标数值是平均数，它反映现象一般水平的发展变化趋势。表9-1中的城镇就业人员年平均工资就是平均数时间数列。平均数数列也是派生数列，它是由两个绝对数数列（标志总量和单位总量）对比计算而得。再如，由不同时期的平均成本、平均人数或平均成绩等平均指标编制的时间数列，都是平均数数列。应当注意的是，平均数数列也不具有可加性。

三、时间数列的编制原则

时间数列分析的目的在于通过不同时间的指标数值的对比分析来说明现象发展变化的规律。因此，要求数列中各指标应具有可比性，这是动态分析的前提条件，也是编制时间数列应遵循的基本原则。为此，应做到：

第一，时间长短一致。对于时期数列，由于各指标数值与所属时期的长短紧密相关，所以，时期长短要一致，以利于不同时期的指标值进行比较。对于时点数列，虽然指标值的大小与时间间隔长短无直接联系，但是，如果采用相等的时间间隔，这样

既便于观察现象发展变化的趋势和规律,又利于计算动态分析指标。

第二,总体范围一致。总体范围指地区范围、分组范围、部门隶属范围等。时间数列指标值的大小都与总体范围有直接的关系。如果总体范围发生变化,同期的指标值也要发生变化,变化前后的指标值就不能直接进行比较,此时就必须将资料进行调整,使总体范围前后一致,才能进行动态分析。例如,重庆划为直辖市前后,四川省统计资料的总体范围发生了变化。如果四川省要根据时间数列进行前后对比,统计资料就必须进行调整,应从设市前的四川省统计资料中剔除原重庆市的相关资料,然后进行动态分析。

第三,经济内容一致。如果时间数列中前后同一指标的名称尽管相同,但指标所包含的经济内容有差异,此时,若直接将前后指标进行对比,就会得出错误的分析结论。正确的做法是根据指标的经济内容对指标数值进行调整,使之所反映的经济内容达到一致,然后再进行动态分析。

第四,计算价格一致。统计指标的计算价格,有现行价格与不变价格之分。不变价格使用一段时间之后随着经济环境发生变化也会调整,在一个较长的时期内可能有多个不变价格。在时间数列分析时,遇到前后时期所用计算价格不同,就需要进行价格调整,使其统一,以利对比。

第五,计量单位一致。对于实物指标的时间数列,则要求计量单位保持一致,如果前后指标的计量单位不一致,则要调整为相同单位。

第六,计算方法一致。数列中指标数值的大小与指标的计算方法有直接的关系。例如,计算国内生产总值有生产法、支出法和收入法,根据不同的方法得出的数值可能不同,因此,要求数列中各时间上的指标值计算方法应当一致。

第二节 时间数列的水平指标

时间数列描述了现象的发展过程和状态,但是仅仅这些还不足以反映现象各期的增减变化和规律,因此,为了做进一步的动态分析,需要计算和运用一系列的动态分析指标。动态分析具体包括水平分析和速度分析两方面,根据时间数列,计算其水平指标和速度指标,对社会经济现象进行发展水平分析和发展速度分析。这里先介绍时间数列的水平指标。

时间数列的水平指标主要包括:发展水平、平均发展水平、增长量和平均增长量。但由于增长量是速度指标分析的基础,为了使内容的衔接更紧密,增长量和平均增长量指标将放在下一节进行阐述。本节仅对发展水平和平均发展水平进行阐述。

一、发展水平

将时间数列中的每一项指标数值称为对应时间的发展水平,反映社会经济现象在一定时期或时点上达到的规模或水平。一般情况下,时间数列可以表示为:

时间	t	t_0	t_1	t_2	…	t_n
指标	y	y_0	y_1	y_2	…	y_n

数列的第一项指标值 y_0 称为最初水平；数列最末项指标值 y_n 称最末水平；而处于最初水平和最末水平之间的各期指标值 $y_1, y_2, \cdots, y_{n-1}$，称为中间水平。这类似于数学中数列的首项、末项、中间项的概念。

动态分析的主要方法是将数列中不同时间的指标值进行对比分析。在对比中，作为对比基准的那个时期的水平称为基期水平；所要研究发展变化的那个时期的水平称为报告期水平。例如，为了比较某市 2015 年和 2014 年 GDP 的增长情况，则 2015 年该市的 GDP 为报告期水平，而 2014 年该市的 GDP 为基期水平。报告期水平和基期水平是相对的，根据研究目的和要求不同而变化。

二、平均发展水平

平均发展水平也称序时平均数或动态平均数，是时间数列中各期发展水平的平均数。序时平均表示现象随时间的变化而变化的一般水平，是现象在不同时间上不同水平的平均值。

前面所讲的总体单位标志值的平均数属于一般平均数（静态平均数），它和序时平均数有相同点也有不同点。它们的共性是：二者都是把变量的个别数量差异抽象化，概括出现象在数量上表现的一般水平。它们的不同之处如表 9-2 所示。

表 9-2 一般平均数与序时平均数的不同点

不同点	序时平均数	一般平均数
计算依据	时间数列	变量数列
平均对象	现象不同时间指标值的平均	总体各单位标志值的平均
性质	动态平均数	静态平均数
计算方法	不同类型数列采用不同计算公式	依需要选择平均数或平均数形式

序时平均数不仅可以根据绝对数时间数列来进行计算，也可以根据相对数时间数列或平均数时间数列来进行计算。但基于绝对数时间数列进行计算序时平均数是基本方法，下面，首先介绍根据绝对数时间数列来计算序时平均数。

（一）绝对数时间数列序时平均数的计算

1. 时期数列的序时平均数

由于时期数列具有可加性，计算其序时平均数一般采用简单算术平均法，即数列各项指标总和除以数列的项数，计算公式为：

$$\bar{y} = \frac{y_1 + y_2 + \cdots + y_n}{n} = \frac{1}{n} \sum y_i (i = 1, 2, \cdots, n) \qquad (9-1)$$

【例 9-1】根据表 9-1 的资料计算全国 2011—2015 年生产总值的平均数。

年 份	2011	2012	2013	2014	2015
地区生产总值（亿元）	489 300	540 367	595 244	643 974	689 052

【分析】 地区生产总值是时期指标，以上数列为时期数列，所以，采用简单平均法。

【解】 全国2011—2015年生产总值的平均数：

$$\bar{y} = \frac{489\,300 + 540\,367 + 595\,244 + 643\,974 + 689\,052}{5} = 591\,588（亿元）$$

2. 时点数列的序时平均数

由于时点数列不具可加性，因此，不能累计相加求平均数。时点数列都是瞬间资料，序列中两个相邻的时间点都有间隔，是不连续的数列，但如果可以尽量将这个间隔变小，就可以将之看成连续的时点数列。因此，人们通常假设一个最小单位时间，作为瞬间单位。在解决经济管理等问题时，通常把一天作为最小时间单位。这样，时点数列就可以划分为连续时点数列和间断时点数列两种情况。

所谓连续时点数列，是指采用连续时点资料编制的时点数列。连续时点资料是指逐日观察登记取得的资料。此时，对于连续时点数列的序时平均数可采用简单平均法计算。有时会遇到这种情况：我们逐日观察现象的变化，发现现象并不是天天在变，而是间隔若干天发生一次变化，在每一次变化的间隔期内的每一天指标值是保持不变的。此时，我们可以通过以持续不变的天数为权数计算加权平均数来简化计算。

所谓间断时点数列，是指采用间断时点资料编制的时点数列。间断时点资料是指不是逐日观察登记，而是相隔一段时间登记一次所取得的资料。例如，商场商品库存额每月月末统计一次，这样逐月统计的资料就是间断时点资料。

对于间断时点数列不能采用简单平均法求序时平均数，原因是我们没有每一天的资料。为此，我们假设现象在每一间隔期内的变化是均匀的，求出每一间隔期内的平均水平，然后再采用简单平均法求间断时点的序时平均数。下面以图9-2所示说明其原理。

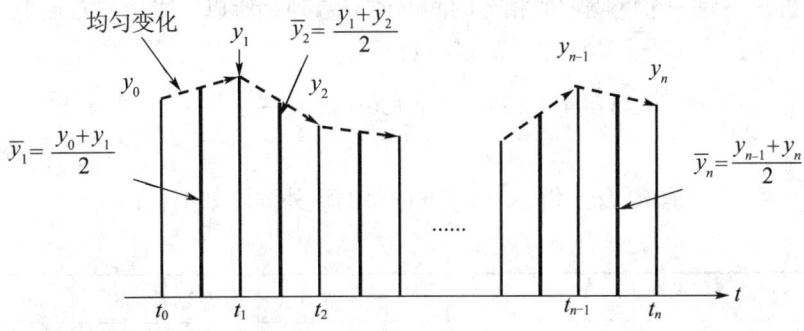

1. 用竖直线段表示各时点发展水平；
2. 现象在各个间隔期内均匀地从期初水平变化到期末水平，用虚箭线表示；
3. 以期初和期末水平的一半作为该间隔期内的平均水平，即 $\bar{y}$。

图9-2 间断时点数列序时平均数的计算原理

根据上图说明,显然,对于间隔相等的间断时点数列的序时平均数有:

$$\bar{y} = \frac{\dfrac{y_0+y_1}{2}+\dfrac{y_1+y_2}{2}+\cdots+\dfrac{y_{n-1}+y_n}{2}}{n} = \frac{\dfrac{y_0}{2}+y_1+\cdots+y_{n-1}+\dfrac{y_n}{2}}{n} \quad (9-2)$$

我们把这个方法称为"首尾取半法"。

对于间隔期不等的间断时点数列的序时平均数,是以各间隔所包含的期数 f_i 为权数计算各间隔期平均水平 $\bar{y_i}$ 的加权算术平均数。

现将时点数列序时平均数的计算公式汇编于表 9-3,以供大家查用。

表 9-3 时点数列序时平均数计算公式汇编表

数列类型		计算公式
连续时点	间隔天数相等	$\bar{y} = \dfrac{y_1+y_2+\cdots+y_n}{n} = \dfrac{1}{n}\sum y_i$
	间隔天数不等	$\bar{y} = \dfrac{y_1f_1+y_2f_2+\cdots+y_nf_n}{f_1+f_2+\cdots+f_n} = \dfrac{\sum yf}{\sum f}$ (f_i 为间隔天数)
间断时点	间隔期数相等	$\bar{y} = \dfrac{\dfrac{1}{2}y_0+y_1+\cdots+y_{n-1}+\dfrac{1}{2}y_n}{n}$ (首尾取半法)
	间隔期数不等	$\bar{y} = \dfrac{\dfrac{y_0+y_1}{2}\cdot f_1+\dfrac{y_1+y_2}{2}\cdot f_2+\cdots+\dfrac{y_{n-1}+y_n}{2}\cdot f_n}{f_1+f_2+\cdots+f_n}$ (f_i 为间隔期数)

注意:上列公式中,连续时点数列的首项的下标是"1",间断时点数列首项的下标是"0"。

【例9-2】根据表9-1的资料计算全国2012—2015年的平均人口数。

年　份	2011	2012	2013	2014	2015
年底总人口数(万人)	134 735	135 404	136 072	136 782	137 462

【分析】这是一个间隔期数相等的间断时点数列,所以,采用"首尾取半法"。

【解】全国2011—2015年平均人口数:

$$\bar{y} = \frac{\dfrac{134\,735}{2}+135\,404+136\,072+136\,782+\dfrac{137\,462}{2}}{4} = 136\,089(亿人)$$

【例9-3】某地10月上旬中午12点记录的室外温度如下:

(单位:℃)

日期	1	2	3	4	5	6	7	8	9	10
温度	20.5	21.0	23.0	19.0	20.0	21.5	23.0	22.5	24.0	23.5

【分析】这是一个间隔天数相等的连续时点数列，所以，采用简单平均法。

【解】某地 10 月上旬中午 12 点的平均气温：

$$\bar{y} = \frac{20.5 + 21 + 23 + 19 + 20 + 21.5 + 23 + 22.5 + 24 + 23.5}{10} = 21.8(℃)$$

【例 9 - 4】某企业 2014 年 12 月份在册职工人数资料如表 9 - 4 所示，计算该月职工平均人数。

表 9 - 4 某企业 2014 年 12 月份在册职工人数统计表

日　　期	11 月 1 日	11 月 5 日	11 月 15 日	11 月 19 日	11 月 30 日
在册职工人数（人）	120	130	105	135	145
人数不变持续天数	4	10	4	11	1

【分析】这是一个间隔天数不等的连续时点数列，所以，采用加权平均法。

【解】首先计算时间数列各间隔内人数不变的持续天数（已填入上表）

某企业 2016 年 12 月份平均在册人数：

$$\bar{y} = \frac{120 \times 4 + 130 \times 10 + 105 \times 4 + 135 \times 11 + 145 \times 1}{4 + 10 + 4 + 11 + 1} = 127.7(人)$$

【例 9 - 5】某城市 2015 年外来人口数资料如表 9 - 5 所示，计算该市月平均外来人口数。

表 9 - 5 某市 2015 年外来人口数统计表

时　　间	2015 年 1 月	2015 年 5 月	2015 年 8 月	2016 年 1 月
月初外来人口数（万人）	13.53	13.87	14.01	13.37
间隔期内平均人数（万人）		13.70	13.94	13.69
间隔期所含月份数（月）		4	3	5

【分析】这是一个间隔期数不等的间断时点数列，所以，对各间隔期内平均人数采用加权平均法计算序时平均数。

【解】计算时间数列各间隔内平均人数，采用公式：$\bar{y}_i = \frac{y_{i-1} + y_i}{2}$，确定间隔期所含月份数，结果已填入上表。

某城市 2015 年月平均外来人口数为：

$$\bar{y} = \frac{\frac{13.53 + 13.87}{2} \times 4 + \frac{13.87 + 14.01}{2} \times 3 + \frac{14.01 + 13.37}{2} \times 4}{4 + 3 + 5} = 13.67(万人)$$

或：$$\bar{y} = \frac{13.70 \times 4 + 13.94 \times 3 + 13.69 \times 5}{4 + 3 + 5} = 13.67(万人)$$

（二）相对数时间数列的序时平均数

相对数时间数列一般是由两个有联系的总量指标时间数列相对比而产生的。相对指标是两个总量指标的对比，用来对比的指标可以是时期指标，也可以是时点指标。

相应地,相对数时间数列可以是两个时期数列或两个时点数列对应项的对比结果,也可以是时期数列和时点数列对应项对比的结果。由于相对数时间数列的各项指标数值不能直接相加,所以不能直接计算序时平均数,而必须分别求出构成相对数时间数列的分子指标和分母指标的序时平均数,然后再进行对比分析。相对数有静态相对数(如结构相对数、计划完成相对数等)和动态相对数(如发展速度和增长速度)之分,这里介绍的是由静态相对数编制的时间数列。

相对数时间数列的序时平均数的计算规则可以归纳为以下几点:

(1) 相对数数列的序时平均数不能根据相对数数列本身来求;

(2) 分清分子、分母的时间数列是时期数列还是时点数列,若是时点指标,是间断相等还是不相等;

(3) 根据分子、分母指标的具体情况,运用前面介绍的总量指标序时平均数的不同方法进行计算,求出生成相对数数列的两个绝对数数列的序时平均数;

(4) 按照相对数的对比关系,将两个绝对数数列的序时平均数进行对比,其比值就是相对数数列的序时平均数。见表9-6。

表9-6 相对数时间数列序时平均数计算规则

指 标	时 间 数 列	序时平均数	备 注
分子项总量指标 a	$a_1, a_2, \cdots, a_n$	$\bar{a}$	根据 a、b 数列的类型,选择相应的公式计算
分母项总量指标 b	$b_1, b_2, \cdots, b_n$	$\bar{b}$	
相对指标 c	$c_1, c_2, \cdots, c_n$	$\bar{c} = \dfrac{\bar{a}}{\bar{b}}$	计算规则

$$\bar{c} = \frac{\bar{a}}{\bar{b}} \tag{9-3}$$

【例9-6】某企业2015年四个季度的产品销量计划完成情况如表9-7所示,求该企业全年的平均销量计划完成程度。

表9-7 某企业2015年计划完成百分数及实际销量数统计表

季 度	一	二	三	四
计划完成百分数(%)c	80	90	87	92
实际完成数(件)a	48	45	48	55
计划任务数(件)b	60	50	55	60

【分析】计划完成百分数 $c = \dfrac{\text{实际完成数}\, a}{\text{计划任务数}\, b}$,现在已知计划完成百分数数列和分子项实际完成数数列,可以根据已知资料求出计划任务数数列,再按相对数数列序时平均数的计算规则求全年计划完成百分数的平均数。分子项和分母项数列均是时期数列。

【解】计算各季度产品产量的计划任务数，按 $b = \dfrac{a}{c}$ 计算，并填入表9-7。

该企业全年平均计划完成百分数：

$$\bar{c} = \dfrac{(48+45+48+55)/4}{(60+50+55+60)/4} = 87\%$$

【例9-7】某企业2015年9—12月份的有关资料如表9-8所示，求该企业第四季度平均月劳动生产率。

表9-8 某企业2015年9—12月份总产值及职工人数统计表

月　份	9	10	11	12
总产值（万元）a	1 500	1 600	1 800	2 000
月末职工人数（人）b	640	650	680	700
月职工平均人数（人）	—	645	665	690
月劳动生产率（万元/人）c	—	$\dfrac{1\,600}{645}=2.48$	$\dfrac{1\,800}{665}=2.71$	$\dfrac{2\,000}{690}=2.90$

【分析】从原始资料来看，月劳动生产率 c 这个数列不必计算，因为计算季度的平均月劳动生产率，不会用到月劳动生产率数列。

劳动生产率 $c = \dfrac{\text{工业总产值}\,a}{\text{职工平均人数}\,b}$，总产值是时期数列，月末职工人数是时点数列。月平均劳动生产率可按下列两种方法计算，实际中常常采用第二种方法——表上作业法。

【解1】该企业第四季度平均月劳动生产率：

$$\bar{c} = \dfrac{(1\,600+1\,800+2\,000)/3}{\left(\dfrac{640}{2}+650+680+\dfrac{700}{2}\right)/3} = 2.7(\text{万元}/\text{人})$$

【解2】先计算第四季度各月的职工平均人数：

$$\text{某月职工平均人数} = \dfrac{\text{月初职工人数}+\text{月末职工人数}}{2}（\text{已填入表内}）$$

该企业第四季度平均月劳动生产率：

$$\bar{c} = \dfrac{(1\,600+1\,800+2\,000)/3}{(645+665+690)/3} = 2.7(\text{万元}/\text{人})$$

（三）平均数时间数列的序时平均数

平均数时间数列有静态平均数时间数列和序时平均数时间数列两种。

静态平均数时间数列实际上是由两个绝对数时间数列的对应项对比形成的。分子项数列是标志总量数列，分母项数列是单位总量数列。因此，静态平均数数列序时平均数的计算方法与相对数数列序时平均数的计算方法是一致的，也有三种情况，也是先计算分子、分母两数列的序时平均数，之后再对比求得。关键还是区分分子指标和分母指标是时期指标还是时点指标，再分别按不同的时间数列序时平均数的计算方法进行计算。一般情况下，标志总量数列是时期数列，而单位总量数列往往是时点数列，计算时请加以注意。

【例9-8】某企业2014年1季度有关资料如表9-9所示，求该企业第一季度职工平均工资。

表9-9 某企业2014年1—4月份职工工资及职工人数统计表

月 份	1	2	3	4
平均工资（元）c	4 500	4 530	4 600	4 800
月初职工人数（人）	100	120	100	130
职工平均人数（人）b	110	110	115	—
工资总额（百元）a	4 950	4 983	5 290	

【解】先计算第一季度各月职工平均人数（已填入上表），再计算各月职工工资总额：

工资总额 = 职工人数 × 平均工资（各月的工资总额已填入表内）。然后以工资总额为a，各月职工平均人数为b，求平均工资c的序时平均数。

该企业第二季度职工平均工资：

$$\bar{c} = \frac{(4\,950 + 4\,983 + 5\,290)/3}{(110 + 110 + 115)/3} = 45.44(百元/人) = 4\,544(元/人)$$

动态平均数数列的序时平均数的计算方法：
（1）数列的时间是相等的时候，直接采用简单平均法计算。
（2）当数列的时间不等时，以时期作为权数采用加权平均法计算。

第三节 时间数列的速度指标

时间数列的动态速度指标主要有：发展速度、增长速度、平均发展速度和平均增长速度，它们之间有着密切的联系。增长量是时间数列的水平指标，又是计算速度指标的基础，我们把它放在这里讲述。

一、增长量和平均增长量

（一）增长量

增长量是报告期发展水平与基期发展水平之差，也称为增减量或增长水平，反映现象报告期水平比基期水平增长的绝对量。其计算公式为：

　　　　　　　　增长量 = 报告期水平 - 基期水平　　　　　　　　（9-4）

增长量的结果有正也有负，若为正表明报告期比基期增长了多少；若为负则表明报告期比基期减少了多少，通常称为负增长。

根据基期不同，增长量可分为：环比（逐期）增长量和定基（累计）增长量。

环比（逐期）增长量是报告期水平与前一期水平之差，用公式表示为：

环比（逐期）增长量 = 报告期水平 − 上一期水平 = $y_i - y_{i-1}$

定基（累计）增长量是报告期水平与某一固定基期水平（通常是最初水平）之差，其计算公式为：

定基（累计）增长量 = 报告期水平 − 某一固定基期水平 = $y_i - y_0$

时间数列增长量的计算见表9−10。

表9−10 时间数列增长量的计算

	t	t_0	t_1	t_2	…	t_{n-1}	t_n
	y	y_0	y_1	y_2	…	y_{n-1}	y_n
增长量	环比	—	$y_1 - y_0$	$y_2 - y_1$	…	$y_{n-1} - y_{n-2}$	$y_n - y_{n-1}$
	定基	—	$y_1 - y_0$	$y_2 - y_0$	…	$y_{n-1} - y_0$	$y_n - y_0$

根据增长量的定义，很容易得到同一时间数列环比增长量与定基增长量之间关系如下：

（1）各环比增长量之和等于相应的定基增长量：

$$y_i - y_0 = (y_1 - y_0) + (y_2 - y_1) + \cdots + (y_i - y_{i-1})$$

（2）相邻两期定基增长量之差等于相应的环比增长量：

$$y_i - y_{i-1} = (y_i - y_0) - (y_{i-1} - y_0)$$

增长量可以根据时期数列计算，也可根据时点数列计算。不论根据哪种数列计算的增长量都是时期指标，由增长量构成的时间数列都是时期数列。

在实际统计工作中，对于按月或季编制的时间数列，为了消除季节变动的影响，也常常将基期定为上年同期发展水平，来计算本期发展水平较上年同期水平的增长量，这个增长量称为年距增长量，其计算公式为：

年距增长量 = 报告期某期水平 − 上年同期水平

（二）平均增长量

平均增长量是时间数列中各逐期增长量的序时平均数，用来说明现象在较长时间内平均每期增长（减少）的数量。其基本计算公式为：

$$\overline{\Delta y} = \frac{\sum (y_i - y_{i-1})}{n} = \frac{\sum 环比增长量}{环比增长量项数} \quad (i = 1, 2, \cdots, n) \qquad (9-5)$$

根据环比增长量与定基增长量之间的关系，平均增长量还可以用下式表现：

$$\overline{\Delta y} = \frac{y_n - y_0}{n} = \frac{定基增长量}{定基增长量项数} = \frac{数列最末水平 − 最初水平}{时间数列项数 − 1} \qquad (9-6)$$

根据原时间数列计算的环比增长量数列和定基增长量数列的项数相等，但与原数列相比则少一项。一般情况下，设原数列首项的下标为"0"，增长量数列首项的下标就为"1"。

上面给出的增长量的计算方法，通常称为水平法。水平法的理论依据是：从最初水平出发，按平均增长量逐期递增，满足理论推算的最末水平和实际水平相等。

统计上还有一种计算平均增长量的方法称为累计法，也叫总和法。累计法的理论依据是：从最初水平出发，按平均增长量逐期递增，满足理论推算的各期水平之和等于各期实际水平之和。于是有：

$$y_0 + (y_0 + \overline{\Delta y}) + (y_0 + 2 \cdot \overline{\Delta y}) + \cdots + (y_0 + n \cdot \overline{\Delta y}) = y_0 + y_1 + \cdots + y_n$$

经过整理可得：

$$\overline{\Delta y} = \frac{2(y_1 + y_2 + \cdots + y_n - n \cdot y_0)}{n(n+1)} \tag{9-7}$$

水平法与累计法的比较见表9-11。

表9-11 水平法与累计法的比较

项　目	水平法	累计法
理论依据	最末理论水平和最末实际水平相等	理论水平之和与实际水平之和相等
影响因素	只受最初水平和最末水平的影响	受数列各期水平的影响
误差	理论值与数列中间水平的差距较大	误差较小，较符合实际情况
原数列	变化比较均衡采用水平法	变化不太均衡采用累计法
适用性	按期末水平提出任务的研究对象，如：产值、产量、利润、成本、人口等	按累计总量制定发展目标的研究对象，如：基本建设投资总额、新增固定资产总额、新增就业劳动力总数、耕地面积等

【例9-9】某市2010—2015年固定资产投资额资料如表9-12所示。求固定资产投资额的增长量（环比和定基的），并填入表内。计算平均增长量，用水平法和累计法两种方法计算。

表9-12 某市2010—2015年固定资产投资额统计表（亿元）

年　份		2010	2011	2012	2013	2014	2015
固定资产投资额		220.7	232.2	278.5	359.7	494.5	695.1
增长量	环比	—	11.5	46.3	81.2	134.8	200.6
	定基	—	11.5	57.8	139.0	273.8	474.4

【解】某市2010—2015年固定资产投资额环比增长量和定基增长量计算后已填入表内。

（1）用水平法计算。某市2010—2015年固定资产投资额的平均增长量：

$$\overline{\Delta y} = \frac{11.5 + 46.3 + 81.2 + 134.8 + 200.6}{5} = 94.88(亿元)$$

或

$$\overline{\Delta y} = \frac{474.4}{5} = \frac{695.1 - 220.7}{5} = 94.88(亿元)$$

（2）用累计法计算。某市 2010—2015 年固定资产投资额的平均增长量：

$$\overline{\Delta y} = \frac{2(232.2 + 278.5 + 359.7 + 494.5 + 695.1 - 5 \times 220.7)}{5 \times (5 + 1)} = 63.77(亿元)$$

以水平法和累计法计算的平均增长量，分别推算了 2010—2015 年该市固定资产投资额的理论计算值，列入表 9-13，并据此画出了它们的趋势图（见图 9-3），在表上和图中我们清楚地看到：水平法计算的最末期水平与实际值相等，理论推算的中间水平与实际水平相差较大；累计法计算的理论值的总和与实际值的总和相等，中间水平的差异比较小，较符合实际。实际工作中采用哪种方法，需根据具体情况进行选择。

表 9-13　水平法和累计法计算的理论值与实际值的比较（亿元）

年　份		2010	2011	2012	2013	2014	2015	总和
固定资产投资额		220.7	232.2	278.5	359.7	494.5	695.1	2 280.7
理论值	水平法	220.7	315.6	410.5	505.3	600.2	695.1	2 747.4
	累计法	220.7	284.5	348.2	412.0	475.7	539.6	2 280.7

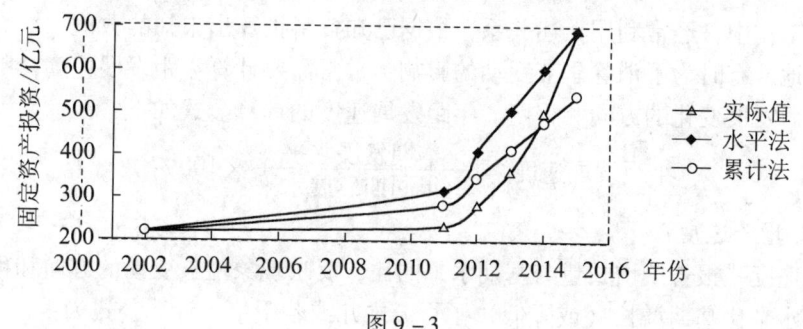

图 9-3

二、发展速度与增长速度

（一）发展速度

发展速度是报告期水平与基期水平的比，反映现象发展变动的方向和程度，表明报告期水平是基期水平的百分之几或若干倍。基本公式为：

$$发展速度 = \frac{报告期水平}{基期水平} \times 100\% \qquad (9-8)$$

发展速度通常用百分数表示，当它大于 100%，表示现象在增长，小于 100%，表示现象在下降。在评价现象发展变化状态时，要注意指标的性质，对于正指标大于 100% 为好，逆指标小于 100% 为好。

根据所选基期的不同，发展速度分为：环比发展速度和定基发展速度两种。

环比发展速度是报告期水平与上一期水平的比，它说明现象前后相邻两个时期

(逐期) 发展变化的方向和程度。

定基发展速度是报告期水平与某一固定时期水平（通常是最初水平）的比，它说明社会经济现象相对于某个基础水平，在一定时期内总的发展变化的方向和程度。

时间数列发展速度的计算如表 9-14 所示。

表 9-14 时间数列发展速度的计算

t		t_0	t_1	t_2	…	t_{n-1}	t_n
y		y_0	y_1	y_2	…	y_{n-1}	y_n
发展速度	环比	—	y_1/y_0	y_2/y_1	…	y_{n-1}/y_{n-2}	y_n/y_{n-1}
	定基	—	y_1/y_0	y_2/y_0	…	y_{n-1}/y_0	y_n/y_0

环比发展速度和定基发展速度在数值上有如下关系：

(1) 定基发展速度等于相应时期内各环比发展速度的连乘积：

$$\frac{y_n}{y_0} = \frac{y_1}{y_0} \times \frac{y_2}{y_1} \times \cdots \times \frac{y_n}{y_{n-1}} \qquad (9-9)$$

(2) 相邻两个时期定基发展速度的比等于相应时期的环比发展速度：

$$\frac{y_n}{y_0} \Big/ \frac{y_{n-1}}{y_0} = \frac{y_n}{y_{n-1}} \qquad (9-10)$$

实际工作中，经常利用上述关系，根据已知资料推算出未知的数值。

同样地，有时为了消除季节变动的影响，常常需要计算年距发展速度，用来反映现象一年后发展变化的方向和程度。年距发展速度的计算公式如下：

$$年距发展速度 = \frac{本期发展水平}{上年同期发展水平} \times 100\%$$

（二）增长速度

增长速度是报告期增长量与基期水平的比，反映现象增长变动的方向和程度，表明报告期水平比基期增长（或降低）了百分之几或若干倍。计算公式为：

$$增长速度 = \frac{报告期增长量}{基期水平} \times 100\% \qquad (9-11)$$

增长速度的值有正有负，当为正时，表明现象增长或提高的程度；当为负时，表明现象降低或减少的程度，称为负增长。

根据所选基期的不同，增长速度分为环比增长速度和定基增长速度。

环比增长速度是报告期环比增长量与上一期水平之比，反映现象逐期增长程度。

定基增长速度是报告期定基增长量与某一固定基期水平之比，反映现象在较长时期内总的增长程度。

时间数列增长速度的计算如表 9-15 所示。

表 9-15　时间数列增长速度的计算

t		t_0	t_1	t_2	...	t_{n-1}	t_n
y		y_0	y_1	y_2	...	y_{n-1}	y_n
增长量	环比	—	$y_1 - y_0$	$y_2 - y_1$	...	$y_{n-1} - y_{n-2}$	$y_n - y_{n-1}$
	定基	—	$y_1 - y_0$	$y_2 - y_0$	...	$y_{n-1} - y_0$	$y_n - y_0$
增长速度	环比	—	$(y_1 - y_0)/y_0$	$(y_2 - y_1)/y_1$	...	$(y_{n-1} - y_{n-2})/y_{n-2}$	$(y_n - y_{n-1})/y_{n-1}$
	定基	—	$(y_1 - y_0)/y_0$	$(y_2 - y_0)/y_0$	...	$(y_{n-1} - y_0)/y_0$	$(y_n - y_0)/y_0$

环比增长速度和定基增长速度只反映现象发展变化的增长部分的相对程度。它们之间没有可以相互推算的关系。

增长速度和发展速度之间却有相互推算的关系：

环比增长速度 = 环比发展速度 - 1

定基增长速度 = 定基发展速度 - 1　　　　　　　　　　　　　(9-12)

类似地，在实际工作中为了消除季节变动的影响，常常需要计算年距增长速度，表明本期比上年同期增长（降低）了百分之几或若干倍。计算公式为：

$$\text{年距增长速度} = \frac{\text{年距增长量}}{\text{上年同期发展水平}} \times 100\% = \text{年距发展速度} - 1$$

（三）增长 1% 的绝对值

发展速度和增长速度所说明的是现象发展变化的相对数，是反映现象发展情况的指标，它与对比的基期指标有很大关系，大的速度背后，其隐含的增长量绝对值可能很小；小的速度背后，其隐含的增长量绝对值也可能很大，这取决于基期的水平，即由于对比的基点不同，可能会造成速度数值上的较大差异，进而导致高的速度掩盖了低的增长。为了对现象的发展有一个全面的认识，在应用相对指标来反映现象增长情况时，常常需要辅以绝对指标加以说明，把相对数和绝对数结合运用，才能得到更加准确的结论。

"增长 1% 的绝对值"就是这样一个辅助指标，它反映了增长速度每增加一个百分点的绝对增长量，即增长速度的实际效果。由于定基增长速度的基期数值相同（y_0），每增长一个百分点的水平值是一个定量，所以不需计算。环比增长速度就不同了，环比增长速度随报告期的变化而变化，故每增长一个百分点的水平值都不相同，所以需要辅以"增长 1% 的绝对值"这一水平指标加以补充说明。计算公式为：

$$\text{增长 1\% 的绝对值} = \frac{\text{逐期增长量}}{\text{环比增长速度}} = \frac{y_i - y_{i-1}}{\frac{y_i - y_{i-1}}{y_{i-1}} \times 100} = \frac{y_{i-1}}{100}$$

$$\text{第 } i \text{ 期增长 1\% 的绝对值} = \frac{y_{i-1}}{100} \qquad (9-13)$$

【例 9-10】某市 2014 年的地区生产总值为 2 000 亿元，2015 年的 GDP 比 2014 年增长了 10%。则 2015 年该市 GDP 增长 1% 的绝对值为多少亿元？

$$2015 \text{ 年该市 GDP 增长 } 1\% \text{ 的绝对值} = \frac{2\,000}{100} = 20(亿元)$$

【例 9-11】根据某市 2010—2015 年生产总值资料计算的增长量、发展速度、增长速度及增长 1% 的绝对值列入表 9-16。

表 9-16 某市 2010—2015 年生产总值水平、速度指标计算表

年 份		2010	2011	2012	2013	2014	2015
地区生产总值（亿元）		1 028	1 113	1 249	1 441	1 664	1 941
增长量 （亿元）	环比	—	85	136	192	223	277
	定基	—	85	221	413	636	913
发展速度 （%）	环比	—	108.27	112.22	115.37	115.48	116.65
	定基	—	108.27	121.50	140.18	161.87	188.81
增长速度 （%）	环比	—	8.27	12.22	15.37	15.48	16.65
	定基	—	8.27	21.50	40.18	61.87	88.81
增长 1% 绝对值（亿元）		—	10.28	11.13	12.49	14.41	16.64

三、平均发展速度和平均增长速度

平均发展速度反映现象在一定时期内逐期发展变化的平均程度；平均增长速度反映现象在一定时期内逐期增长（降低）变化的一般水平。这是两个非常重要的平均速度指标，它们在国民经济管理和统计分析中被广泛应用。其主要作用有：

（1）可以概括说明现象在一段时期内发展变化、增减变动的一般程度。

（2）根据这两个指标可以进行经济预测，测算现象在未来可能达到的水平，为决策提供可靠的依据。

（3）这两个指标可以用来比较说明在不同空间或不同时间里，现象发展变化的差异和发展变化的快慢程度。

（一）平均发展速度

平均发展速度是各时期环比发展速度的序时平均数。但是，现象发展的总速度不等于各环比发展速度之和，而是等于各环比发展速度之积，因此，平均发展速度不能采用环比发展速度的算术平均计算。根据现象的特点和统计分析的目的不同，平均发展速度有两种计算方法。

1. 几何平均法（水平法）

基本原理：一定时期内现象发展的总速度等于各期环比发展速度的连乘积。所以，计算平均发展速度就采用几何平均法。平均发展速度用 b 表示，计算公式为：

$$b = \sqrt[n]{\frac{y_1}{y_0} \times \frac{y_2}{y_1} \times \cdots \times \frac{y_n}{y_{n-1}}} = \sqrt[n]{\frac{y_n}{y_0}} \qquad (9-14)$$

几何平均法的特点：

(1) 按几何平均法计算的平均发展速度数值的大小只与数列的最末水平和最初水平有关，而与数列中间水平无关。

(2) 用这一发展速度推算的最末一期理论水平与实际最末水平相等，由此推算的最末一期定基发展速度也与实际定基发展速度相等；但是，由此推算的各期中间发展水平与实际中间水平可能相差悬殊。

(3) 计算非常简单。

2. 高次方程法（累计法）

基本原理：假设平均发展速度为 b，以原数列最初水平 y_0 为基础，构造一个新的数列 $y_0, y_0b, y_0b^2, y_0b^3 \cdots y_0b^n$，然后，求其总和并令其与原数列的总和相等，得到一个含有未知数 b 的方程。解此方程，将此方程的正的实数根定义为原数列的平均发展速度。

$$y_0 + y_0b + y_0b^2 + y_0b^3 + \cdots + y_0b^n = y_0 + \sum_{i=1}^{n} y_i$$

$$b + b^2 + b^3 + \cdots + b^n = \sum_{i=1}^{n} y_i \bigg/ y_0 \quad (9-15)$$

一般情况下，这个方程的 $n > 3$，所以，它是一个高次方程，故将这种求平均发展速度的方法称为高次方程法，又因为我们是以数列的累积和来建立方程的，所以，又称为累计法。直接求解这个方程是比较复杂的，实际应用中可以查找《平均增长速度查对表》，得到的就是平均增长速度。平均增长速度加上 1，就是平均发展速度。

（二）平均增长速度

$$平均增长速度 = 平均发展速度 - 100\% \quad (9-16)$$

根据几何平均法或累计法求出平均发展速度之后减去 1，就得到了平均增长速度。值得注意的是，求平均增长速度只有这一种方法，用其他任何方法计算的平均增长速度都是错误的。

【例 9-12】根据例 9-11 中的资料，用几何平均法计算 2010—2015 年期间该市地区生产总值的平均发展速度和平均增长速度，如表 9-17 所示。

表 9-17 某市 2010—2015 年生产总值水平、速度指标计算表

年份		2010	2011	2012	2013	2014	2015
地区生产总值（亿元）		1 028	1 113	1 249	1 441	1 664	1 941
发展速度（%）	环比	—	108.27	112.22	115.37	115.48	116.65
	定基	—	108.27	121.50	140.18	161.87	188.81

【解】(1) 依据环比发展速度数列计算：

$$平均发展速度 = \sqrt[5]{1.0827 \times 1.1222 \times 1.1537 \times 1.1548 \times 1.1665} = 113.55\%$$

(2) 依据定基发展速度数列计算：

$$平均发展速度 = \sqrt[5]{1.8881} = 113.55\%$$

(3) 依据原数列计算：

$$\text{平均发展速度} = \sqrt[5]{\frac{194.1}{102.8}} = 113.55\%$$

平均增长速度：113.55% - 100% = 13.55%

四、应用平均速度指标时需要注意的问题

（1）按几何平均法计算的平均速度指标数值的大小只与最末水平和最初水平有关，而与数列中间水平无关。按累计法计算的平均速度指标的数值大小则反映了整个数列各期水平的影响。因此，两种方法的计算结果一般是不相等的。对于这两种方法我们常常将它们用于不同的场合，高次方程法用于分析按各期发展水平累计总和提出任务和目标的问题；几何平均法则用于分析按期末水平提出任务和目标的问题。

（2）如果现象变化起伏波动明显，或者最初水平和最末水平受特殊因素的影响过高或过低，这样计算的平均速度指标就失去了代表性，不能准确地反映现象的实际变化情况。此时有必要用分段平均速度来补充说明总平均速度。因为，总平均速度反映的是现象在整个时期发展变化的一般速度，它掩盖了现象在各阶段上变化的不同特点。因此，当现象在某个时期存在显著变化特征时，应当同时计算该阶段平均速度作补充说明。

（3）进行动态分析时要将水平指标和速度指标（发展水平、增长量、发展速度、增长速度、平均发展速度、平均增长速度等）结合起来从各相对变动和绝对变动方面综合全面地认识现象的变化特点，防止孤立片面地看待问题，才能深入揭示现象发展变化的规律。

第四节 时间数列的构成因素分析

一、时间数列的构成因素和分析模型

（一）时间数列的构成因素

客观现象变化发展是受多种因素共同影响的结果。在这些因素中，有的是系统因素，对现象的变化发展起着长期的决定性作用；有的是偶然因素，对现象的发展变化起局部的、暂时性、非决定性作用。系统因素的影响使事物的发展表现出变化的方向、变化的程度和变动的周期等有规律性的特点，偶然因素的影响则使现象的变化表现为随机性和无规律性特点。

编制时间数列，进行时间数列分析，除了研究现象发展过程的水平和速度指标之外，还要用在定性认识的基础上，利用数学模型对时间数列做一些定量分析，找出制约现象发展的基本因素或主要原因。时间数列的变动主要受以下四种因素变动的影响。

（1）长期趋势（T），也称趋势变动，指现象受根本性因素的影响，时间数列在长时期表现出持续地显著地向上、向下变化或平稳的总态势，这是对现象未来状况进

行判断预测的主要依据。如受党的改革开放政策的影响，中国的经济近30年呈现持续增长，国内生产总值逐年递增。

（2）季节变动（S），指现象随自然界季节的更跌而发生的有规律的变动。现在将它引申为：由于社会经济等因素的影响，某现象以一定时期（年、季、月、周、日）为周期的重复变动。例如农牧业生产、时令商品的销售、客流运输、城市的交通等现象往往呈现出季节性的周期变动。

（3）循环变动（C），指现象以较长时间为周期的、涨落起伏相间的变动。这种变动的周期长短不定，短则一年，长则八年十年，波动变化的幅度也不相同，有大有小。它不同于长期趋势的单一变动方向，又不同于季节变动的时间较短和变动规律周期较为一致。例如，果树产量有大、小年的变化，降雨量有几年大、几年小的变化，经济危机若干年后会再发生一次等。

（4）不规则变动（I），也称随机变动，指现象受众多的、临时的、偶然的因素影响，而发生的难以预测的无规则的随机变动。这是时间数列分析中无法用上述三种变动因素解释的部分，如战争、自然灾害、社会动乱等。

时间数列分析的目的就是要对以上这几个构成因素进行测定，从而解释现象变动的规律和特征，为认识和预测事物的发展提供科学依据。

（二）时间数列的分析模型

测定和分析时间数列的构成要素，并用一定的数学形式加以表示，就形成时间数列构成要素的分析模型。时间数列构成要素的分析模型的基本形式有：乘法模型、加法模型和混合模型。设时间数列为 y：

乘法模型：$y = T \cdot S \cdot C \cdot I$

加法模型：$y = T + S + C + I$

混合模型即在模型中既有乘积关系又有相加关系，如：$y = T \cdot S + C \cdot I$。

其中最常用的是乘法模型，该模型是以"各因素之间是相互影响的"为前提，长期趋势影响的绝对量为基数，其他因素的影响以相对数表示，然后相乘来表示。加法模型是假定各因素间的影响是相互独立的，各因素的影响以绝对量表示，然后相加来表示。利用乘法模型可以将四个因素很容易地从时间数列中分离出来，因而在时间数列分析中被广泛地运用。本节所介绍的时间数列分析法，也均以乘法模型为例。

二、长期趋势的测定

长期趋势是时间序列中主要的构成要素，它是指现象受基本因素的作用，在一段时间内持续上升或下降的发展趋势。例如，国内生产总值、工业发展水平等指标，均受科学技术的发展和劳动力素质的提高等基本因素的影响，总的趋势为上升。

时间数列的长期趋势是就一个较长的时期而言的，一般地说分析长期趋势所选的时期越长越好。

对长期趋势的测定和分析，是时间数列分析的重要工作，其主要目的有三个：一是为了认识现象随时间发展变化的趋势和规律性；二是为了对现象未来的发展趋势作出预测；三是为了从时间数列中剔除长期趋势成分，以便于分解出其他类型的影响因素。

时间数列的长期趋势可分为线性趋势和非线性趋势。当时间数列的长期趋势近似地呈现直线性发展、每期的增减数量大致相同时，称为时间数列具有线性趋势。线性趋势的特点是其变化率或趋势线的斜率基本保持不变。

（一）线性趋势的测定

时间数列线性趋势的测定方法有许多种，最常用的有移动平均法和趋势方程拟合法。

1. 移动平均法

移动平均法是扩大原时间数列的时间间隔，选定一定的时距项数 n，采用逐次递移的方法，对数列递移的 n 项计算一系列序时平均数。由于序时平均数有抽象数量差异的作用，所以，经过平移后得到的新数列相比原数列来说，消除或削弱了原数列中的由于短期偶然因素引起的不规则变动和其他成分，对原数列的波动起到修匀作用，从而呈现出现象在较长时间的发展趋势。设移动间隔长度为 n，则移动平均数列可写成：

$$\bar{y}_i = \frac{y_i + y_{i+1} + \cdots + y_{n+i-1}}{n} \tag{9-17}$$

式中，$\bar{y}_i$ 为移动平均趋势值，n 为大于1的自然数，为移动项数。

【例 9-13】某市某客运站 2013—2015 年 12 个季度的旅客运输量资料见表 9-18，旅客客运量按三项移动平均和按五项移动平均的计算结果如下：

表 9-18　2013—2015 年 12 个季度旅客运输量三项和五项移动平均值计算表

序号	客运量（万人）	三项移动（$n=3$）		五项移动（$n=5$）	
		平均值	逐期增长	平均值	逐期增长
1	100	—	—	—	—
2	95	97.7	3.0	—	—
3	98	100.0	5.0	102.0	—
4	107	105.0	2.2	103.0	1.0
5	110	107.3	0.0	105.4	2.4
6	105	107.3	1.7	108.8	3.4
7	107	109.0	8.0	112.0	3.2
8	115	115.0	2.7	113.0	2.0
9	123	117.7	1.6	116.0	3.0
10	115	119.3	0.7	119.6	3.6
11	120	120.0	—	—	—
12	125	—	—	—	—

为消除季节变动，可对表 9 – 18 中的数列作四项移动平均，结果见表 9 – 19。

表 9 – 19　2013—2015 年 12 个季度旅客运输量四项移动平均值计算表

序号	客运量（万人）	四项移动（$n=4$）		
		平均值	移正平均	逐期增长
1	100	—	—	—
2	95	—	—	—
3	98	100.0	101.3	2.5
4	107	102.5	103.8	2.4
5	110	105.0	106.2	2.1
6	105	107.3	108.3	2.6
7	107	109.3	110.9	2.9
8	115	112.5	113.8	2.9
9	123	115.0	116.7	—
10	115	118.3	119.6	—
11	120	120.8	—	—
12	125	—	—	—

2. 直线趋势法

直线趋势法是利用直线回归的方法，根据最小二乘原理，对原时间数列拟合线性方程，消除其他因素的变动，揭示出数列长期线性趋势的方法。

直线趋势方程的一般形式为：$\hat{Y}_t = a + bt$

$$b = \frac{n\sum tY - \sum t \sum Y}{n\sum t^2 - (\sum t)^2} \qquad a = \frac{\sum Y}{n} - b\frac{\sum t}{n} = \bar{Y} - b\bar{t} \qquad (9-18)$$

式中：$\hat{Y}_t$ 为 Y_t 的趋势值；t 为时间；a 为纵截距，是 $t=0$ 时 $\hat{Y}_t$ 的初始值；b 为趋势斜线率，表示时间 t 变动一个单位时趋势值 $\hat{Y}_t$ 的平均变动数量。

【例 9 – 14】对表 9 – 18 中旅客运输量，可得直线趋势方程拟合计算表，如表 9 – 20 所示。

表 9 – 20　直线方程拟合计算表

t	客运量 Y_t	tY	t^2	$\hat{Y}_t$
1	100	100	1	96.2
2	95	190	4	98.7
3	98	294	9	101.2
4	107	428	16	103.7
5	110	550	25	106.2

续表 9-20

t	客运量 Y_t	tY	t^2	$\hat{Y}_t$
6	105	630	36	108.7
7	107	749	49	111.3
8	115	920	64	113.8
9	123	1 107	81	116.3
10	115	1 150	100	118.8
11	120	1 320	121	121.3
12	125	1 500	144	123.8
合计	1 320	8 938	649	1 320.0

$$b = \frac{n\sum tY - \sum t \sum Y}{n\sum t^2 - (\sum t)^2} = \frac{12 \times 8\,938 - 78 \times 1\,320}{12 \times 649 - 78^2} = 2.521$$

$$a = \bar{Y} - b\bar{t} = \frac{1\,320}{12} - 2.521 \times \frac{78}{12} = 93.61$$

直线趋势方程为：$\hat{Y}_t = 93.61 + 2.521t$

我们可以根据直线趋势方程对未来时期现象进行预测。例如上例中，可预测该客运站 2016 年第一季度的客运量为（$t = 13$）：

$$Y_{2008} = 93.61 + 2.521 \times 13 = 126.4（万人）$$

(二) 非线性趋势

事实上，现象的长期趋势并不总是呈现为线性趋势，也就是说现象变动的变化率或趋势线的斜率在一个较长的时期并不一定保持不变。当时间数列在各时期的变动随时间而异、各时期的变化率或趋势线的斜率有明显变动时，现象的长期趋势不是线性的，但又有一定规律性，这时称现象的长期趋势是非线性趋势。有规律的非线性趋势常呈现为某种形态的曲线变化，故又称为曲线趋势。

现象非线性趋势变动的形式多种多样，可能为抛物线型、指数曲线型、修正指数曲线型、Gomperte 曲线型、Logistic 曲线型等，各种曲线的拟合方法各不相同。这里只简单介绍抛物线型。

如果现象发展的逐期增长量的增长量（即各期的二级增长量）大体相同，其长期趋势近似于抛物线形态时，则可考虑抛物线趋势模型进行分析，拟合为如下二次曲线方程：

$$\hat{Y}_t = a + bt + ct^2$$

拟合抛物线型的曲线方程，需要估计其待定参数 a、b、c，可将 t 和 t^2 分别视为两个变量。按多元回归的方式，根据最小二乘法的要求，同样用求偏导的方法，导出下列三个联立方程：

$$\begin{cases} \sum Y = na + b\sum t + c\sum t^2 \\ \sum tY = a\sum t + b\sum t^2 + c\sum t^3 \\ \sum t^2 Y = a\sum t^2 + b\sum t^3 + c\sum t^4 \end{cases}$$

采用坐标变换，使 $\sum t = 0$，$\sum t^3 = 0$，则上列三个方程式可简化为：

$$\begin{cases} \sum Y = na + c\sum t^2 \\ \sum tY = b\sum t^2 \\ \sum t^2 Y = a\sum t^2 + c\sum t^4 \end{cases}$$

将上述联立方程组求解，得到 a、b、c 的参数值如下：

$$\hat{Y}_t = a + bt + ct^2$$

$$\begin{cases} a = \dfrac{\sum Y}{n} - \dfrac{c\sum t^2}{n} = \bar{y} - c \cdot \overline{t^2} \\ b = \dfrac{\sum tY}{\sum t^2} \\ c = \dfrac{n\sum t^2 Y - \sum t^2 \sum Y}{n\sum t^4 - (\sum t^2)^2} \end{cases} \qquad (9-19)$$

【例 9-15】表 9-21 为某企业某产品连续 11 个季度的销售量数据。

表 9-21　某企业某产品 11 个季度的销售量　　　　　　　（单位：件）

季次	t	销售量 Y	逐期增长	二级增长	t^2	t^4	tY	$t^2 Y$
1	-5	1 000	—	—	25	625	-5 000	25 000
2	-4	1 200	200	—	16	256	-4 800	19 200
3	-3	1 440	240	40	9	81	-4 320	12 960
4	-2	1 720	281	41	4	16	-3 442	6 884
5	-1	2 040	320	39	1	1	-2 040	2 040
6	0	2 402	361	41	0	0	0	0
7	1	2 803	401	40	1	1	2 803	2 803
8	2	3 243	440	39	4	16	6 486	12 972
9	3	3 725	482	42	9	81	11 175	33 525
10	4	4 246	521	39	16	256	16 984	67 936
11	5	4 808	562	41	25	625	24 020	120 200
合计	0	28 028	—	—	110	1 958	41 886	303 520

从表中计算的数列二级增长量大体相等,可拟合抛物线型曲线。

计算: $\begin{cases} 28\,628 = 11a + 110c \\ 41\,886 = 110b \\ 303\,520 = 110a + 1\,958c \end{cases}$ 解得: $\begin{cases} a = 2\,402 \\ b = 380.8 \\ c = 20.09 \end{cases}$

该企业某种产品销售量的二次曲线方程为

$$\hat{Y}_t = 2\,402 + 380.8t + 20.09t^2$$

当需要预测下一季度(第12季度)该产品销售量时,将时间 $t=6$ 代入方程,可计算出下一季度该产品销售量为 5 410 件。

三、季节变动及其测定

季节变动是指客观现象因受自然因素或社会因素影响而形成的有规律的周期性变动,这种变动各年强度大体相同且重复出现。其测定的原理和方法是分析其他周期性变动的基础。

所谓季节变动不仅仅是指随一年中四季而变动,而是泛指有规律的、按一定周期(年、季、月、周、日)重复出现的变化。季节变动的原因通常与自然条件有关,同时也可能是由于生产条件、节假日、风俗习惯等社会经济因素所致。

季节变动在现实生活中经常遇到,如商业活动中的"销售旺季"和"销售淡季"、农产品和以农产品为原料的某些工业生产的产量和销售量、旅游业的"旅游旺季"和"旅游淡季"等,这些季节变动常会给人们的社会经济生活带来较大的影响。测定季节变动的意义主要在于认识规律、分析过去、预测未来。通过分析与测定以往季节变动规律,为当前的决策提供依据;或是对未来现象做出预测,以便提前做出安排;或是消除季节变动对数列的影响,以便更好地分析其他因素。

测定季节变动的方法很多,通常有两种:第一种是不考虑长期趋势的影响,直接根据原始时间数列来测定季节变动,应用原始资料平均法;第二种是根据剔除长期趋势后的数据来测定季节变动,通常需要用到移动平均趋势剔除法。

1. 原始资料平均法

原始资料平均法也称为按月(或季)平均法,若时间数列中不含长期趋势和循环变动,直接利用原数列进行同期平均和总平均,消除不规则变动但不剔除长期趋势因素,计算出季节指数。其基本步骤为:

(1) 计算各年同期(月或季)的平均数 $\overline{Y}_i$($i = 1 \sim 12$ 月或 $i = 1 \sim 4$ 季),其目的是消除各年同一季度(月份)数据上的不规则变动。

(2) 计算全部数据的总平均数 $\overline{Y}$,求出整个数列的水平趋势。

(3) 计算季节指数 S_i,其公式为:

$$S_i = \frac{\overline{Y}_i}{\overline{Y}} \times 100\% \qquad (9-20)$$

用文字表达即为:季节指数 = $\dfrac{\text{各同月(季)平均数}}{\text{总月(季)平均数}} \times 100\%$

【例 9-16】 某厂家产品 2008—2015 年月度销售量资料及所计算的各年同月平均数和季节指数，如表 9-22 所示。

表 9-22 某厂产品 2008—2015 年月度销售量资料表　　　　（单位：件）

年	月												
	1	2	3	4	5	6	7	8	9	10	11	12	合计
2008	31.1	29.4	29.2	30.1	30.5	29.3	28.8	29.7	32.2	33.4	35.2	34.9	373.8
2009	31.2	30.0	30.1	29.2	28.4	28.7	29.5	30.6	32.5	32.9	33.7	34.0	370.8
2010	31.7	31.3	30.3	29.5	29.8	28.9	29.6	30.8	33.0	34.3	36.1	35.3	380.6
2011	32.0	32.8	31.7	31.3	30.6	30.2	30.9	32.1	33.4	35.0	36.6	34.6	391.2
2012	32.1	32.3	31.5	31.4	30.6	30.7	31.2	32.4	33.8	35.3	36.9	34.8	393.0
2013	32.4	31.1	30.2	30.4	29.9	29.3	28.8	27.8	29.2	31.3	32.8	32.5	365.2
2014	29.8	30.0	31.0	29.8	29.6	29.3	28.9	30.5	30.9	32.8	33.5	32.8	368.8
2015	28.6	28.2	27.7	28.1	28.9	28.0	29.2	29.7	30.6	32.2	33.2	33.1	357.2
合计	248.9	245.1	240.8	239.8	237.8	235.4	237.3	243.6	255.9	266.4	277.6	272.0	3 000.6
$\overline{Y_i}$	31.1	30.6	30.1	30.0	29.7	29.4	29.7	30.5	32.0	33.3	34.7	34.0	31.3
S_i/%	99.54	98.02	96.30	95.90	95.10	94.14	94.90	97.42	102.34	106.54	111.02	108.78	1 200.00

【解】 计算同月平均数，计算结果详见上表"季节平均数 $\overline{Y_i}$"一栏。

（1）计算全部数据的总月平均数，即 $\dfrac{3\,000.6}{8 \times 12} = 31.3$。

（2）计算季节指数 $S_i = \dfrac{\text{各同月（季）平均数}}{\text{总月（季）平均数}} \times 100\%$，计算结果详见上表。

从季节指数上可以判断该产品在 9、10、11、12 月份是销售旺季，尤其在后三个月，而 6 月份是销售淡季。需要注意的是，若季节指数之和不等于 400% 或 1 200%，就需要按以下方法调整。

首先计算调整系数，公式如下：

$$\text{调整系数} = \dfrac{1\,200}{\text{各月季节指数之和}} \quad \text{或} \quad \text{调整系数} = \dfrac{400}{\text{各季季节指数之和}}$$

然后，将调整系数分别乘以各月（季）的季节指数，即得调整后的季节指数。
只有当数列不具有明显的长期趋势和循环变动时，运用原始数据平均法才比较合适。

2. 趋势剔除法

如果数列包含有明显的上升（下降）趋势或循环变动时，用按季节平均法计算季节指数就不够准确，在此应采用趋势剔除法。首先从数列中消除趋势因素，然后再用平均方法消除不规则变动，从而分解出季节变动成分。

数列的长期趋势可用移动平均法或趋势方程拟合法测定。

四、循环变动的测定

循环变动是指现象在一个较长的时期内,呈现一种从低到高又从高到低的周而复始的近乎规律性的涨落起伏的波动。

循环变动不同于长期趋势,它不是朝着单一方向的持续性运动,也不同于季节变动。季节变动虽然也是有高有低的交替变动,但其变动有比较固定的规律性,且变动周期一般在一年以内;循环变动的规律却不固定,而是涨落相间的波浪式变动,其变动的周期通常在一年以上,周期的长短、变动形态、波动的大小都不固定,很难事先预知。例如产品通常有导入期、成长期、成熟期、衰退期、替代期等产品生命周期,又如由于受周期性因素的影响,宏观经济的增长通常产生周期性波动。

循环变动根据周期长短的不同,一般可以分为三种类型:

(1) 大循环变动,又称长周期波动。这种波动周期一般很长,如重大技术突破对经济的影响,往往有几十年。

(2) 中循环变动,又称中周期波动。这种周期波动一般 9~10 年,如资本主义国家周期性的经济衰退。

(3) 小循环变动,又称短周期波动。一般为 3~5 年,如企业的固定资产的折旧更新。

测定分析现象循环变动的目的,一是揭示循环变动的规律性;二是研究现象内在联系,分析引起循环变动的原因;三是对现象发展做出科学预测,为制定决策方案提供依据。

测定循环变动的常用方法主要有直接测定法和剩余法。

(一) 直接测定法

如果研究时间数列的目的只在于测定数列的循环波动特征,则在实际工作中可以用直接测定法去分析数列。

直接测定法是将每年各季度(月)的数据与上年同期进行对比,即求出年距发展速度,得到年距发展速度动态数列,以观察其循环变动的波峰和波谷。

直接测定法又可分为两种方式,一种方式是将每年各月(或季)数值与上一年同期数值对比,所求得的相对数大体可消除季节变动和长期趋势,即

$$C \cdot I_{t,i} = \frac{Y_{t,i}}{Y_{t-1,i}} \quad (i = 1,2,\cdots,12 \text{ 或 } i = 1,2,3,4) \qquad (9-21)$$

式中下标 t 为年份,下标 i 为月份或季度。

另一种方式是将每年各月(或季度)数值较上年同期增长部分除以前一年对应月份(或季度)的数值,得出的相对数大体上表示循环变动,即

$$C \cdot I_{t,i} = \frac{Y_{t,i} - Y_{t-1,i}}{Y_{t-1,i}} \quad (i = 1,2,\cdots,12 \text{ 或 } i = 1,2,3,4) \qquad (9-22)$$

【例 9-17】某公司的经营收入,以 2012 年为基期的年距发展速度和年距增长速度如表 9-23 所示。

表9-23 年距发展速度和年距增长速度计算表

年份		月份											
		1	2	3	4	5	6	7	8	9	10	11	12
2012	经营收入（万元）	40	50	41	39	45	53	68	73	50	48	43	38
2013	经营收入（万元）	43	52	45	41	48	65	77	86	64	60	45	41
	年距发展（%）	108	104	110	105	107	123	116	118	128	125	105	108
	年距增长（%）	8	4	10	5	7	23	16	18	28	25	5	8
2014	经营收入（万元）	44	64	58	56	67	74	84	95	76	68	56	52
	年距发展（%）	102	123	129	137	140	114	106	111	119	113	124	127
	年距增长（%）	2	23	29	37	40	14	6	11	19	13	24	27
2015	经营收入（万元）	55	72	62	60	70	86	98	108	87	78	63	58
	年距发展（%）	138	116	107	107	105	116	117	114	115	115	126	112
	年距增长（%）	38	13	7	7	5	16	17	14	15	15	13	12

由表9-23看出，2012—2015年该公司经营收入大体8～9个月循环波动一次。显然直接法所计算的实际上是通常意义上的"年距发展速度"或"年距增长速度"。这种方法的理论依据并不充分，只是有利于大体上观察循环变动，所得结果并不一定能准确描述循环变动的真实状态。

直接测定法简便易行，可以大致消除趋势变动 T 和季节变动 S 的影响，但其局限性也是不可忽略的，该方法在消除时间数列长期趋势的同时，相对放大了年度发展水平的影响，当某期发展水平偏低或偏高时，必然会影响 $C \cdot I$ 的数值，使之偏高或偏低，导致循环变动的振幅被拉大。因此，在实践中，通常采用剩余法来测定循环变动的程度。

（二）剩余法

剩余法的基本思想是：从数列中剔除长期趋势和季节变动，再利用移动平均法消除不规则变动成分，得到一个派生的数列，即剩余的变动数列，从而揭示出数列的循环变动特征。

剩余法的步骤因所掌握资料的不同而异。现在以时间数列各因素之间组合为乘积形式 $Y = T \cdot S \cdot C \cdot I$ 为例来说明这种方法，步骤如下：

（1）分别消除季节变动 S 和长期趋势 T，或者同时消除季节变动 S 和长期趋势 T，即

$$\frac{Y}{T \cdot S} = \frac{T \cdot S \cdot C \cdot I}{T \cdot S} = C \cdot I \qquad (9-23)$$

（2）将所得循环变动和不规则变动的结果 $C \cdot I$ 进行移动平均，消除不规则变动 I，即得循环变动值 C。

【例9-18】对例9-17用剩余法计算其循环变动值 C，其计算过程如表9-24所示。

表9-24 用剩余法计算循环变动值

年	月	经营收入(万元) Y (1)	季节指数 S (2)	$T \cdot C \cdot I$ (3)=(1)/(2)	长期趋势 T (4)	$C \cdot I$ (5)=(3)/(4)	循环变动 C (6)
2012	1	40	72.6	55.1	—	—	—
	2	50	97.1	51.5	—	—	—
	3	41	84.0	48.8	—	—	—
	4	39	79.0	48.8	—	—	—
	5	45	93.8	45.9	—	—	—
	6	53	113.8	46.6	—	—	—
	7	68	134.3	50.6	48.3	104.8	—
	8	73	147.6	49.5	52.5	94.3	94.3
	9	50	113.1	44.2	52.7	83.9	92.7
	10	48	103.6	48.1	48.2	99.8	96.3
	11	43	84.4	50.9	48.4	105.2	101.8
	12	38	77.2	49.2	49.0	100.4	108.0
2013	1	43	72.6	59.2	50.0	118.4	108.0
	2	52	97.1	53.6	51.0	105.1	108.8
	3	45	84.0	53.6	52.1	102.9	101.5
	4	41	79.9	53.6	53.2	96.4	98.2
	5	48	93.8	51.3	53.8	95.2	98.2
	6	65	113.8	57.1	54.0	105.7	103.3
	7	79	134.3	58.8	53.9	109.1	107.4
	8	86	147.6	58.3	54.3	107.4	106.2
	9	64	113.1	56.6	55.4	102.2	104.0
	10	60	103.6	57.9	56.6	102.3	98.8
	11	45	84.4	53.3	58.0	91.9	94.6
	12	41	77.2	53.1	59.2	89.7	91.3

续表 9-24

年	月	经营收入(万元) Y (1)	季节指数 S (2)	T·C·I (3)=(1)/(2)	长期趋势 T (4)	C·I (5)=(3)/(4)	循环变动 C (6)
2014	1	40	72.6	55.1	59.7	92.3	97.1
	2	64	97.1	65.9	60.3	109.3	104.8
	3	58	84.0	69.0	61.2	112.7	111.7
	4	56	79.9	70.1	62.0	113.1	113.2
	5	67	93.8	71.4	62.8	113.7	109.6
	6	74	113.8	65.0	63.8	101.9	104.0
	7	84	134.3	62.5	64.8	96.5	98.8
	8	95	147.6	64.4	65.8	97.9	98.6
	9	76	113.1	67.2	66.3	101.4	99.3
	10	68	103.6	65.6	66.6	98.5	99.7
	11	56	84.4	66.4	66.9	99.3	99.2
	12	52	77.2	67.4	67.5	99.9	103.2
2015	1	55	72.6	75.8	68.6	110.5	105.6
	2	72	97.1	74.2	69.8	106.3	107.0
	3	62	84.0	73.8	70.8	104.2	105.1
	4	60	79.9	75.1	71.6	104.9	104.1
	5	70	93.8	74.6	72.3	103.2	103.8
	6	86	113.8	75.4	72.9	103.4	—
	7	98	134.3	73.0	—	—	—
	8	108	147.6	73.2	—	—	—
	9	87	113.1	76.9	—	—	—
	10	78	103.6	73.6	—	—	—
	11	63	84.4	74.6	—	—	—
	12	58	77.2	75.1	—	—	—

根据表 9-24 计算的循环变动值绘制的循环变动曲线图如图 9-3 所示，可以看出该公司经营收入的循环波动大体 7～8 个月出现一次波峰或波谷。

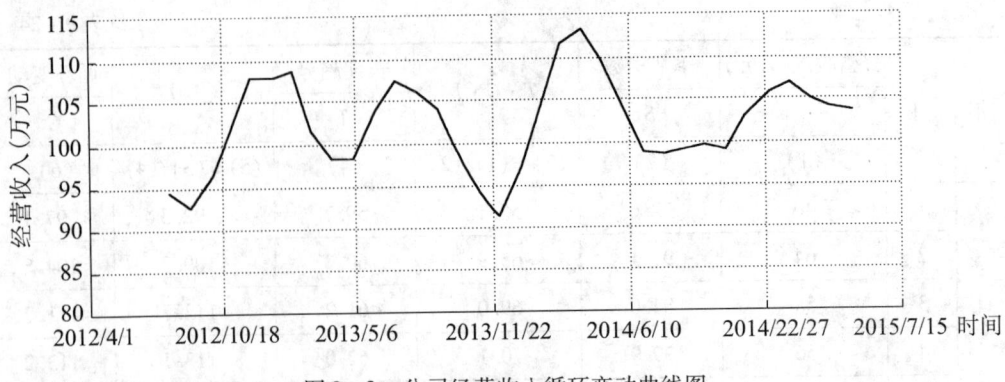

图 9-3 公司经营收入循环变动曲线图

本章小结

（1）编制时间序列计算动态分析指标，对其进行水平速度等分析和研究，其目的是为了揭示现象发展变化的方向、速度和趋势，从而掌握现象发展变化的规律。

（2）时间序列分为时期数序列、时点数序列、相对数序列和平均数序列。时期数序列和时点数序列具有完全不同的性质，相对数序列和平均数序列是派生数列。准确区分各类不同性质的数列，是正确计算各种动态指标、进行时间序列分析的前提。

（3）时间序列动态分析指标分为：水平指标、速度指标和平均指标。

水平指标——发展水平、增长量（逐期、累计）、增长1%的绝对值；

速度指标——发展速度（环比、定基）、增长速度（环比、定基）。

这八个指标通常将它们列在一张表上，用来观察现象发展变化的过程和特点，进行横向、纵向的比较分析评价。

平均指标——序时平均数、平均增长量、平均发展速度和平均增长速度。

（4）序时平均数——发展水平的平均数，反映时间数量的平均发展水平。序时平均数的计算是一个难点，不是其计算很困难，关键是要根据不同性质的数列采用不同的公式进行计算。

平均增长量是增长量数列（时期数列）的序时平均数，计算较为简单。

（5）平均发展速度有两种计算方法：几何平均法和高次方程法。在几何平均法下，平均发展速度即为发展数量数列的几何平均数。

（6）平均增长速度只能在计算出平均发展速度后，根据"平均增长速度 = 平均发展速度 - 1"求得。

（7）对时间序列进行分解，从中测定出长期趋势、季节变动、循环波动和不规则变动，可以更深刻地认识时间序列的特征，以便选择预测模型。时间序列各影响因素的测定方法有：

长期趋势——移动平均法、最小二乘法拟合线性或非线性模型；

季节变动——按月平均法、长期趋势剔除法；
循环波动和不规则变动——剩余法。

思考练习

一、名词解释

时间序列　时期序列　时点序列　序时平均数　发展速度　增长速度　几何平均法　长期趋势

二、思考题

（1）什么是时间数列？构成时间数列的要素有哪些？
（2）时期数列和时点数列有什么区别？举例加以说明。
（3）什么是时间数列的发展水平、增长水平？增长水平有哪两种？它们之间有何相互推算关系？
（4）什么是平均发展水平（序时平均数）？它的计算可分几种情况？如何进行计算？
（5）什么是发展速度？它有哪两种形式？它们之间有何相互推算关系？
（6）什么是增长速度？它有哪两种形式？它们之间可以相互推算吗？
（7）增长速度和发展速度之间有何等量关系？
（8）求平均发展速度有哪两种方法？其基本原理是什么？
（9）采用几何平均法，平均发展速度的高低只受哪两个因素的影响？采用高次方程法，要受哪些因素的影响？

三、填空题

（1）时间序列一般由（　　　　）和（　　　　）两个基本要素构成。
（2）时间序列按指标的性质不同分为（　　）数列、（　　）数列、（　　）数列和（　　）数列。基本序列是（　　）数列和（　　）数列，（　　）数列和（　　）数列属于派生数列。
（3）编制时间序列的基本原则是（　　　　）原则。
（4）（　　）增长量等于（　　）增长量之和。
（5）（　　）发展速度等于（　　）发展速度的连乘积。
（6）间隔相等时点数列计算序时平均数采用（　　）法，其公式为（　　　　）。

四、单项选择题

（1）时间序列中指标数值具有可加性的是（　　）序列。

A. 时期数　　　B. 时点数　　　C. 相对数　　　D. 平均数

（2）以 2010 年为基期，2016 年为报告期，用几何平均法计算平均发展速度应开（　　）次方。

A. 2　　　　　B. 5　　　　　C. 6　　　　　D. 7

（3）某商场销售额 2015 年比 2014 年增长 6%，2016 年比 2015 年增长 10%，2016 年比 2014 年增长（　　）%。

A. 4　　　　　B. 14　　　　C. 15.5　　　 D. 16.6

（4）如果数列的环比增长速度依次是 5%、9%、11%，则该序列的平均增长速度是（　　）%。

A. 7.91　　　 B. 107.91　　C. 108.13　　 D. 8.13

（5）根据某现象在不同时间上的指标数值计算的平均数是（　　）平均数。

A. 算术　　　 B. 调和　　　 C. 几何　　　 D. 序时

（6）某企业 2016 年 1～4 月月初银行存款余额分别为 120 万元、150 万元、160 万元、180 万元，该企业一季度平均存款余额为（　　）万元。

A. 153.3　　　B. 143.3　　　C. 152.3　　　D. 163.3

（7）按水平法（几何平均法）计算的平均发展速度进行推算，应该满足推算的（　　）。

A. 各期水平之和等于各期实际水平之和

B. 最末水平等于实际的最末水平

C. 定基发展速度等于实际定基发展速度

D. 各期增长量等于实际的逐期增长量

（8）时间序列的发展水平应该是（　　）指标。

A. 总量　　　 B. 相对　　　 C. 平均　　　 D. 上述三种均可

五、多项选择题

（1）环比增长速度等于（　　）。

A. 环比发展速度减 1　　　　　　B. 逐期增长量与前一期水平之比

C. 相邻两期定基发展速度之比后减 1　　D. 两定基增长速度之比

（2）时期序列指标数值具有（　　）等特点。

A. 可加性　　　　　　　　　　　B. 与时间长短相关

C. 连续登记　　　　　　　　　　D. 间断登记

（3）以下现象组成的时间序列属于时点序列的有（　　）。

A. 历年总产值　B. 月末存款余额　C. 钢材库存量　D. 各月工资总额

（4）动态平均指标包括平均（　　）。

A. 发展水平　　B. 发展速度　　　C. 增长速度　　D. 增长量

（5）指标数值不具可加性的时间序列有（　　）序列。

A. 时期数　　　B. 时点数　　　　C. 相对数　　　D. 平均数

(6) 相对数序列是由两个有联系的绝对数序列对比所形成的，两绝对数序列可能是（   ）序列。

  A. 两时期   B. 时点   C. 一时期一时点   D. 两相对数

(7) 用几何平均法计算平均发展速度可用以下公式计算（   ）。

  A. $\sqrt[n]{\prod 环比发展速度}$ B. $\sqrt[n]{\prod 定基发展速度}$

  C. $\sqrt[n]{定基发展速度}$ D. $\sqrt[n]{\dfrac{最末水平}{最初水平}}$

(8) 平均增长速度 = 平均发展速度 − 1，平均增长速度还可用以下公式计算（   ）。

  A. $\sqrt[n]{\prod 环比增长速度} - 1$ B. $\sqrt[n]{\prod 环比发展速度} - 1$

  C. $\sqrt[n]{\sum(环比增长速度+1)} - 1$ D. $\sqrt[n]{\dfrac{最末水平}{最初水平}} - 1$

  E. $\sqrt[n]{定基发展速度} - 1$

六、计算题

(1) 某企业有关资料如下，计算该企业一季度人均月销售额。

月　份	一	二	三	四
销售额（万元）	100	150	120	140
月初职工数（人）	100	120	110	116

(2) 填列下表。

年　份	产量 （万吨）	累积增长量 （万吨）	定基发展速度 （%）	环比发展速度 （%）	增长1%绝对值 （百吨）
2011	7 142				
2012		3 528			
2013			18 181		
2014				105.27	
2015				106.28	
2016		8 286			

(3) 我国有关资料如下，计算 1992—1997 年的人均消费品零售额。

年　份	1991	1992	1993	1994	1995	1996	1997
社会消费品零售额(亿元)	8 250	9 700	12 460	16 260	20 620	24 770	27 300
年底人口数（亿人）	11.58	11.71	11.85	11.99	12.11	12.24	12.36

(4) 某地区 2010—2015 年有关税收资料如下表所示。

年 份		2010	2011	2012	2013	2014	2015
税收收入（亿元）		2 820	2 990	3 290	4 250	5 120	5 120
增长量（亿元）	逐期						
	累计						
发展速度（%）	环比						
	定基						
增长速度（%）	环比						
	定基						
增长 1%（百万元）							

①先填表；
②计算税收的平均发展速度和平均增长速度。

(5) 某市 2011—2015 年的地区生产总值如下表所示。

年 份	2011	2012	2013	2014	2015
GDP（亿元）	993				1 626

①按平均发展速度估计 2011—2015 年的地区生产总值；
②按此 5 年的平均发展速度预测 2016 年和 2017 年的 GDP。

(6) 某地区 2007 年底人口数为 2 000 万人，假定以后每年以 0.9% 的增长率增长；又假定该地区 2007 年粮食产量为 60 亿千克，要求到 2012 年平均每人粮食达到 400 千克。试计算 2012 年粮食产量应该达到多少？粮食产量每年平均增长速度如何？

(7) 某企业 2008 年四个季度产品产量实际完成情况如下表所示，求该企业全年平均计划完成程度。

季 度	一	二	三	四
计划完成百分数（%）	95	90	110	105
实际完成数（件）	1 800	2 800	3 500	3 250

(8) 某企业 2017 年 2 季度有关资料如下表所示，求该企业第二季度职工平均工资。

月 份	4	5	6	7
平均工资（元）	4 000	4 530	4 600	4 650
月初职工人数（人）	100	120	100	110

第十章 统计实验

本章将结合统计学概论的有关内容，应用 SPSS 统计分析软件，设计统计数据的整理、描述性统计指标的计算、总体参数的假设检验、相关与回归分析等六个试验教案，供本课程实验课所用。

实验一　建立 SPSS 数据文件

【实验目的】

（1）掌握统计数据测量尺度的类型及变量的类型。
（2）掌握统计数据的结构。
（3）了解原始样本数据与 SPSS 数据集之间的对应关系。
（4）熟练掌握 SPSS 数据文件的建立方法。

【实验内容】

尊敬的女士（先生）：

非常感谢您配合填写此问卷。此问卷调查中国公众购买电视机的态度，您认真回答各项问题对此次调查非常重要。问卷内容将按有关规定做保密处理。

表 10-1　问卷调查表

您的性别	男	女	您的年龄		您的学历	初中以下	初中	高中	大专	本科	研究生
您的月收入（人民币元）				您家收看电视信号的类型		普通		有线		数字	
您家拥有电视机的数量			您家拥有电视机的品牌				您是否准备更换或购买新电视机				
请对以下陈述表明您的态度（在相应的格内打"√"）			很不同意	不同意	略不同意	中立	略同意	同意	非常同意		
1. 电视机对我生活来说非常重要											

续表 10-1

2. 电视机档次应当与我的社会地位相符					
3. 相比较而言，我更喜欢液晶或等离子电视机					
4. 相比较而言，我更喜欢进口原装电视机品牌					
5. 我对我家电视机的各种功能都了解并会使用					
6. 我购买电视机时相信售货员的介绍					
7. 促销活动是我购买电视机时的主要考虑					
8. 价格是我购买电视机时的主要考虑					
9. 我知道很多电视机品牌，并能说出其特点					
10. 中国人应当尽量购买中国品牌电视机					

【实验步骤】

1. 确定变量个数

问卷中共有 18 个问答项目，并且被设计为是否式或单选式。加上观测序号，此数据集可设置 19 个变量，即序号、性别、年龄、学历、月收入、信号类型、电视机数量、电视机品牌、更换购买、问题 1、问题 2、问题 3、问题 4、问题 5、问题 6、问题 7、问题 8、问题 9、问题 10。

2. 定义变量属性

在 SPSS 主窗口的左下角处，点击"变量视图"标签，切换至变量浏览界面。打开变量浏览界面之后，即可对 19 个变量一一加以定义。SPSS 数据集要求定义变量的 10 个属性，即名称、类型、宽度、小数、标签、值、缺失、列、对齐、度量标准。

（1）变量名称。定义变量名称时需注意以下几个问题：

①变量名必须以字母为首，后面跟 a～z、0～9 字符，对于字符数量，在 SPSS13.0 以上版本中没有具体限制，但"?""!""/""\"等不能用作变量名，变量名也不能带扩展名，如 A1.2。

②有些关键词不能作为变量名，如 AND、NOT、EQ、LT、LE、GT、GE、NE、TO、BY、CROSSTABS、WITH、ALL、THRU、PERCENTAGE。SPSS 不区别大小写字符，但程序中的命令和关键词要用大写字母，表示系统内定，变量名等宜用小写字

母,表示人为指定。

③可以用中文作变量名,但最好不用,因为涉及兼容性的问题,很多情况下输出可能会产生乱码,造成不便。

本数据集中的 19 个变量的变量名可分别定义为 number、gender、age、education、income、type、amount、brand、new、question1、question2、question3、question4、question5、question6、question7、question8、question9、question10,如图 10-1 所示。

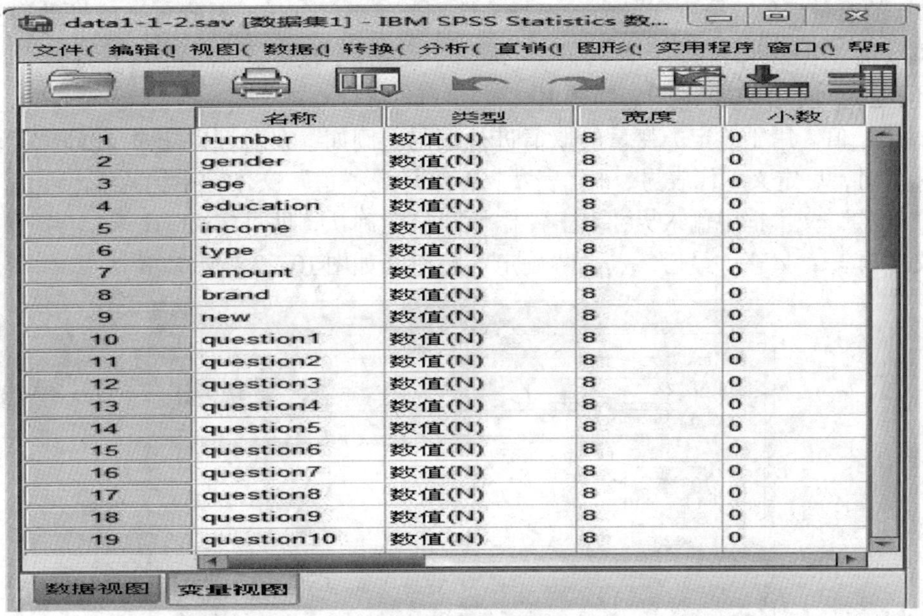

图 10-1 定义变量名

(2)变量类型。点击"类型"按钮,将会出现"…"标志,点击此标志将会出现如图 10-2 所示的变量类型对话框。在此对话框中有 8 种变量类型可供选择(如图 10-2 所示)。

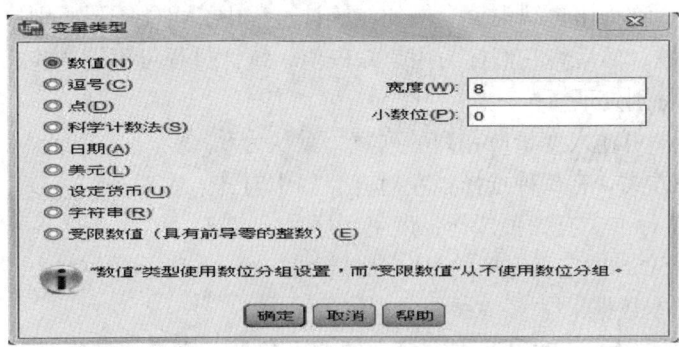

图 10-2 变量类型对话框

(3) 宽度。运算宽度默认值为 8，运算宽度实际上只会改变输出结果的显示宽度，数据的存储结果与运算的精度不受宽度的影响。

(4) 小数。默认为 2 位小数。

(5) 标签。用来扼要说明变量名的含义，例如本数据中 19 个变量名 number、gender、age、education、income、type、amount、brand、new、question1、question2、question3、question4、question5、question6、question7、question8、question9、question10 的变量标签可分别定义为：序号、性别、年龄、学历、月收入、信号类型、电视机数量、电视机品牌、更换购买、问题 1、问题 2、问题 3、问题 4、问题 5、问题 6、问题 7、问题 8、问题 9、问题 10。

(6) 值。用于对定类变量的取值进行编码。例如，在对性别变量 gender 定义取值标签时，可定义 1 代表男、2 代表女。在第一个"值"文本框中输入 1，再在第二个"标签"文本框中输入男，点击"添加"按钮确认，即可定义"1 = '男'"，再定义"2 = '女'"。最后，点击"确定"按钮（如图 10 - 3 所示）。

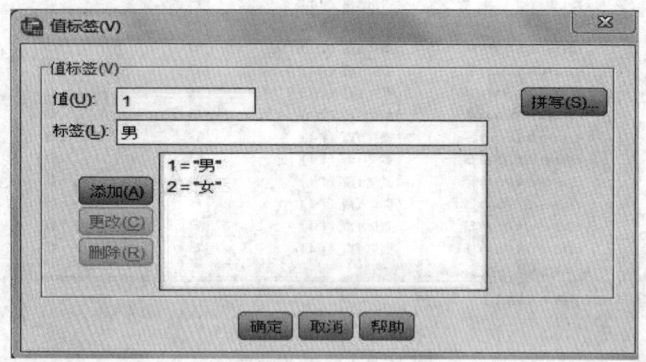

图 10 - 3 值标签对话框

(7) 缺失值。SPSS 有两类缺失值：系统缺失值和用户缺失值。在数据视图中，任何空着的数字单元都被认为是系统缺失值，用点号"."表示。由于特殊原因形成的信息缺失值，称为用户缺失值。例如在统计过程中，可能需要区别一些被调查者不愿意回答的问题，然后将它们标为用户缺失值，统计过程可识别这些标志，带有缺失值的观测将被特别处理。

(8) 列宽。可输入变量所在列的列宽，默认为 8。

(9) 对齐方式。有 3 种选择：左对齐、居中对齐、右对齐。

(10) 度量标准。有 3 种选择：度量、序号、名义。

本数据在 SPSS 中定义完毕的 19 个变量如图 10 - 4 所示。

3. 录入样本数据

变量定义完成后，在 SPSS 主窗口中的左下角处，点击"数据视图"标签，切换至数据浏览界面，通过键盘输入 40 份问卷中的原始数据。数据录入完成后所建立起来的 SPSS 数据文件如图 10 - 5 所示。

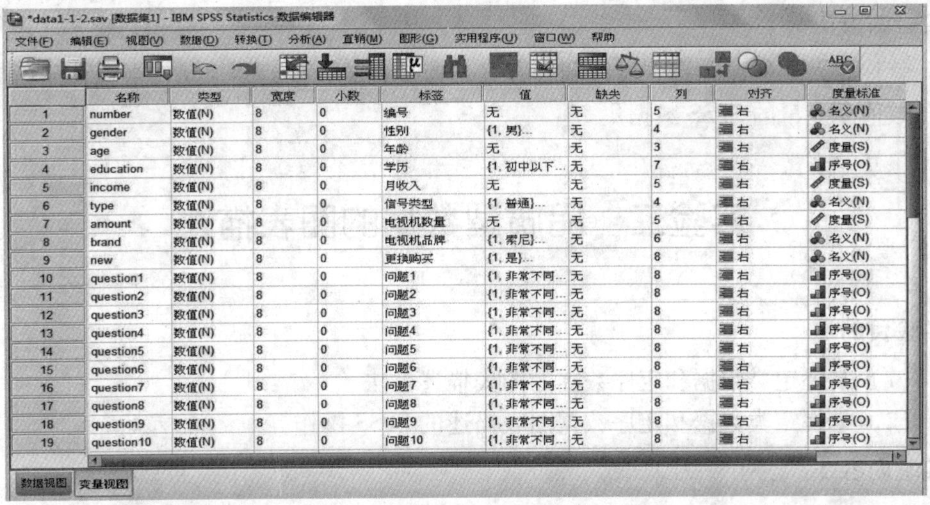

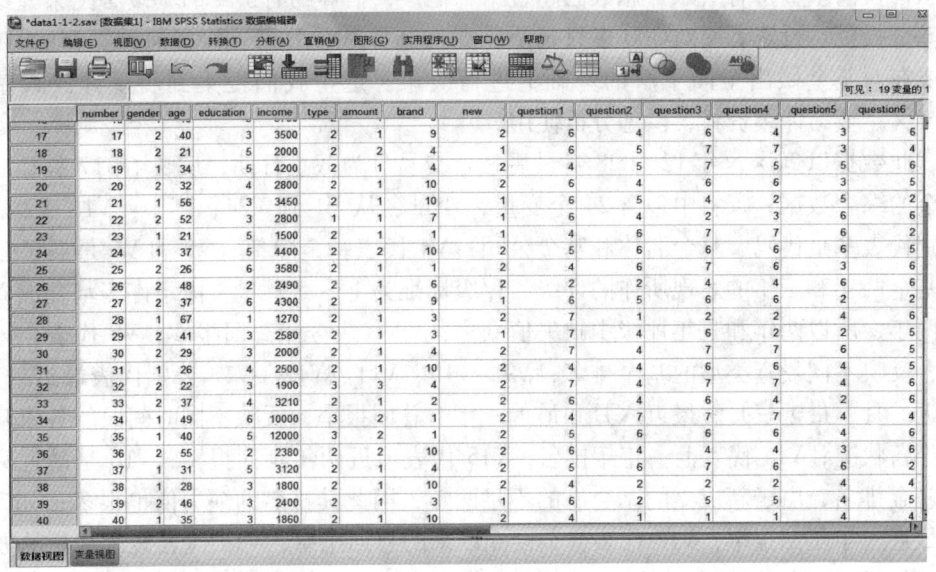

	名称	类型	宽度	小数	标签	值	缺失	列	对齐	度量标准
1	number	数值(N)	8	0	编号	无	无	5	右	名义(N)
2	gender	数值(N)	8	0	性别	{1, 男}...	无	4	右	名义(N)
3	age	数值(N)	8	0	年龄	无	无	3	右	度量(S)
4	education	数值(N)	8	0	学历	{1, 初中以下...	无	7	右	序号(O)
5	income	数值(N)	8	0	月收入	无	无	5	右	度量(S)
6	type	数值(N)	8	0	信号类型	{1, 普通}...	无	4	右	名义(N)
7	amount	数值(N)	8	0	电视机数量	无	无	5	右	度量(S)
8	brand	数值(N)	8	0	电视机品牌	{1, 索尼}...	无	6	右	名义(N)
9	new	数值(N)	8	0	更换购买	{1, 是}...	无	8	右	名义(N)
10	question1	数值(N)	8	0	问题1	{1, 非常不同...	无	8	右	序号(O)
11	question2	数值(N)	8	0	问题2	{1, 非常不同...	无	8	右	序号(O)
12	question3	数值(N)	8	0	问题3	{1, 非常不同...	无	8	右	序号(O)
13	question4	数值(N)	8	0	问题4	{1, 非常不同...	无	8	右	序号(O)
14	question5	数值(N)	8	0	问题5	{1, 非常不同...	无	8	右	序号(O)
15	question6	数值(N)	8	0	问题6	{1, 非常不同...	无	8	右	序号(O)
16	question7	数值(N)	8	0	问题7	{1, 非常不同...	无	8	右	序号(O)
17	question8	数值(N)	8	0	问题8	{1, 非常不同...	无	8	右	序号(O)
18	question9	数值(N)	8	0	问题9	{1, 非常不同...	无	8	右	序号(O)
19	question10	数值(N)	8	0	问题10	{1, 非常不同...	无	8	右	序号(O)

图 10－4　定义完毕的 19 个变量

	number	gender	age	education	income	type	amount	brand	new	question1	question2	question3	question4	question5	question6
17	17	2	40	3	3500	2	1	9	2	6	4	6	4	3	6
18	18	2	21	5	2000	2	2	4	1	6	5	7	7	3	4
19	19	1	34	5	4200	2	1	4	2	4	5	7	5	5	6
20	20	2	32	4	2800	2	1	10	2	6	4	6	6	3	5
21	21	1	56	3	3450	2	1	10	1	6	5	4	2	5	2
22	22	2	52	3	2800	1	1	7	1	6	4	2	3	6	6
23	23	1	21	5	1500	2	1	1	1	4	6	7	7	6	2
24	24	1	37	5	4400	2	2	10	2	5	6	6	6	6	5
25	25	2	26	6	3580	2	1	1	2	4	6	7	6	3	6
26	26	2	48	2	2490	2	1	6	2	2	2	4	4	6	6
27	27	2	37	6	4300	2	1	9	1	6	5	6	6	2	2
28	28	1	67	1	1270	2	1	3	2	7	1	2	2	4	6
29	29	2	41	3	2580	2	1	3	1	7	4	6	2	2	5
30	30	2	29	3	2000	2	1	4	2	7	4	7	7	6	5
31	31	1	26	4	2500	2	1	10	2	4	4	6	6	4	5
32	32	2	22	3	1900	3	3	4	2	7	4	7	7	4	6
33	33	2	37	4	3210	2	1	2	2	6	4	6	4	2	6
34	34	1	49	6	10000	3	2	1	2	4	7	7	7	4	4
35	35	1	40	5	12000	3	2	1	2	5	6	6	6	4	6
36	36	2	55	2	2380	2	2	10	2	6	4	4	4	3	6
37	37	1	31	5	3120	2	1	4	2	5	6	7	6	6	2
38	38	1	28	3	1800	2	1	10	2	4	2	2	2	4	4
39	39	2	46	3	2400	2	1	3	1	6	2	5	5	4	5
40	40	1	35	3	1860	2	1	10	2	4	1	1	1	4	4

图 10－5　SPSS 数据文件

【问题思考】

（1）调查问卷的问答设计一般有哪几种方式？本问卷中的 18 个问题被设计为是否式或单选式，这种设计是否合理？本问卷中的哪几个问题设计成多选式或量表会更合理一些？

（2）根据本次调查的研究目的，本问卷是否有必要增加变量或多提一些问题？

（3）缺失值对于统计分析的结果有什么影响？如果在建立数据集的过程中考虑到缺失值的情况，应当如何处理？

【实验练习】

就你感兴趣的课题自主设计调查方案,搜集有关数据,并建立一个包含品质型数据与数值型变量的 SPSS 数据集。

实验二 品质型数据的图表描述

【实验目的】

(1) 掌握定类数据和定序数据的图表描述方法。

(2) 掌握定类数据和定序数据图表描述的 SPSS 操作。

【实验内容】

随着证券市场的发展,基金理财目前已成为一种非常普遍的投资方式。统计数据显示,目前基金持有人账户总数已超过 1.1 亿户,估计约有 1/4 的城镇居民家庭参与了基金投资。投资者面对 300 多只基金,如何选择基金公司、投资何种类型的基金,需要在对基金做出全面了解的基础上进行决策。这里我们搜集到晨星开放式基金 20××年业绩评级资料,供您分析使用。

此数据以 20××年 12 月 28 日最后一个交易日为截止日期,反映了 317 只开放式基金的综合数据。资料中包含 24 个变量,变量名从 V1 到 V24,其中:V1、V2、V3 分别代表基金代码、基金名称和基金公司;V4 代表基金净值;V5 和 V6 是晨星公司对基金两年和三年的表现所作的评级,评级标准为 1~5 颗星,由于许多基金成立不足两年,所以两年和三年评级中缺失值众多;V7 代表今年总回报率;V8 代表今年排名,反映不同投资类型的基金排名;V9、V10、V11、V12、V13 分别代表最近一周、最近一月、最近三月、最近六月和最近一年的总回报率,反映不同时间段的各家基金的经营状况;V14 代表上一年年排名;V15 代表最近两年年回报率;V16 是最近两年各基金排名,由于新成立的基金有的不足两年,因此其排名的缺失值也很多;V17 代表最近三年年回报率;V18 代表基金设立以来的总回报率;V19 代表最近两年的波动幅度;V20 代表最近两年风险评价;V21 代表最近两年晨星风险系数;V22 代表最近两年晨星风险评价;V23 代表最近两年夏普比率;V24 代表各家基金的投资类型。

24 个变量中,V24 是我们比较关心的一个定类变量,V5、V6 为比较典型的两个定序变量。请针对这些变量的数据,制作频数分布表和频数分布图。

【实验步骤】

1. V24 的频数分布表与频数分布条形图

(1) 打开数据文件,选择菜单:"分析"→"描述统计"→"频率",弹出如图 10-6 所示的"频率"对话框。

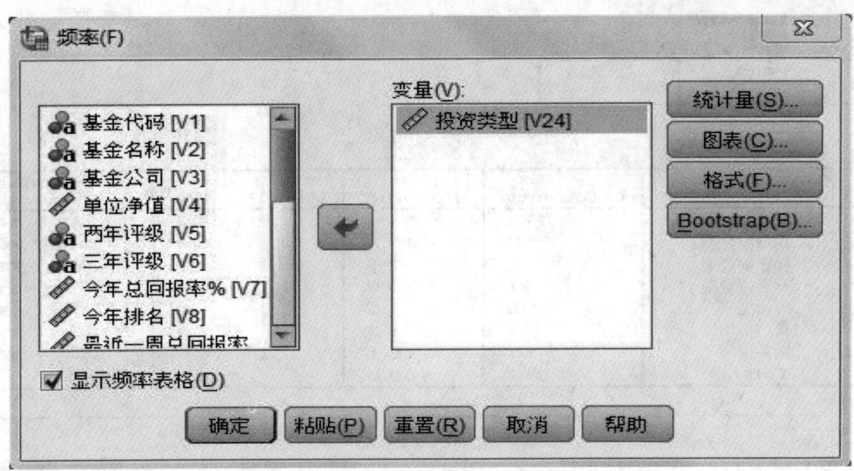

图 10-6 "频率"对话框

（2）选择变量投资类型 V24 进入"变量（V）"框内。选中"显示频率表格"复选项。

（3）点击"图表"按钮，弹出如图 10-7 所示的"频率：图表"对话框。选择"图表类型"中的"条形图"选项，选择"图表值"中的"频率"选项。

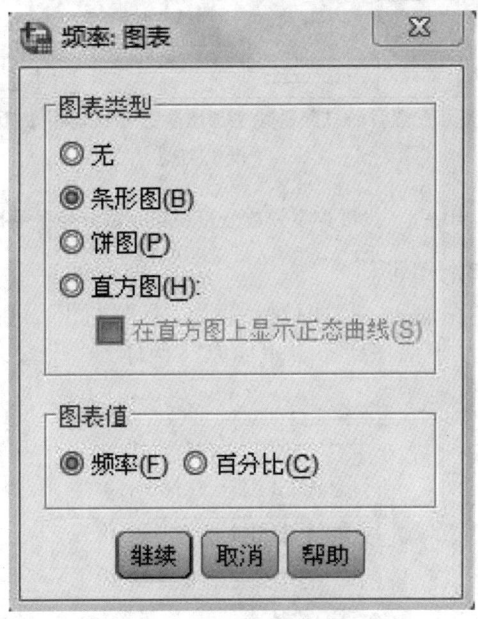

图 10-7 "频率：图表"对话框

（4）点击"继续"→"确定"，系统输出结果如图 10-8 所示。

Statistics

投资类型

N	Valid	317
	Missing	0

投资类型

		Frequency	Percent	Valid Percent	Cumulative Percent
Valid	股票型	172	54.3	54.3	54.3
	积极配置型	52	16.4	16.4	70.7
	保守配置型	8	2.5	2.5	73.2
	普通债券型	27	8.5	8.5	81.7
	短债型	3	.9	.9	82.6
	货币市场型	4	1.3	1.3	83.9
	保本型	51	16.1	16.1	100.0
	Total	317	100.0	100.0	

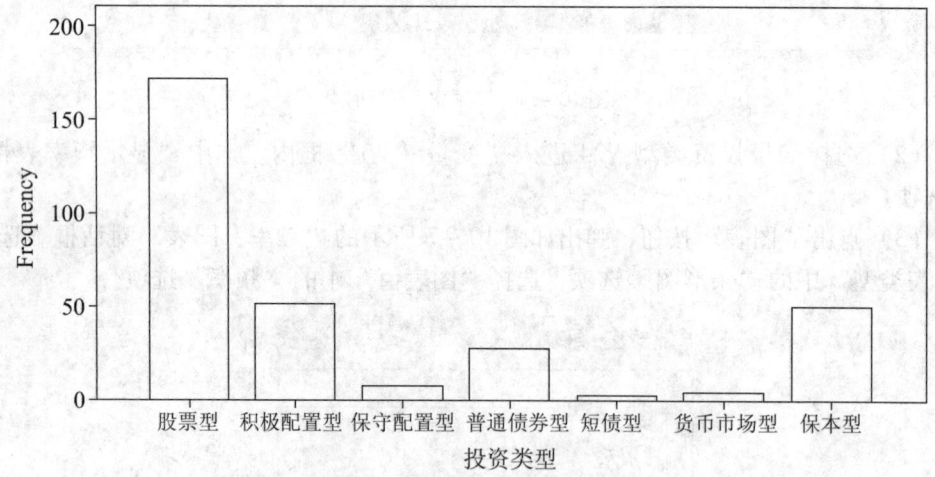

图 10-8　投资类型频数分布表与频数分布条形图

2. V5 的频数分布饼形图

（1）选择菜单："图表"→"旧对话框"→"饼图"，弹出如图 10-9 所示的"饼图"对话框。在此框中选择"个案组摘要"选项。

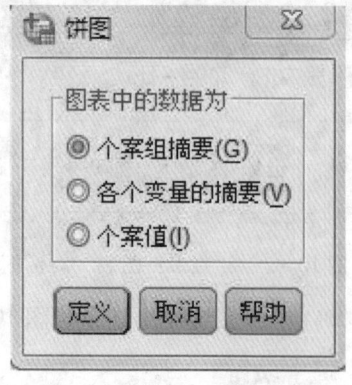

图 10-9　"饼图"对话框

(2) 点击"定义"按钮,弹出如图 10-10 所示的"定义饼图:个案组摘要"对话框。选择变量两年评级 V5 进入"定义分区"框内;选择"分区的表征"框下的"个案数"选项。

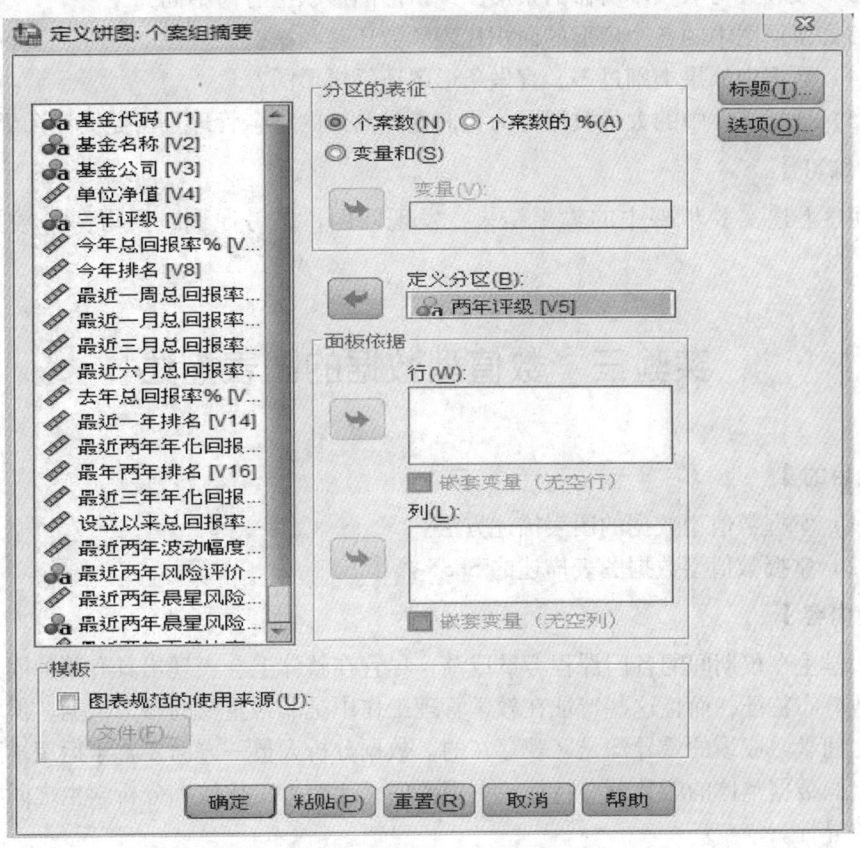

图 10-10 "定义饼图:个案组摘要"对话框

(3) 点击"OK",系统输出饼形图如图 10-11 所示。

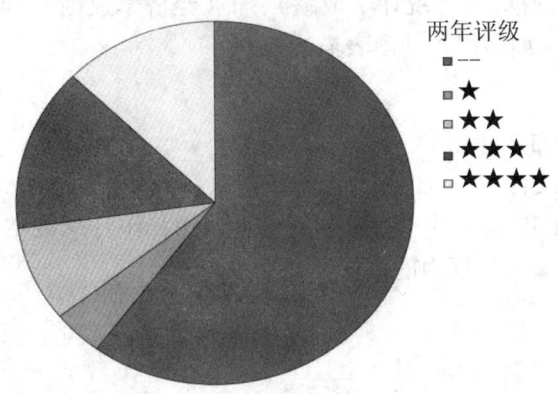

图 10-11 V5 频数分布饼形图

【问题思考】

(1) 定类数据与定序数据的频数分布表有何不同?

(2) 取频数与取频率所做的条形图或饼形图形状上有何不同?

(3) 饼形图中的各个扇形的面积代表频数还是频率?

(4) 数据中如果类别过多,宜做条形图还是饼形图?

(5) 数据文件中的大量数据可为我们选择具体的基金管理公司提供什么帮助?

【实验练习】

观察上述实验步骤中的输出结果,发现问题,思考原因,撰写一份数据分析报告。

实验三 数值型数据的图表描述

【实验目的】

(1) 掌握数值型数据的图表描述方法。

(2) 掌握数值型数据图表描述的 SPSS 操作。

【实验内容】

大学生在校期间的各门课程考试成绩,尽管在整体上会表现出具有某种固定类型的频数分布特征,而且这些特征在教学管理工作中是非常重要的参考依据,但学生与学生之间学习成绩的差异却是客观存在的。数据分析人员一方面要善于运用描述手段准确刻画数据整体的频数分布特征;更重要的,还要善于比较和分析学生之间学习成绩的差异性。

现有金融学院与统计学院共 600 名男女学生的统计学和经济学期末考试成绩数据,储存在 SPSS 数据文件中。此数据文件共有 5 个变量,其中:变量 xu(学院)、xb(性别)为定类变量;tj(统计学成绩)、jj(经济学成绩)为数值型变量。试对此数据展开尽可能全面而深入的图表描述。

【实验步骤】

1. tj 的频数分布茎叶图

(1) 打开数据文件"data3. sav",选择菜单:"分析"→"描述统计"→"探索",弹出如图 10-12 所示的"探索"对话框。选择统计学成绩 tj 进入"因变量列表"框内,选择"输出"框内的"图"选项。

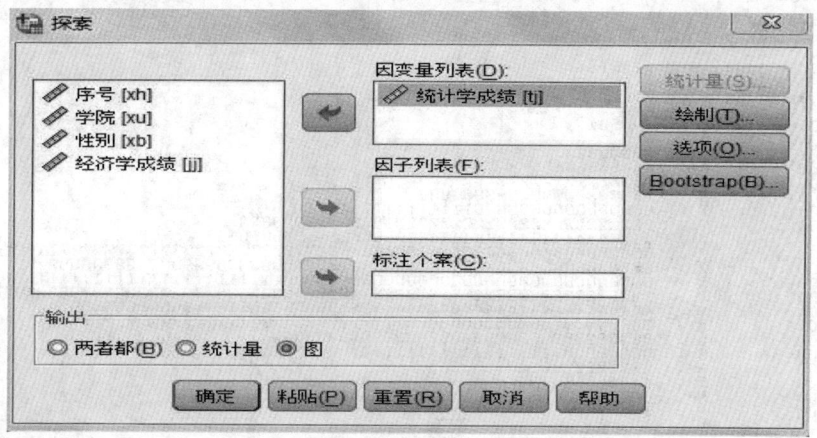

图 10-12 "探索"对话框

（2）点击"绘制"按钮，弹出如图 10-13 所示的"探索：图"对话框。在此对话框中选择"描述性"框下的"茎叶图"选项。

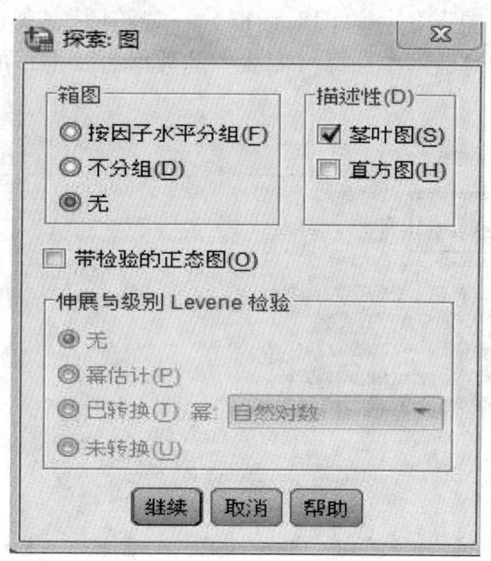

图 10-13 "探索：图""对话框

（3）点击"继续"→"确定"，系统输出结果如图 10-14 所示。

```
统计学成绩

□□学成□ Stem-and-Leaf Plot

 Frequency    Stem &  Leaf
     1.00 Extremes    (=<59)
     1.00        6 .  0
     9.00        6 .  223333333
    11.00        6 .  44455555555
    14.00        6 .  66666777777777
    21.00        6 .  888888889999999999999
    31.00        7 .  0000000000000011111111111111111
    37.00        7 .  2222222222222222222223333333333333333
    40.00        7 .  4444444444444444444445555555555555555555
    58.00        7 .  6666666666666666666666677777777777777777777777777777777777
    54.00        7 .  888888888888888888888889999999999999999999999999999999
    60.00        8 .  000000000000000000000000000000011111111111111111111111111111
    66.00        8 .  2222222222222222222222222333333333333333333333333333333333333333333
    52.00        8 .  4444444444444444444444445555555555555555555555555555
    51.00        8 .  666666666666666666666677777777777777777777777777777
    34.00        8 .  8888888888889999999999999999999999
    27.00        9 .  000000001111111111111111111
    20.00        9 .  22222222223333333333
     8.00        9 .  44455555
     4.00        9 .  6877
     1.00        9 .  9

 Stem width:        10
 Each leaf:       1 case(s)
```

图 10 – 14   tj 的频数分布茎叶图

2. jj 的频数分布箱图

（1）选择菜单："图形"→"旧对话框"→"箱图"，弹出如图 10 – 15 所示的"箱图"对话框。在此对话框中选择"图表中的数据为"框下的"各个变量的摘要"选项。

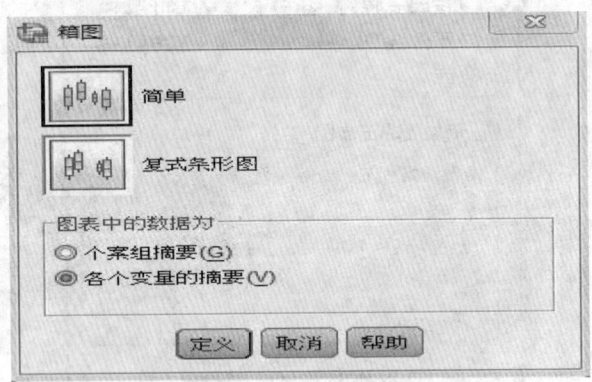

图 10 – 15   "箱图"对话框

（2）点击"定义"按钮，系统弹出如图 10 – 16 所示的对话框。在此对话框中选择经济学成绩 jj 进入"框的表征"框内。

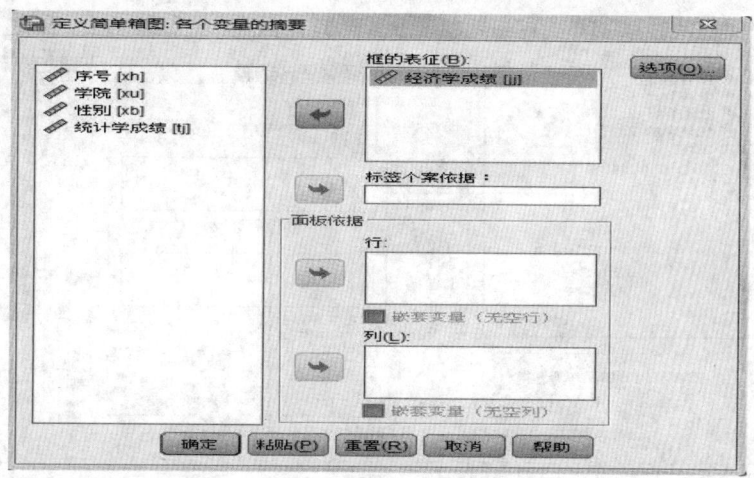

图 10-16 "定义简单箱图：各个变量的摘要"对话框

（3）点击"确定"，系统输出结果如图 10-17 所示。

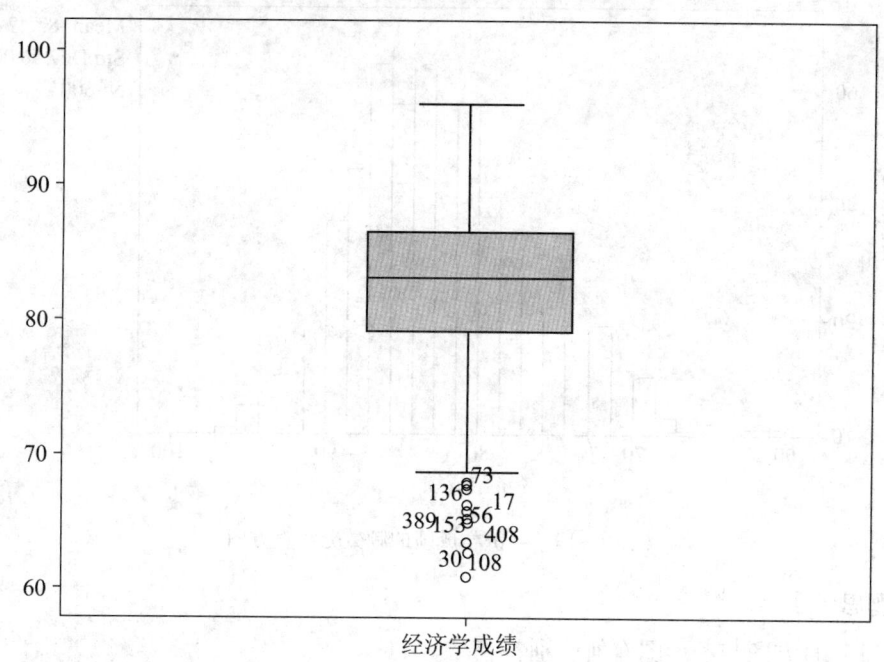

图 10-17 经济学成绩的频数分布箱图

3. jj 的频数分布直方图

（1）选择菜单："图形"→"旧对话框"→"直方图"，弹出如图 10-18 所示的"直方图"对话框，在此框中选择变量经济学成绩 jj 进入"变量"对话框。

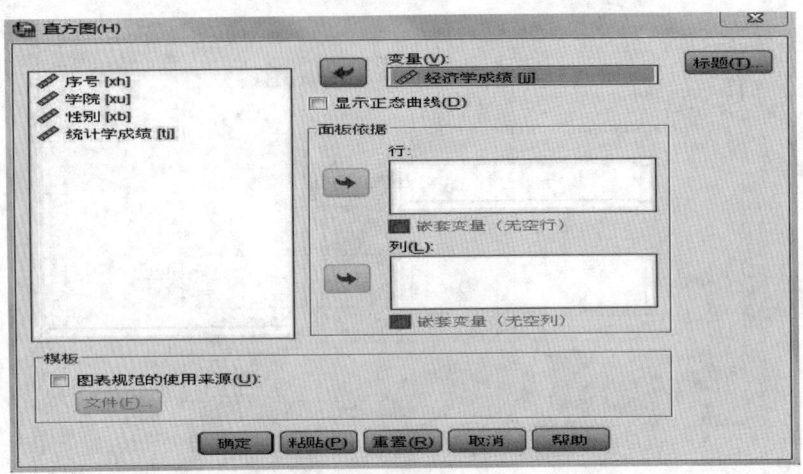

图 10 – 18 "直方图"对话框

(2) 点击"确定",系统输出结果如图 10 – 19 所示。

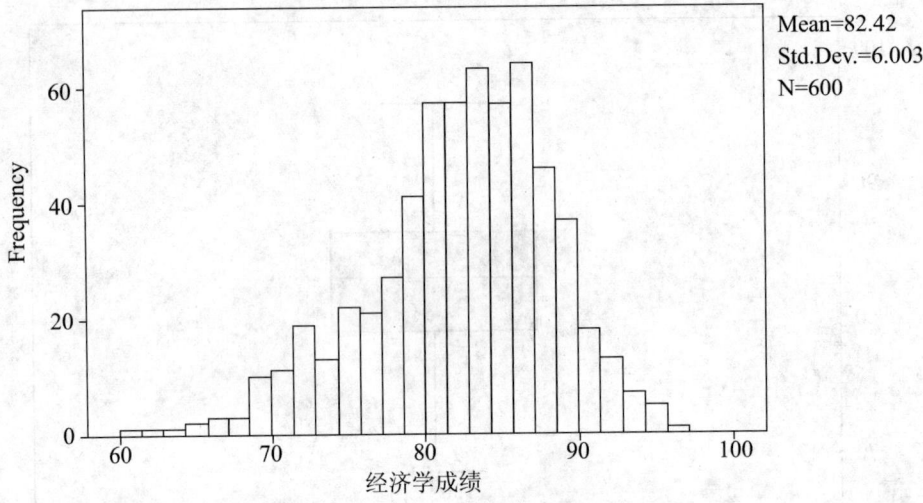

图 10 – 19 经济学成绩的频数分布直方图

【问题思考】

(1) 直方图与条形图有何区别?

(2) 欲同时输出若干个变量的频数分布箱图,以便于比较分析,应当如何操作?

(3) 欲比较不同学院在同一个变量上的频数分布直方图,应当如何操作?

(4) 欲制作统计学成绩与经济学成绩两变量的组距式频数分布表,应当如何操作?

(5) 由此数据集中的数据我们可以认识到两个学院以及男女之间的学习成绩有哪些区别?

【实验练习】

就数据文件中你所感兴趣的变量做出图表描述,并就 SPSS 输出结果做出尽可能详尽的评述。

实验四　描述性统计量的计算

【实验目的】

(1) 熟悉描述性统计量的类型划分及作用。
(2) 熟练掌握计算描述性统计量的 SPSS 操作。
(3) 培养运用描述性统计方法解决身边实际问题的能力。

【实验内容】

绝大多数课程的期末考试成绩呈比较对称的钟形分布,但这也不是绝对的规律。"证券市场模拟实践"是一门深受学生喜爱的选修课程,课程性质有其特殊性。那么其期末考试成绩是否也有其分布规律的特殊性呢?这里有一份该课程 5 个班级 236 名学生的期末考试成绩数据。请运用统计量描述手段并与图表描述相结合对此数据做一个分析。

此数据文件包含 number(序号)、class(班级)、pscj(平时成绩)、qmcj(期末成绩)、zcj(总成绩)5 个变量的 236 个观测值。

【实验步骤】

1. 236 名学生成绩整体的统计量描述

(1) 打开相应数据文件,选择菜单:"分析"→"描述统计"→"描述",弹出如图 10-20 所示的"描述性"对话框。在此对话框中选择平时成绩[pscj]、期末成绩[qmcj]、总成绩[zcj]进入"变量(V)"框内。

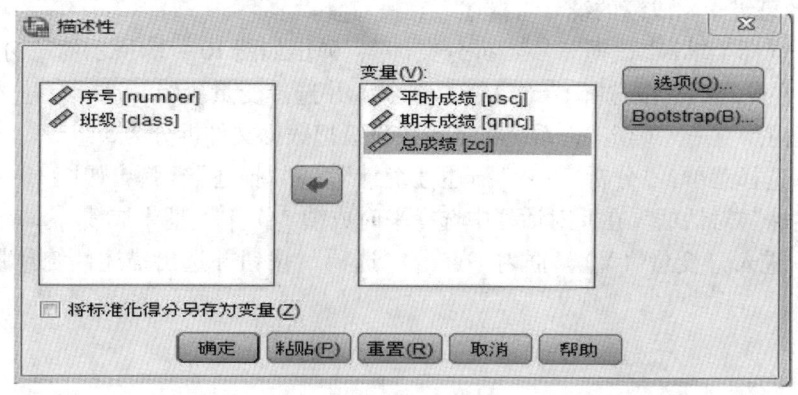

图 10-20　"描述性"对话框

（2）点击"选项"按钮，弹出如图10-21所示的"描述：选项"对话框。在此对话框中选择"均值""标准差""最小值""最大值""峰度""偏度"等统计量选项。

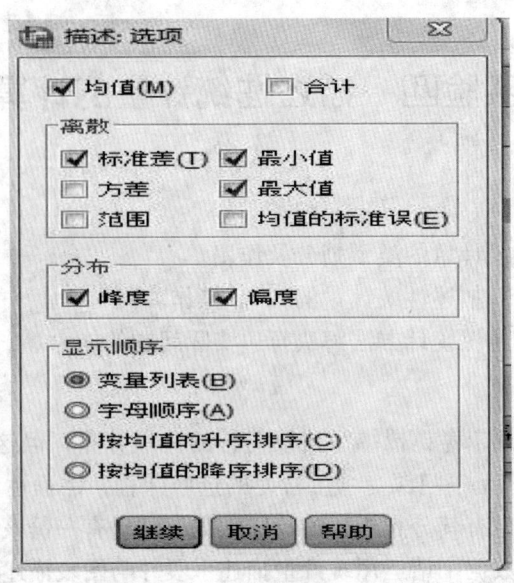

图10-21 "描述：选项"对话框

（3）点击"继续"→"确定"，系统输出结果如图10-22所示。

Descriptive Statistics

	N	Minimum	Maximum	Mean	Std. Deviation	Skewness		Kurtosis	
	Statistic	Statistic	Statistic	Statistic	Statistic	Statistic	Std. Error	Statistic	Std. Error
平时成绩	203	70	100	95.11	7.962	-1.672	.171	2.120	.340
期末成绩	203	61	98	82.98	9.252	-.487	.171	-.529	.340
总成绩	203	64	99	86.62	7.259	-.683	.171	.024	.340
Valid N (listwise)	203								

图10-22 236名学生成绩整体的统计量描述

2. 各班级学生成绩的统计量描述

（1）选择菜单："数据"→"拆分文件"，弹出如图10-23所示的"分割文件"对话框。在此对话框中选择"比较组"选项，并选择变量班级［class］进入"分组方式"框内。点击"确定"，系统将自动按班级把数据文件拆分为5组。

（2）选择菜单："分析"→"描述性统计"→"描述"，弹出如图10-20所示的"描述性"对话框。在此对话框中选择平时成绩［pscj］、期末成绩［qmcj］、总成绩［zcj］进入"变量（V）"框内。点击"选项"按钮并选出描述性统计量的有关选项。

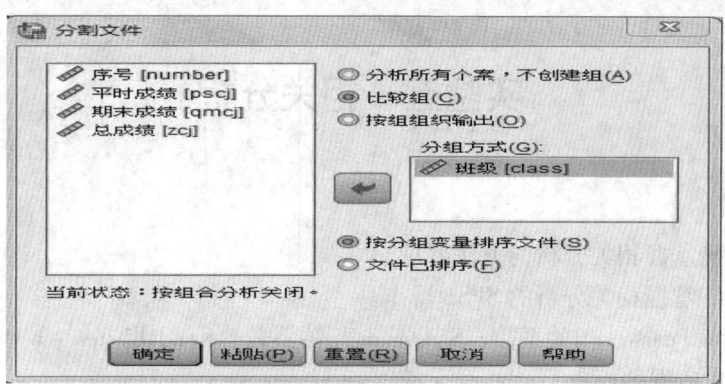

图 10 - 23 "分割文件"对话框

(3) 点击"继续"→"确定",系统输出结果如图 10 - 24 所示。

Descriptive Statistics

班级		N	Minimum	Maximum	Mean	Std. Deviation	Skewness		Kurtosis	
		Statistic	Statistic	Statistic	Statistic	Statistic	Statistic	Std. Error	Statistic	Std. Error
金融	平时成绩	39	70	100	93.85	8.148	-1.145	.378	.530	.741
	期末成绩	39	62	98	88.18	8.463	-1.130	.378	1.077	.741
	总成绩	39	70	99	89.88	6.201	-.911	.378	.891	.741
	Valid N (listwise)	39								
统计	平时成绩	34	90	100	97.44	4.287	-1.189	.403	-.538	.788
	期末成绩	34	67	97	84.09	8.321	-.291	.403	-.813	.788
	总成绩	34	77	98	88.09	6.235	-.247	.403	-1.019	.788
	Valid N (listwise)	34								
国贸	平时成绩	44	70	100	97.50	6.147	-2.950	.357	9.625	.702
	期末成绩	44	66	97	79.73	9.527	.211	.357	-1.248	.702
	总成绩	44	68	98	85.06	7.423	-.177	.357	-.729	.702
	Valid N (listwise)	44								
财税	平时成绩	39	70	100	93.59	9.315	-1.212	.378	.291	.741
	期末成绩	39	62	95	81.79	8.751	-.583	.378	-.097	.741
	总成绩	39	67	97	85.33	7.896	-.766	.378	-.052	.741
	Valid N (listwise)	39								
工商	平时成绩	47	70	100	93.51	9.378	-1.446	.347	1.187	.681
	期末成绩	47	61	94	81.87	9.088	-1.022	.347	.377	.681
	总成绩	47	64	95	85.36	7.265	-1.053	.347	.627	.681
	Valid N (listwise)	47								

图 10 - 24 各班级学生成绩的统计量描述

【问题思考】

(1) SPSS 中还可以通过哪些途径计算有关的描述性统计量?

(2) 试对此数据文件进行图表描述,并结合本实验中的输出结果评述此课程考试成绩的频数分布特征。

【实验练习】

就本实验中所提供的数据文件进行图表描述和统计量描述,系统整理 SPSS 输出结果,撰写一份分析报告。

 应用型本科经管类"十三五"规划教材 统计学

实验五 相关分析

【实验目的】

（1）准确掌握相关分析的方法原理。

（2）熟练掌握相关分析的 SPSS 操作。

（3）了解 Pearson 相关系数、Spearman 相关系数、Kendall's tau–b 相关系数的计算方法及其对数据的要求。

（4）培养运用相关分析解决身边实际问题的能力。

【实验内容】

"知屋漏者在宇下，知政失者在草野"，学者出身的市长深刻认同政府的好坏应该由人民说了算这一观点，提出了"让人民满意的政府才是好政府"，并决定开展一次政府社会满意度调查活动，以调查结果作为政府绩效评价的重要依据。

调查小组接受委托以后，开始大量收集相关资料，进行调研设计。经过资料的收集和整理，调查小组发现全国已有 10 多个地方政府开展过社会满意度调查活动。从评价指标上看，目前我国政府社会满意度调查最常用的指标包括"服务质量""党风廉政""执法形象""政务公开""服务态度""办事效率"和"工作作风"等。

在组织了多次焦点小组访谈并进行了试调查后，调查小组确定从政府工作效能、依法行政、工作作风、服务群众和廉洁自律五个方面调查市政府的社会满意度，每一方面又根据实际情况设置了若干二级指标。调查小组认为采用街头拦截法发放问卷是比较可行的，计划在两个月的调查时间内发放 10 000 份调查问卷。调查小组设计的调查问卷部分内容如下：

市政府社会满意度调查问卷

您好！

我是市社会评议活动办公室委托的调查员。现通过您进行市政府社会满意度调查。您的意见对做好这次调查至关重要，请您根据自身实际和亲身感受，对以下问题进行客观选择，将最符合您情况的答案圈出来。我们承诺将严格为您保密，谢谢您的合作！

下面是对政府部门在工作效能、依法行政、工作作风、服务群众和廉洁自律方面的描述，请您根据自己的感受从 5 分（很满意）至 0 分（说不清）打分，并在相应分值上画圈（见表 10 – 2）。

表10-2 市政府社会满意度调查问卷

题号	评价项目	很满意	较满意	一般	较不满度	不满意	说不清
B01	政策法规、办事程序、时限、收费标准公开、明确	5	4	3	2	1	0
B02	削减审批事项落实到位、办事手续简便易行	5	4	3	2	1	0
B03	按时限办结,无推诿扯皮	5	4	3	2	1	0
B04	业务熟练,能快速准确地指导或告知相关事宜	5	4	3	2	1	0
B05	无不作为、乱作为、慢作为问题	5	4	3	2	1	0
B06	综上五项,您觉得该部门工作效能方面的总体表现怎么样	5	4	3	2	1	0
B07	准确运用与工作相关的法律、法规和相关政策	5	4	3	2	1	0
B08	严格按照法定职责权限和程序执行公务	5	4	3	2	1	0
B09	一视同仁,公正执法	5	4	3	2	1	0
B10	执法文明、无野蛮现象	5	4	3	2	1	0
B11	无乱检查、乱收费、乱摊派、乱罚款现象	5	4	3	2	1	0
B12	综上五项,您觉得该部门依法行政方面的总体表现怎么样	5	4	3	2	1	0
B13	出台的政策法规,合市情,顺民意	5	4	3	2	1	0
B14	求真务实,不搞形式主义、"花架子"	5	4	3	2	1	0
B15	有改革创新精神,能灵活处理新问题	5	4	3	2	1	0
B16	无乱开会、乱发文、乱要材料现象	5	4	3	2	1	0
B17	深入基层,调查研究	5	4	3	2	1	0
B18	无迟到早退、离岗、空位、工作时间办私事现象	5	4	3	2	1	0
B19	综上六项,您觉得该部门工作作风方面的总体表现怎么样	5	4	3	2	1	0

续表 10-2

题号	评价项目	很满意	较满意	一般	较不满度	不满意	说不清
B20	积极为服务对象办实事、办好事、解难事	5	4	3	2	1	0
B21	态度热情，无生、冷、硬、顶问题	5	4	3	2	1	0
B22	工作人员能够执行首问责任制	5	4	3	2	1	0
B23	便民服务设施完善	5	4	3	2	1	0
B24	投诉、举报渠道公开畅通	5	4	3	2	1	0
B25	对群众意见整改认真，反馈及时	5	4	3	2	1	0
B26	综上六项，您觉得该部门服务群众方面的总体表现怎么样	5	4	3	2	1	0
B27	认真遵守廉洁从政的各项规定	5	4	3	2	1	0
B28	无以权谋私、行贿、受贿行为	5	4	3	2	1	0
B29	没有"吃、拿、卡、要、报"现象	5	4	3	2	1	0
B30	重视信访、举报，查处严肃认真	5	4	3	2	1	0
B31	综上四项，您觉得该部门工作作风方面的总体表现怎么样	5	4	3	2	1	0
B32	综合以上五个方面，您对该部门服务工作的总体评价是	5	4	3	2	1	0

本次调查共收回有效问卷 8 071 份。经整理得出有关变量的样本数据，此数据文件包含工作效能（efficiency）、依法行政（legal）、工作作风（workway）、服务群众（service）、廉洁自律（decipline）、总体满意度（total）6 个变量的 8 071 个观测。这 6 个变量均为定序变量。

（1）根据上述内容，计算政府工作效能、依法行政、工作作风、服务群众和廉洁自律五方面满意度与总体满意度的相关性。

（2）在控制其他变量的情况下，分别计算工作效能、依法行政、工作作风、服务群众和廉洁自律与总体满意度的偏相关系数。

【实验步骤】

1．计算简单相关系数

（1）选择菜单："分析"→"相关"→"双变量"，弹出如图 10-25 所示的对话框。

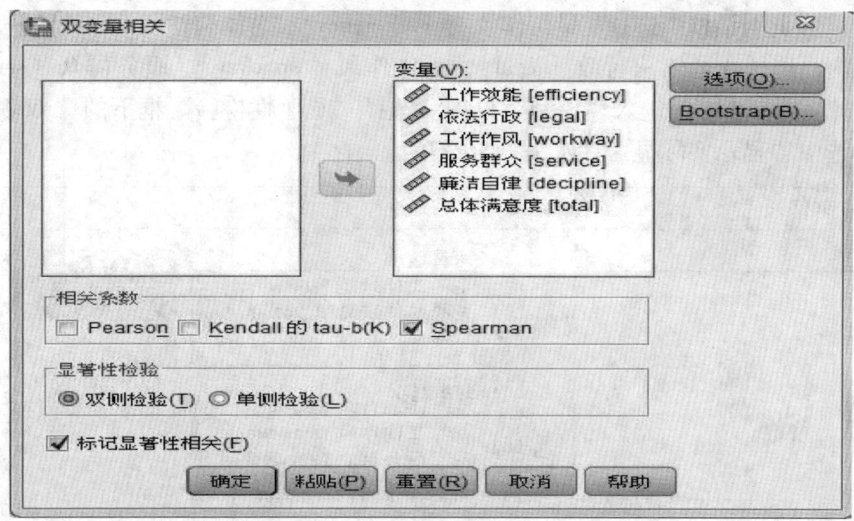

图 10-25　简单相关系数计算的对话框

（2）在此对话框中选择变量工作效能［efficiency］、依法行政［legal］、工作作风［workway］、服务群众［service］、廉洁自律［decipline］、总体满意度［total］进入"变量"框内。选择"相关系数"框下的"spearman"选项；选择"显著性检验"框下的"双侧检验"选项；选中"标记显著性相关"复选项。

（3）点击"确定"，系统输出简单相关系数的计算结果，如图 10-26 所示。

Correlations

		工作效能	依法行政	工作作风	服务群众	廉洁自律	总体满意度
工作效能	Pearson Correlation	1	.729**	.702**	.706**	.681**	.771**
	Sig. (2-tailed)		.000	.000	.000	.000	.000
	N	8023	7989	7965	8001	7669	8013
依法行政	Pearson Correlation	.729**	1	.724**	.714**	.706**	.763**
	Sig. (2-tailed)	.000		.000	.000	.000	.000
	N	7989	8030	7973	8011	7679	8020
工作作风	Pearson Correlation	.702**	.724**	1	.741**	.720**	.774**
	Sig. (2-tailed)	.000	.000		.000	.000	.000
	N	7965	7973	8008	7989	7663	7999
服务群众	Pearson Correlation	.706**	.714**	.741**	1	.724**	.797**
	Sig. (2-tailed)	.000	.000	.000		.000	.000
	N	8001	8011	7989	8046	7690	8037
廉洁自律	Pearson Correlation	.681**	.706**	.720**	.724**	1	.803**
	Sig. (2-tailed)	.000	.000	.000	.000		.000
	N	7669	7679	7663	7690	7707	7705
总体满意度	Pearson Correlation	.771**	.763**	.774**	.797**	.803**	1
	Sig. (2-tailed)	.000	.000	.000	.000	.000	
	N	8013	8020	7999	8037	7705	8060

**. Correlation is significant at the 0.01 level (2-tailed).

图 10-26　简单相关系数计算输出结果

2. 计算偏相关系数

（1）选择菜单："分析"→"相关"→"偏相关"，弹出如图 10-27 所示的偏相关系数计算对话框。

(2) 在此对话框中选择变量工作效能 [efficiency]、总体满意度 [total] 进入 "变量"框内；选择变量依法行政 [legal]、工作作风 [workway]、服务群众 [service]、廉洁自律 [decipline] 进入 "控制"框内。选择 "显著性检验"框下的 "双侧检验"选项；选中 "显示实际显著性水平"复选项。

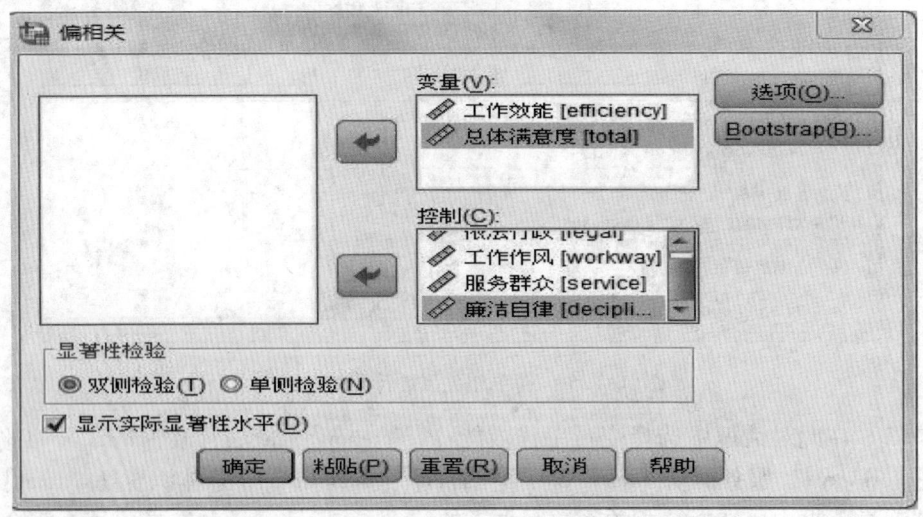

图 10-27　偏相关系数计算对话框

(3) 点击 "确定"，系统输出偏相关系数的计算结果，如图 10-28 所示。

Control Variables			工作效能	总体满意度
依法行政 & 工作作风 & 服务群众 & 廉洁自律	工作效能	Correlation	1.000	.264
		Significance (2-tailed)	.	.000
		df	0	7588
	总体满意度	Correlation	.264	1.000
		Significance (2-tailed)	.000	.
		df	7588	0

图 10-28　偏相关系数的计算结果

(4) 依此类推，可分别得到依法行政、工作作风、服务群众、廉洁自律、总体满意度的偏相关系数。

【问题思考】

(1) SPSS 提供了几种求相关系数的方法？各适合分析什么类型的变量？

(2) 缺失值对于统计分析的结果有什么影响？如果出现缺失值应该如何处理？

【实验练习】

结合实验内容完成上述操作，观察、整理、分析输出结果，得出分析结论，撰写分析报告。

实验六 相关分析与回归分析

1. 应用案例

某研究中心对 12 名中年人测量了三个生理指标：体重（X_1）、腰围（X_2）、脉搏（X_3），并记录了对应的引体向上个数（Y）。具体数据如下表所示：

表 10-3 引体向上个数与体重、腰围和脉搏的数据

编号	体重 X_1	腰围 X_2	脉搏 X_3	引体向上个数 Y
1	246	46	47	1
2	193	36	46	6
3	191	38	44	5
4	189	37	52	3
5	188	35	43	3
6	177	42	46	7
7	176	31	75	17
8	172	38	58	12
9	169	34	63	20
10	166	33	52	13
11	162	34	55	18
12	157	32	58	16

2. 相关分析

在 SPSS 中，可以通过绘制散点图和计算相关系数来判断变量之间的相关关系。

(1) 通过 SPSS 绘制变量之间的散点图。

第一步：打开 SPSS 界面，并输入相关数据。

第二步：依次点击"图形"→"旧对话框"→"散点/点状"，选择"简单分布"，点击"定义"，进入"散点图"对话框，分别将"引体向上个数"选至 Y 轴，"体重"选至 X 轴，点击"确定"，如图 10-29、图 10-30 所示。

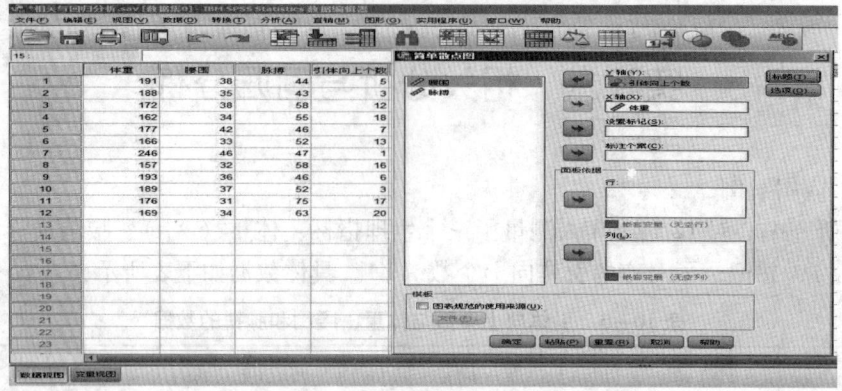

图 10-29　相关关系散点图的操作示意图

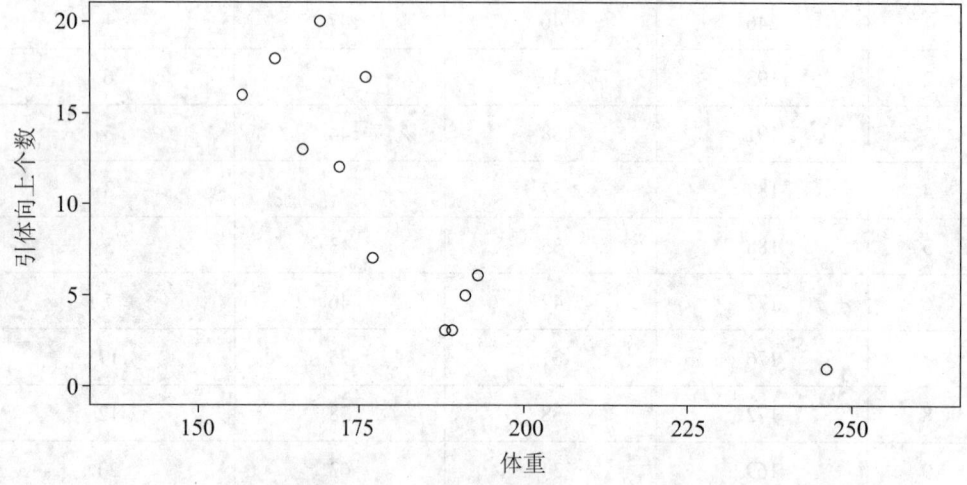

图 10-30　相关关系散点图（Y 与 X_1）

第三步：依次选择"腰围"和"脉搏"作为自变量 X，做如上的操作，即可分别得到"腰围"和"脉搏"与 Y "引体向上个数"的相关关系的散点图，如图 10-31、图 10-32 所示。

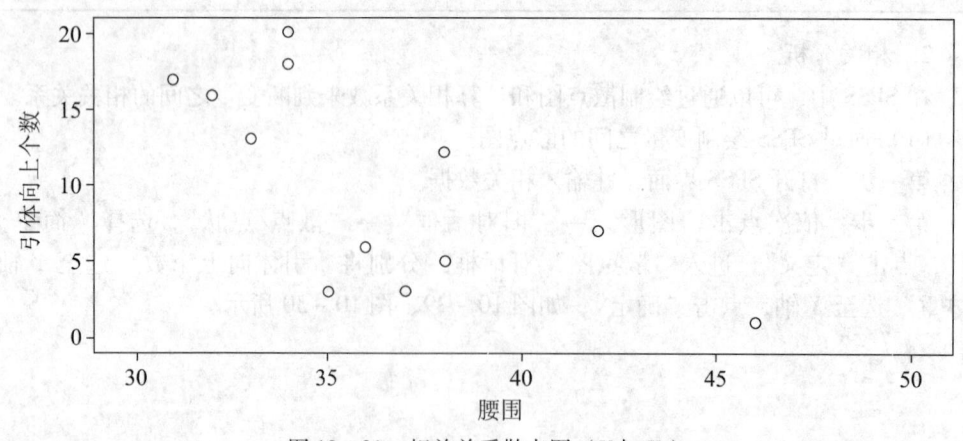

图 10-31　相关关系散点图（Y 与 X_2）

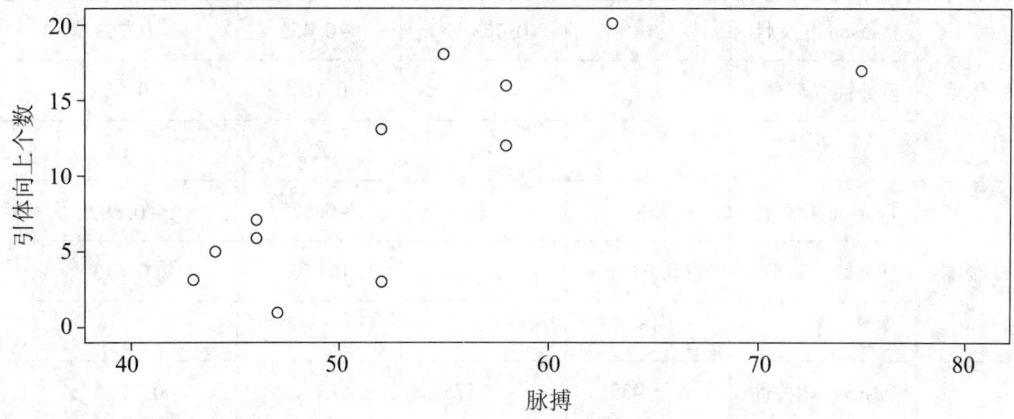

图 10-32　相关关系散点图（Y 与 X_3）

通过对变量进行散点图的绘制，大致可以观察到：引体向上个数与体重、腰围呈负相关关系，与脉搏呈正相关关系。但这并不准确，还需要借助定量的相关系数来进一步判断。

（2）通过 SPSS 计算变量之间的相关关系。

依次点击"分析"→"相关"→"双变量"，将所有变量均选至右边的变量框，在相关系数栏选择"Pearson"，显著性检验栏选择"双侧检验"，选择"标记显著性相关"，点击"确定"，如图 10-33 所示。计算结果见表 10-3。

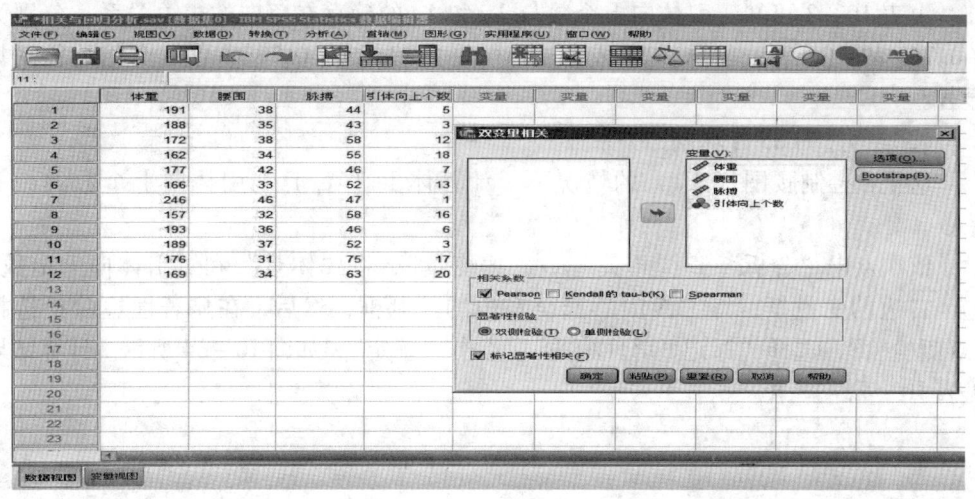

图 10-33　相关关系操作示意图

表10-3　引体向上个数与体重、腰围和脉搏的相关系数表

控制变量		体重	腰围	脉搏	引体向上个数
体重	Pearson 相关性	1	0.773**	-0.433	-0.753**
	显著性（双侧）	—	0.003	0.160	0.005
	N	12	12	12	12
腰围	Pearson 相关性	0.773**	1	-0.575	-0.692*
	显著性（双侧）	0.003	—	0.050	0.013
	N	12	12	12	12
脉搏	Pearson 相关性	-0.433	-0.575	1	0.777**
	显著性（双侧）	0.160	0.050	—	0.003
	N	12	12	12	12
引体向上个数	Pearson 相关性	-0.753**	-0.692*	0.777**	1
	显著性（双侧）	0.005	0.013	0.003	—
	N	12	12	12	12

"**"——在0.01水平（双侧）上显著相关；"*"——在0.05水平（双侧）上显著相关。

由表10-3可知：引体向上个数与X_1和X_2的确存在负向的相关关系，分别为-0.753和-0.692，与脉搏呈现正向的相关关系，为：0.777，且三个相关关系均显著。

（3）通过SPSS计算偏相关系数。

这里在控制腰围（X_2）的情况下，计算体重（X_1）与引体向上个数的相关系数。

依次点击"分析"→"相关"→"偏变量"，将"体重"和"引体向上个数"选至右边的变量框，将"腰围"选至右边的控制框，然后，在显著性检验栏选择"双侧检验"，选择"标记显著性相关"，点击"确定"，如图10-34所示。计算结果见表10-4。

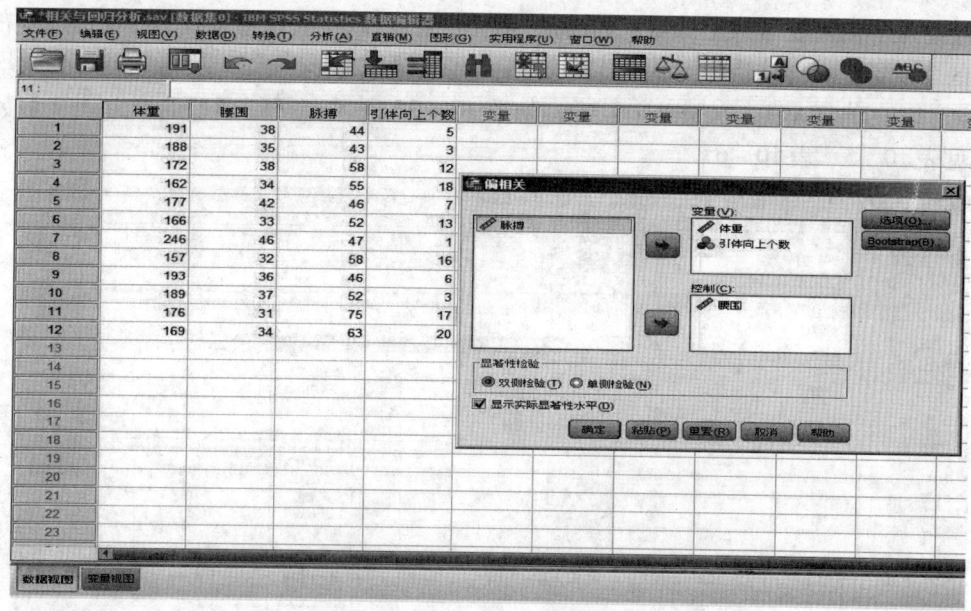

图 10-34　偏相关关系操作示意图

表 10-4　引体向上个数与体重的偏相关系数（控制腰围）

控制变量			体重	引体向上个数
腰围	体重	相关性	1.000	-0.475
		显著性（双侧）		0.140
		df	0	9
	引体向上个数	相关性	-0.475	1.000
		显著性（双侧）	0.140	
		df	9	0

其他的偏相关关系的计算类似，在此不再赘述。

3. 回归分析（一元和多元回归分析）

基于对该研究现象理论和实践的认识，结合前面的相关分析系数，可以判断因变量引体向上个数（Y）的变化可以由三个自变量：体重（X_1）、腰围（X_2）、脉搏（X_3）来解释。

在选择回归模型前，通过前面的散点图，大致可以判断因变量与三个自变量之间存在线性的关系，因此，这里选择线性回归的模型。

设：$Y = B_0 + B_1 X_1 + B_2 X_2 + B_3 X_3$

在 SPSS 中的操作步骤如下：

依次点击"分析"→"回归"→"线性"，将"引体向上个数"选至右边的因变量框，将"体重"选至右边的自变量框。注意：如果这里是一元线性回归，自变量框将唯一的自变量选至即可；如果是多元回归，可以一次性将所有的自变量选至右边的自变量框，方法选择"进入"。这里，以多元回归进行操作，故将三个自变量均选至右边的自变量框，点击"确定"，如图10-35所示。回归模型的汇总表、系数表见表10-5、表10-6。

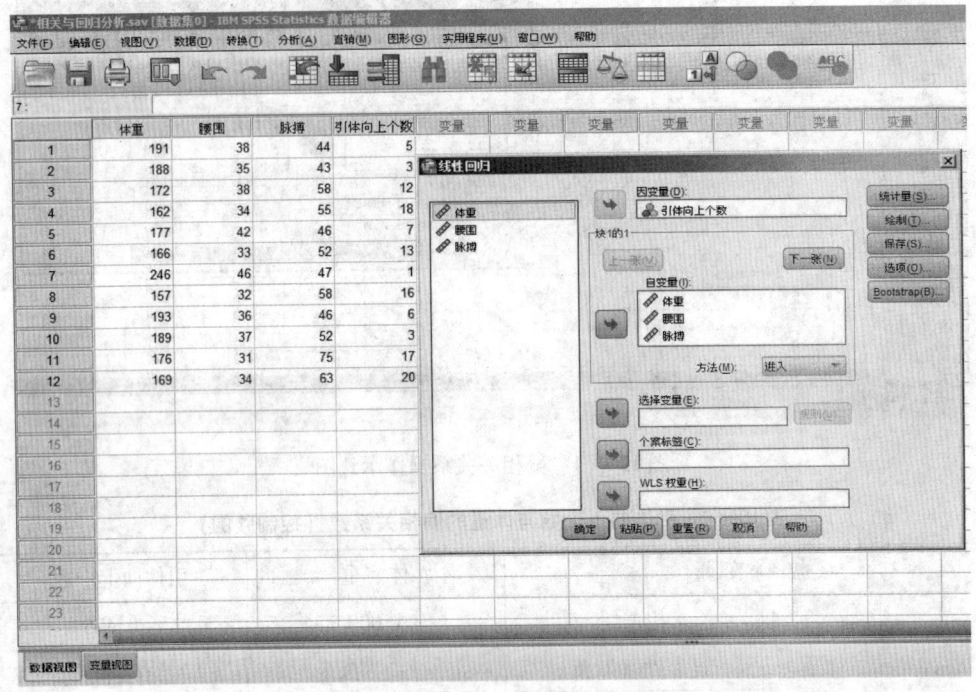

图10-35 回归分析操作示意图

表10-5 回归模型的汇总表

模型	R	R^2	$\bar{R}^2$	标准估计误差 S
1	0.905[a]	0.819	0.751	3.337

a. 预测变量（常量）：脉搏，体重，腰围。

表10-6 回归方程的系数表

模 型		非标准化系数		标准系数	t	Sig.
		B	标准误差	试用版		
1	（常量）	13.178	15.681	—	0.840	0.425
	体重	-0.160	0.068	-0.558	-2.349	0.047
	腰围	0.110	0.408	0.071	0.270	0.794
	脉搏	0.413	0.132	0.576	3.128	0.014

a. 因变量：引体向上个数。

通过表10-5可知，整个模型的拟合度还是很高的，可决系数达到了0.819。进一步，通过表10-6可知，体重和脉搏的回归系数都显著，但常数项与腰围的系数不显著，因此，最终回归方程为：

$$Y = -2.349X_1 + 3.128X_2$$

附 录

附表 1

标准正态分布表

$F(Z) = P(|x - \bar{x}|/\sigma < Z)$

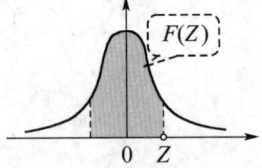

Z	F(Z)	Z	F(Z)	Z	F(Z)	Z	F(Z)
0.00	0.000 0	0.25	0.382 9	0.50	0.682 7	0.75	0.866 4
0.01	0.008 0	0.51	0.389 9	1.01	0.687 5	1.51	0.869 0
0.02	0.016 0	0.52	0.396 9	1.02	0.692 3	1.52	0.871 5
0.03	0.023 9	0.53	0.403 9	1.03	0.697 0	1.53	0.874 0
0.04	0.031 9	0.54	0.410 8	1.04	0.701 7	1.54	0.876 4
0.05	0.039 9	0.55	0.417 7	1.05	0.706 3	1.55	0.878 9
0.06	0.047 8	0.56	0.424 5	1.06	0.710 9	1.56	0.881 2
0.07	0.055 8	0.57	0.431 3	1.07	0.715 4	1.57	0.883 6
0.08	0.063 8	0.58	0.438 1	1.08	0.719 9	1.48	0.885 9
0.09	0.071 7	0.59	0.444 8	1.09	0.724 3	1.59	0.888 2
0.10	0.079 7	0.60	0.451 5	1.10	0.728 7	1.60	0.890 4
0.11	0.087 6	0.61	0.458 1	1.11	0.733 0	1.61	0.892 6
0.12	0.095 5	0.62	0.464 7	1.12	0.737 3	1.62	0.894 8
0.13	0.103 4	0.63	0.471 3	1.13	0.741 5	1.63	0.896 9
0.14	0.111 3	0.64	0.477 8	1.14	0.745 7	1.64	0.899 0
0.15	0.119 2	0.65	0.484 3	1.15	0.749 9	1.65	0.901 1
0.16	0.127 1	0.66	0.490 7	1.16	0.754 0	1.66	0.903 1
0.17	0.135 0	0.67	0.497 1	1.17	0.758 0	1.67	0.905 2
0.18	0.142 8	0.68	0.503 5	1.18	0.762 0	1.68	0.907 0
0.19	0.150 7	0.69	0.509 8	1.19	0.766 0	1.69	0.909 0
0.20	0.158 5	0.70	0.516 1	1.20	0.769 9	1.70	0.910 9

续附表1

Z	$F(Z)$	Z	$F(Z)$	Z	$F(Z)$	Z	$F(Z)$
0.21	0.1663	0.71	0.5223	1.21	0.7737	1.71	0.9127
0.22	0.1741	0.72	0.5285	1.22	0.7775	1.72	0.9146
0.23	0.1819	0.73	0.5346	1.23	0.7813	1.73	0.9164
0.24	0.1897	0.74	0.5407	1.24	0.7850	1.74	0.9181
0.25	0.1974	0.75	0.5467	1.25	0.7887	1.75	0.9199
0.26	0.2051	0.76	0.5527	1.26	0.7923	1.76	0.9216
0.27	0.2128	0.77	0.5587	1.27	0.7959	1.77	0.9233
0.28	0.2205	0.78	0.5446	1.28	0.7995	1.78	0.9249
0.29	0.2282	0.79	0.5705	1.29	0.8030	1.79	0.9265
0.30	0.2358	0.80	0.5763	1.30	0.8064	1.80	0.9281
0.31	0.2434	0.81	0.5821	1.31	0.8098	1.81	0.9297
0.32	0.2510	0.82	0.5878	1.32	0.8132	1.82	0.9312
0.33	0.2586	0.83	0.5935	1.33	0.8165	1.83	0.9328
0.34	0.2661	0.84	0.5991	1.34	0.8198	1.84	0.9342
0.35	0.2737	0.85	0.6047	1.35	0.8230	1.85	0.9357
0.36	0.2812	0.86	0.6012	1.36	0.8262	1.86	0.9371
0.37	0.2886	0.87	0.6157	1.37	0.8293	1.87	0.9385
0.38	0.2961	0.88	0.6211	1.38	0.8324	1.88	0.9399
0.39	0.3035	0.89	0.6265	1.39	0.8355	1.89	0.9412
0.40	0.3108	0.90	0.6319	1.40	0.8385	1.90	0.9426
0.41	0.3182	0.91	0.6372	1.41	0.8415	1.91	0.9439
0.42	0.3255	0.92	0.6424	1.42	0.8444	1.92	0.9451
0.43	0.3328	0.93	0.6476	1.43	0.8473	1.93	0.9464
0.44	0.3401	0.94	0.6528	1.44	0.8501	1.94	0.9476
0.45	0.3473	0.95	0.6579	1.45	0.8529	1.95	0.9488
0.46	0.3545	0.96	0.6929	1.46	0.8557	1.96	0.9500
0.47	0.3616	0.97	0.6680	1.47	0.8584	1.97	0.9512
0.48	0.3688	0.98	0.6729	1.48	0.8611	1.98	0.9523
0.49	0.3759	0.99	0.6778	1.49	0.8638	1.99	0.9534

续附表1

Z	F(Z)	Z	F(Z)	Z	F(Z)	Z	F(Z)
2.00	0.9545	2.30	0.9786	2.60	0.9907	2.90	0.9962
2.02	0.9566	2.32	0.9797	2.62	0.9912	2.92	0.9965
2.04	0.9587	2.34	0.9807	2.64	0.9917	2.94	0.9967
2.06	0.9606	2.36	0.9817	2.66	0.9922	2.96	0.9969
2.08	0.9625	2.38	0.9828	2.68	0.9926	2.98	0.9971
2.10	0.9643	2.40	0.9836	2.70	0.9931	3.00	0.9973
2.12	0.9660	2.42	0.9845	2.72	0.9935	3.20	0.9986
2.14	0.9676	2.44	0.9853	2.74	0.9939	3.40	0.9993
2.16	0.9692	2.46	0.9861	2.76	0.9942	3.60	0.99968
2.18	0.9707	2.48	0.9869	2.78	0.9946	3.80	0.99986
2.20	0.9722	2.50	0.9876	2.80	0.9949	4.00	0.99994
2.22	0.9736	2.52	0.9883	2.82	0.9952	4.50	0.999994
2.24	0.9749	2.54	0.9889	2.84	0.9955	5.00	0.999999
2.26	0.9762	2.56	0.9895	2.86	0.9958		
2.28	0.9774	2.58	0.9901	2.88	0.9960		

附表 2

t 分布临界值表

$P(t(v) > t_\alpha(v)) = \alpha$

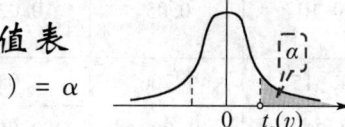

自由度 v \ α	0.10	0.05	0.025	0.01	0.005
1	3.078	6.314	12.706	31.821	63.657
2	1.886	2.920	4.303	6.965	9.925
3	1.638	2.353	3.182	4.541	5.841
4	1.533	2.132	2.776	3.747	4.604
5	1.476	2.015	2.571	3.365	4.032
6	1.440	1.943	2.447	3.143	3.707
7	1.415	1.895	2.365	2.998	3.499
8	1.397	1.860	2.306	2.896	2.355
9	1.383	1.833	2.262	2.821	3.250
10	1.372	1.812	2.228	2.764	3.169
11	1.363	1.796	2.201	2.718	3.106
12	1.356	1.782	2.179	2.681	3.055
13	1.350	1.771	2.160	2.650	3.012
14	1.345	1.761	2.145	2.624	2.977
15	1.341	1.753	2.131	2.602	2.947
16	1.337	1.746	2.120	2.583	2.921
17	1.333	1.740	2.110	2.567	2.898
18	1.330	1.734	2.101	2.552	2.878
19	1.328	1.729	2.093	2.539	2.861
20	1.325	1.725	2.086	2.528	2.845
21	1.323	1.721	2.080	2.518	2.831
22	1.321	1.717	2.074	2.508	2.819
23	1.319	1.714	2.069	2.500	2.807
24	1.318	1.711	2.064	2.492	2.797
25	1.316	1.708	2.060	2.485	2.787

续附表2

自由度 v \ α	0.10	0.05	0.025	0.01	0.005
26	1.315	1.706	2.056	2.479	2.779
27	1.314	1.703	2.052	2.473	2.771
28	1.313	1.701	2.048	2.467	2.763
29	1.311	1.699	2.045	2.462	2.756
30	1.310	1.697	2.042	2.457	2.750
40	1.303	1.684	2.021	2.423	2.704
50	1.299	1.676	2.009	2.403	2.678
60	1.296	1.671	2.000	2.390	2.660
70	1.294	1.667	1.994	2.381	2.648
80	1.292	1.664	1.990	2.374	2.639
90	1.291	1.662	1.987	2.368	2.632
100	1.290	1.660	1.984	2.364	2.626
125	1.288	1.657	1.979	2.357	2.616
150	1.287	1.655	1.976	2.351	2.609
200	1.286	1.653	1.972	2.345	2.601
∞	1.282	1.655	1.960	2.326	2.578

附表 3

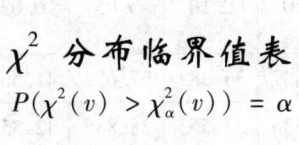

χ^2 分布临界值表

$P(\chi^2(v) > \chi_\alpha^2(v)) = \alpha$

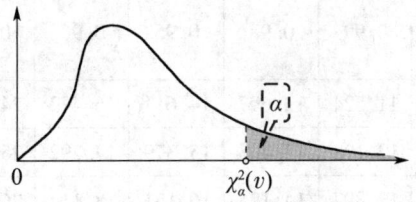

v \ α	0.99	0.98	0.95	0.90	0.50	0.10	0.05	0.02	0.01
1	0.000 2	0.000 6	0.003 9	0.015 8	0.455	2.706	3.841	5.412	6.635
2	0.020 1	0.040 4	0.103	0.211	1.386	4.605	5.991	7.824	9.210
3	0.115	0.185	0.352	0.584	2.366	6.251	7.815	9.837	11.341
4	0.297	0.429	0.711	1.064	3.357	7.779	9.488	11.668	13.277
5	0.554	0.752	1.145	1.610	4.351	9.236	11.070	13.388	15.068
6	0.872	1.134	1.635	2.204	5.348	10.645	13.592	15.033	16.812
7	1.239	1.564	2.167	2.833	6.346	12.017	14.067	16.622	18.475
8	1.646	2.032	2.733	3.490	7.344	13.362	15.507	18.168	20.090
9	2.088	2.532	3.325	4.169	8.343	14.684	16.919	19.679	21.666
10	2.558	3.059	3.940	4.865	9.342	15.987	18.307	21.161	23.209
11	3.053	3.609	4.575	5.578	10.341	17.275	19.675	22.618	24.725
12	3.571	4.178	5.226	6.304	11.340	18.549	21.026	24.054	26.217
13	4.107	4.765	5.892	7.042	12.340	19.812	22.362	25.472	27.688
14	4.660	5.368	6.571	7.790	13.339	21.064	23.685	26.873	29.141
15	5.229	5.985	7.261	8.547	14.339	22.307	24.996	28.259	30.578
16	5.812	6.614	7.962	9.312	15.338	23.542	26.293	29.633	32.000
17	6.408	7.255	8.672	10.035	16.338	24.769	27.587	30.995	33.409
18	7.015	7.906	9.390	10.865	17.338	25.989	28.869	32.346	34.805
19	7.633	8.567	10.117	11.651	18.338	27.204	30.144	33.687	36.191
20	8.260	9.237	10.851	12.443	19.337	28.412	31.410	35020	37.566
21	8.897	9.915	11.591	13.240	20.337	29.615	32.671	36.343	38.932
22	9.542	10.600	12.338	14.041	21.337	30.813	33.924	37.659	40.289
23	10.196	11.293	13.091	14.848	22.337	32.007	35.172	37.968	41.638
24	10.856	11.992	13.848	15.659	23.337	33.196	36.415	40.270	42.980

续附表3

v \ α	0.99	0.98	0.95	0.90	0.50	0.10	0.05	0.02	0.01
25	11.524	12.697	14.611	16.473	24.337	34.382	37.652	41.566	44.314
26	12.198	13.405	15.379	17.292	25.336	35.563	38.885	42.856	45.642
27	12.897	14.125	16.151	18.114	26.336	36.741	40.113	44.140	46.963
28	13.565	14.847	16.928	18.930	27.336	37.916	41.337	45.419	48.278
29	14.256	15.574	17.708	19.768	28.336	39.087	42.557	46.693	49.588
30	14.593	16.306	18.493	20.599	29.336	40.256	43.773	47.962	50.892

附表 4

F 分布临界值表（$\alpha = 0.05$）

$P(F(v_1, v_2) > F_\alpha(v_1, v_2)) = \alpha$

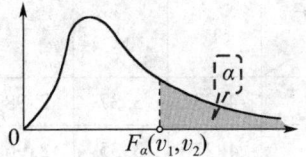

分子 v_1 分母 v_2	1	2	3	4	5	6	8	10	15
1	161.4	199.5	215.7	224.6	230.2	234.0	238.9	241.9	245.9
2	18.51	19.00	19.16	19.25	19.30	19.33	19.37	19.40	19.43
3	10.13	9.55	9.28	9.12	9.01	8.94	8.85	8.79	8.70
4	7.71	6.94	6.59	6.39	6.26	6.16	6.04	5.96	5.86
5	6.61	5.79	5.41	5.19	5.05	4.95	4.82	4.74	4.62
6	5.99	5.14	4.76	4.53	4.39	4.28	4.15	4.06	3.94
7	5.59	4.74	4.35	4.12	3.97	3.87	3.73	3.64	3.51
8	5.32	4.46	4.07	3.84	3.69	3.58	3.44	3.35	3.22
9	5.12	4.26	3.86	3.63	3.48	3.37	3.23	3.14	3.01
10	4.96	4.10	3.71	3.48	3.33	3.22	3.07	2.98	2.85
11	4.84	3.98	3.59	3.36	3.20	3.09	2.95	2.85	2.72
12	4.75	3.89	3.49	3.26	3.11	3.00	2.85	2.75	2.62
13	4.67	3.81	3.41	3.18	3.03	2.92	2.77	2.67	2.53
14	4.60	3.74	3.34	3.11	2.96	2.85	2.70	2.60	2.46
15	4.54	3.68	3.29	3.06	2.90	2.79	2.64	2.54	2.40
16	4.49	3.63	3.24	3.01	2.85	2.74	2.59	2.49	2.35
17	4.45	3.59	3.20	2.96	2.81	2.70	2.55	2.45	2.31
18	4.41	3.55	3.16	2.93	2.77	2.66	2.51	2.41	2.27
19	4.38	3.52	3.13	2.90	2.74	2.63	2.48	2.38	2.23
20	4.35	3.49	3.10	2.87	2.71	2.60	2.45	2.35	2.20
21	4.32	3.47	3.07	2.84	2.68	2.57	2.42	2.32	2.18
22	4.30	3.44	3.05	2.82	2.66	2.55	2.40	2.30	2.15
23	4.28	3.42	3.03	2.80	2.64	2.53	2.37	2.27	2.13
24	4.26	3.40	3.01	2.78	2.62	2.51	2.36	2.25	2.11
25	4.24	3.39	2.99	2.76	2.60	2.49	2.34	2.24	2.09

续附表4

分母 v_2 \ 分子 v_1	1	2	3	4	5	6	8	10	15
26	4.23	3.37	2.98	2.74	2.59	2.47	2.32	2.22	2.07
27	4.21	3.35	2.96	2.73	2.57	2.46	2.31	2.20	2.06
28	4.20	3.34	2.95	2.71	2.56	2.45	2.29	2.19	2.04
29	4.18	3.33	2.93	2.70	2.55	2.43	2.28	2.18	2.03
30	4.17	3.32	2.92	2.69	2.53	2.42	2.27	2.16	2.01
40	4.08	3.23	2.84	2.61	2.45	2.34	2.18	2.08	1.92
50	4.03	3.18	2.79	2.56	2.40	2.29	2.13	2.03	1.87
60	4.00	3.15	2.76	2.53	2.37	2.25	2.10	1.99	1.84
70	3.98	3.13	2.74	2.50	2.35	2.23	2.07	1.97	1.80
80	3.96	3.11	2.72	2.49	2.33	2.21	2.06	1.95	1.79
90	3.95	3.10	2.71	2.47	2.32	2.20	2.04	1.94	1.78
100	3.94	3.09	2.70	2.46	2.31	2.19	2.03	1.93	1.77
125	3.92	3.07	2.68	2.44	2.29	2.17	2.01	1.91	1.75
150	3.90	3.06	2.66	2.43	2.27	2.16	2.00	1.89	1.73
200	3.89	3.04	2.65	2.42	2.26	2.14	1.98	1.88	1.72
∞	3.84	3.00	2.60	2.37	2.21	2.10	1.94	1.83	1.67

附表 5

F 分布临界值表（α = 0.01）

$P(F(v_1, v_2) > F_\alpha(v_1, v_2)) = \alpha$

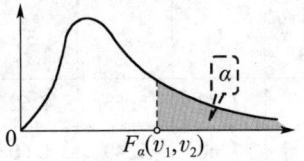

分子 v_1 / 分母 v_2	1	2	3	4	5	6	8	10	15
1	4 052	4 999	5 403	5 625	5 764	5 859	5 981	6 065	6 157
2	98.50	99.00	99.17	99.25	99.30	99.33	99.37	99.40	99.43
3	34.12	30.82	29.46	28.71	28.24	27.91	27.49	27.23	26.87
4	21.20	18.00	16.69	15.98	15.52	15.21	14.80	14.55	14.20
5	16.26	13.27	12.06	11.39	10.97	10.67	10.29	10.05	9.72
6	13.75	10.92	9.78	9.15	8.75	8.47	8.10	7.87	7.56
7	12.25	9.55	8.45	7.85	7.46	7.19	6.84	6.62	6.31
8	11.26	8.65	7.59	7.01	6.63	6.37	6.03	5.81	5.52
9	10.56	8.02	6.99	6.42	6.06	5.80	5.47	5.26	4.96
10	10.04	7.56	6.55	5.99	5.64	5.39	5.06	4.85	4.56
11	9.65	7.21	6.22	5.67	5.32	5.07	4.74	4.54	4.25
12	9.33	6.93	5.95	5.41	5.06	4.82	4.50	4.30	4.01
13	9.07	6.70	5.74	5.21	4.86	4.62	4.30	4.10	3.82
14	8.86	6.51	5.56	5.04	4.69	4.46	4.14	3.94	3.66
15	8.86	6.36	5.42	4.89	4.56	4.32	4.00	3.80	3.52
16	8.53	6.23	5.29	4.77	4.44	4.20	3.89	3.69	3.41
17	8.40	6.11	5.19	4.67	4.34	4.10	3.79	3.59	3.31
18	8.29	6.01	5.09	4.58	4.25	4.01	3.71	3.51	3.23
19	8.18	5.93	5.01	4.50	4.17	3.94	3.63	3.43	3.15
20	8.10	5.85	4.94	4.43	4.10	3.87	3.56	3.37	3.09
21	8.02	5.78	4.87	4.37	4.04	3.81	3.51	3.31	3.03
22	7.95	5.72	4.82	4.31	3.99	3.76	3.45	3.26	2.98
23	7.88	5.66	4.76	4.26	3.94	3.71	3.41	3.21	2.93
24	7.82	5.61	4.72	4.22	3.90	3.67	3.36	3.17	2.89
25	7.77	5.57	4.68	4.18	3.85	3.63	3.32	3.13	2.85

续附表 5

分子 v_1 / 分母 v_2	1	2	3	4	5	6	8	10	15
26	7.72	5.53	4.62	4.14	3.82	3.59	3.29	3.09	2.81
27	7.68	5.49	4.60	4.11	3.78	3.56	3.26	3.06	2.78
28	7.64	5.45	4.57	4.07	3.75	3.53	3.23	3.03	2.75
29	7.60	5.42	4.54	4.04	3.73	3.50	3.20	3.00	2.73
30	7.56	5.39	4.51	4.02	3.70	3.47	3.17	2.98	2.70
40	7.31	5.18	4.31	3.83	3.51	3.29	2.99	2.80	2.52
50	7.17	5.06	4.20	3.72	3.41	3.19	2.89	2.70	2.42
60	7.08	4.98	4.13	3.65	3.34	3.12	2.82	2.63	2.35
70	7.01	4.92	4.07	3.60	3.29	3.07	2.78	2.59	2.31
80	6.96	4.88	4.04	3.56	3.26	3.04	2.74	2.55	2.27
90	6.93	4.85	4.01	3.53	3.23	3.01	2.72	2.52	2.42
100	6.90	4.82	3.98	3.51	3.21	2.99	2.69	2.50	2.22
125	6.84	4.78	3.94	3.47	3.17	2.95	2.66	2.47	2.19
150	6.81	4.75	3.91	3.45	3.14	2.92	2.63	2.44	2.16
200	6.76	4.71	3.88	3.41	3.11	2.89	2.60	2.41	2.13
∞	6.63	4.61	3.78	3.32	3.02	2.80	2.51	2.23	2.04

附表 6

累积法平均增长速度表（局部）

$$\left(\text{各年发展水平之和与基期水平的百分比}(\%) = \sum_{i=1}^{n} y_i \Big/ y_0\right)$$

i/% \ n/年	5	6	7	8	9	10
5.6	590.50	729.15	875.56	1 030.17	1 193.44	1 365.85
5.7	592.26	731.71	879.11	1 034.91	1 199.59	1 373.66
5.8	594.04	734.30	882.70	1 039.71	1 205.83	1 381.59
5.9	595.80	736.86	886.24	1 044.43	1 211.95	1 389.35
6.0	597.54	739.40	889.77	1 049.16	1 218.11	1 397.20
6.1	599.30	741.96	893.32	1 053.91	1 224.30	1 405.08
6.2	601.04	744.51	896.88	1 058.70	1 230.55	1 413.06
6.3	602.84	747.12	900.49	1 063.52	1 236.82	1 421.04
6.4	604.61	749.71	904.10	1 068.37	1 243.15	1 429.12
6.4	606.35	752.26	907.65	1 073.14	1 249.39	1 437.10
6.6	608.18	754.93	911.37	1 078.14	1 255.92	1 445.43
6.7	609.95	757.52	914.98	1 082.99	1 262.26	1 453.54
6.8	611.73	760.13	918.62	1 087.89	1 268.67	1 461.74
6.9	613.56	762.80	922.34	1 092.89	1 275.21	1 470.11
7.0	615.33	765.41	926.00	1 097.83	1 281.69	1 478.42
7.1	617.10	768.00	929.61	1 102.69	1 288.06	1 486.59
7.2	618.94	770.70	933.39	1 107.79	1 294.75	1 495.17
7.3	620.74	773.35	937.10	1 112.00	1 301.33	1 503.62
7.4	622.61	776.10	940.95	1 118.00	1 308.15	1 512.37
7.5	624.41	778.75	944.67	1 123.03	1 314.77	1 520.89
7.6	626.25	781.45	948.45	1 128.14	1 321.49	1 529.54
7.7	628.05	784.11	952.19	1 133.21	1 328.17	1 538.14
7.8	629.89	786.81	955.97	1 138.32	1 334.89	1 546.79
7.9	631.73	789.53	959.80	1 143.52	1 341.75	1 555.64
8.0	633.59	792.27	963.64	1 148.72	1 348.61	1 564.49
8.1	635.47	795.05	967.56	1 154.04	1 355.62	1 573.53

续附表6

n/年 i/%	5	6	7	8	9	10
8.2	637.30	797.76	971.38	1 159.24	1 362.50	1 582.43
8.3	639.18	800.54	975.29	1 164.54	1 369.50	1 591.47
8.4	641.05	803.30	979.18	1 169.83	1 376.49	1 600.51
8.5	642.91	806.06	983.08	1 175.15	1 383.55	1 609.66
8.6	644.76	808.80	986.95	1 180.42	1 390.53	1 618.71
8.7	646.67	811.63	990.94	1 185.85	1 397.72	1 628.02
8.8	648.53	814.40	994.87	1 191.22	1 404.85	1 637.28
8.9	650.41	817.19	998.81	1 196.59	1 411.97	1 646.52
9.0	652.33	820.04	1 002.84	1 202.09	1 419.27	1 656.00
9.1	654.24	822.88	1 006.87	1 207.60	1 426.60	1 665.53
9.2	656.15	825.72	1 010.89	1 213.10	1 433.91	1 675.04
9.3	658.02	828.51	1 014.86	1 218.54	1 441.16	1 684.48
9.4	659.95	831.38	1 018.92	1 224.09	1 448.55	1 694.11
9.5	661.87	834.24	1 022.99	1 229.67	1 455.98	1 703.79